MICK JAGGER

INHALT

EINLEITUNG	SEITE	6
TEIL EINS: YOU CAN MAKE IT IF YOU TRY	SEITE	16
TEIL ZWEI: LET IT BLEED	SEITE	42
TEIL DREI: BEAST OF BURDEN	SEITE	82
TEIL VIER: HOW CAN I STOP?	SEITE	144

EINLEITUNG

Es ist ein Samstagabend im Dezember 2012. Ich sitze zu Hause und sehe mir eine Live-Übertragung eines Rolling Stones Konzerts im Pay-TV an. Es ist das letzte Konzert in einer kleinen Reihe von Auftritten, die sie in England und den USA anlässlich der Feier ihres 50-jährigen Bestehens als Band gegeben haben.

Fast drei Stunden lang bewegt sich der Stones Frontman Mick Jagger auf der Bühne des Prudential Centers in Newark, New Jersey – herausfordernd, tänzelnd und provozierend – und die ganze Zeit über fordert er das Publikum auf, mitzusingen und mitzutanzen zu Songs seiner Band, die als die grösste Rock and Roll-Band der Welt eine glänzende und unglaubliche Karriere gemacht hat.

Für die mehr als 15 000 in Bereitschaft ist diese Anfeuerung nicht notwendig (ebensowenig wie für die zahlreichen Zuschauer weltweit, die wie ich den Fernseher eingeschaltet haben). Von den Eröffnungsnummern „Get Off of My Cloud" und „The Last Time" über „Paint It, Black" und „Gimme Shelter" bis zum grossen Finale mit den Songs „Jumpin' Jack Flash" und „(I Can't Get No) Satisfaction" ist die Show eine endlose, schaukelnde und rockende Achterbahnfahrt durch das bemerkenswerte Werk der Stones. Und diese Fahrt wird den gesamten Weg über angetrieben von Jaggers unbändiger Energie und fast charismatischen Erscheinung. Etwa drei Viertel des Konzerts spielt Micks ewig loyaler Weggefährte Keith Richards einen seiner charakteristischen Gitarrenriffs und der stolzierende Jagger singt ins Mikrophon:

> „If you start me up
> Start me up
> Start me up
> I'll never stop."

Geschrieben hat Mick Jagger diese Worte 1981. Nun, heute, mehr als 30 Jahre später, klingen sie immer noch glaubhaft. Und dieser Mann wird 70 (schluck)? Machen Sie Scherze? Wie kam es dazu?

Die Rolling Stones sind Teil meines Lebens seit 1964, als ich als pubertierender Jugendlicher zum ersten Mal das nachdenkliche „Tell Me (You're Coming Back to Me)" hörte – meistens spät nachts in einem kleinen Transistorradio, versteckt unter dem Kopfkissen in meinem Zimmer im Haus meiner Eltern in New York. Die britische Invasion war in vollem Gang und es schien, als ob jeder Song in der amerikanischen Hitparade sich mit einem britischen Akzent schmückte.

Die Beatles, die Searchers, die Dave Clark Five, Gerry and the Pacemakers, Billy J. Kramer with the Dakotas: Alle klangen frisch,

2 Der Mann mit den verträumten Augen: Mick verdeckt sein Gesicht bei einem Fotoshooting in den späten 1980er-Jahren.

3 „Spiel nicht mit mir, denn du spielst mit dem Feuer": Mick 1969, auf der Höhe seiner „Midnight Rambler" Zeit.

8-9 Mick mit Baskenmütze in Schottlands Hauptstadttheater in Aberdeen beim Start einer Tour durch England und Resteuropa im Mai 1982.

10 und 11 Mick posiert für Porträtaufnahmen zum Start seines ersten Soloalbums 1985 „She's the Boss".

12-13 Mick, Keith, Ron und Charlie vor Londons Marquee Club 2012. Die Stones spielten zum ersten Mal dort 1962.

14-15 Schön, dass Ihr da seid: Mick begrüßt die Zuhörer zu einem der Konzerte in Londons O2 Arena anlässlich des 50. Geburtstages der Stones 2012.

sauber und fröhlich und sie sahen aus, wie sie klangen – ordentlich, blank poliert und nett wie Jungs von nebenan. Dann erschienen die Stones und sofort war klar, die kamen nicht aus derselben Ecke wie die Beatles und deren Pop-Kollegen, weder musikalisch noch kulturell. Die Stones klangen rau, dunkel und beunruhigend und sie sahen genauso aus, wie sie klangen: ungepflegt, roh und absolut ungezogen. Die Beatles begrüssten einen in ihrer Welt mit einem Lächeln und offenen Armen. Die Stones dagegen standen da mit verschränkten Armen, blitzten dich an und warnten dich, ihnen zu nahe zu kommen.

Damals wie heute war Jagger der Mittelpunkt der Stones, ein Leadsänger, der, als er in Erscheinung trat, alle Vorstellungen davon, wie der Frontman einer Band zu sein hat, über den Haufen warf. Wie im Stones Song „Take It Or Leave It" behandelte Mick sein Publikum nicht mit dem Eifer eines Entertainers, der Freude schenken will und dafür gemocht wird, sondern mit einer fast spürbaren, verächtlichen Distanziertheit – als wolle er sagen: „Ich singe für mich und meine Freunde. Macht daraus, was Ihr wollt; es ist mir egal." Und natürlich trug diese Haltung dazu bei, Jagger für jeden, der ihn singen hörte oder seine Auftritte sah, zu einer sowohl mysteriösen wie kuriosen Figur zu machen. Junge Männer wollten sein wie er, junge Mädchen wollten mit ihm zusammen sein.

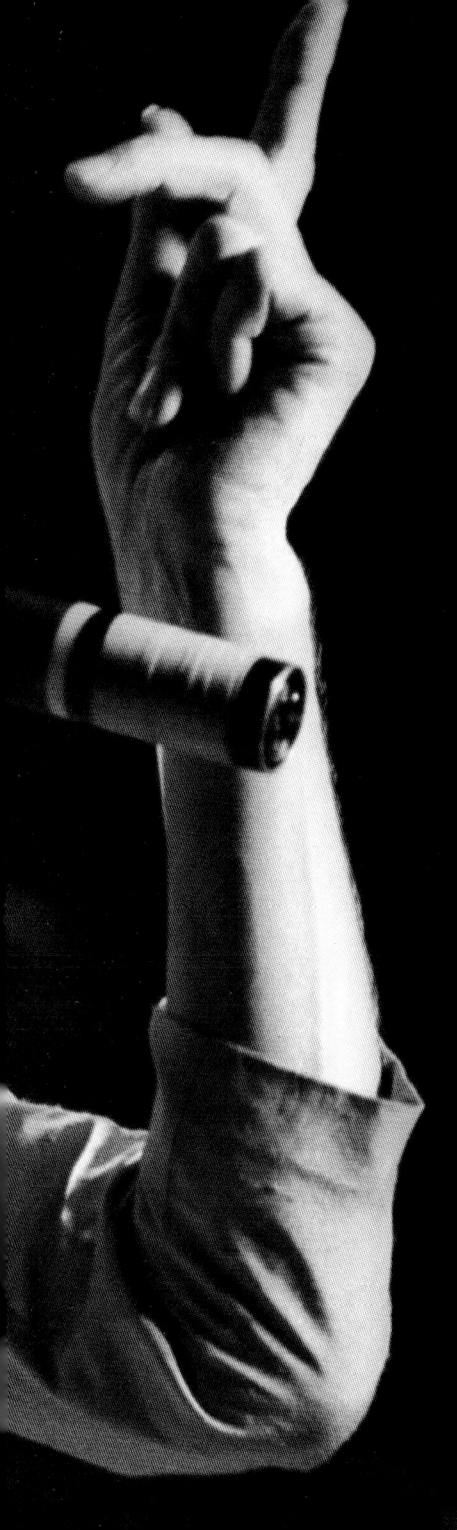

Zwischenzeitlich waren die Eltern dieser Jungs und Mädchen zum grossen Teil empört darüber, was sie in Jagger sahen, und in Richards, in Brian Jones und im Rest der Rolling Stones – einen ungepflegten und unzivilisierten Haufen Hooligans, die sich als Musiker ausgaben, um den Verstand und die Moral ihrer beeindruckbaren Kinder zu korrumpieren. Wie sich allerdings herausstellte, waren die Stones so, wie es der Titel eines frühen Albums ausdrückte, December's Children – and Everybody's.

Ganze fünf Jahrzehnte später ist Mick Jagger immer noch dieses December's child. Er mag einen „Sir" vor seinem Namen haben - er wurde vor einigen Jahren in seinem Heimatland England zum Ritter geschlagen. Er mag auch vierfacher Grossvater sein. Aber die Respektabilität, die er in den Jahren erlangt hat, kommt vor allem von der widerwilligen Akzeptanz der Gesellschaft als davon, dass er den Konventionen nachgegeben hat.

Und wenn es stimmt, dass Ehrgeiz und der Wunsch nach sozialem Aufstieg die Schlüsselelemente für Jaggers Hochkommen seit seiner Kindheit im verschlafenen Vorort Durban am Rande Londons waren, dann ist es auch wahr, dass ihm dabei die Bestimmung, seinem eigenen Rhythmus zu folgen, geholfen hat, für unzählige Starkult-Anwärter ein einzigartiges Vorbild zu bleiben.

Ob als das ewige Mass, an dem alle Rock 'n' Roll Sänger gemessen werden, oder der wie Don Juan über den Globus hüpfende Liebhaber, dessen verschiedene Heldentaten ihn zu einem international beneideten und bewunderten – und gleichzeitig verfluchten – Sexsymbol machen: Mick Jagger macht weiter, wie man derzeit sagt, auf der Bühne und dahinter. Und er macht es mit seiner charakteristischen Frechheit und kompromisslosen Haltung, herrlich unbeschädigt. Ja, er weiss, es ist nur Rock and Roll – und du wettest besser darauf, dass er ihn mag, ihn liebt – ja, das tut er.

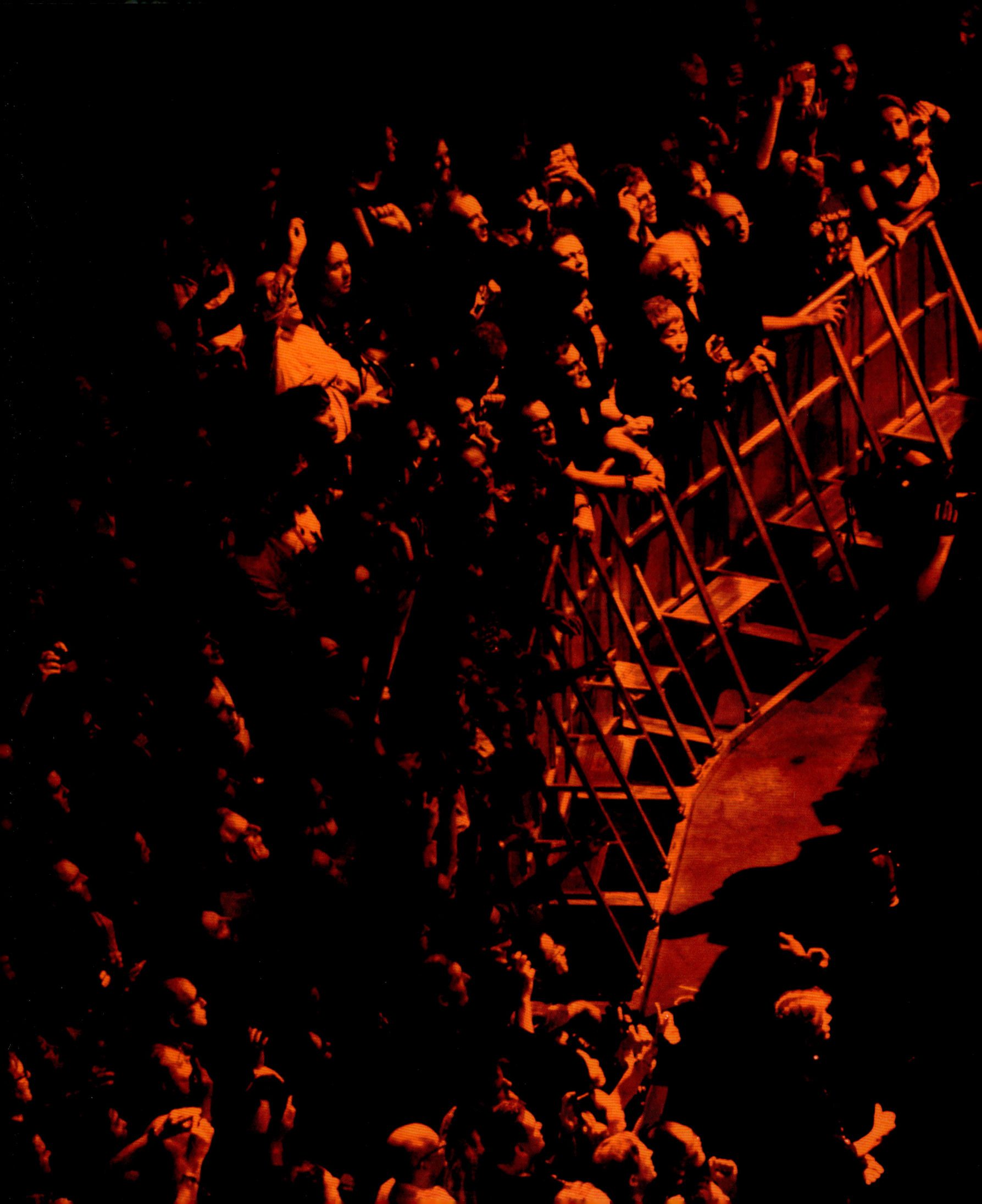

VON DER LONDONER VORSTADT
IN DIE TOP OF THE POPS

Man kann es sehen, wie man will: War es reiner Zufall oder hatten es die Rock 'n' Roll-Götter arrangiert, dass Mick Jagger und Keith Richards im Herbst 1961 zur selben Zeit auf dem Bahnsteig in Dartford, England, standen und ihre lockere Freundschaft aus den Kindertagen wiederaufleben ließen? Und auch das kann, wer will, einer göttlichen Fügung zuschreiben, wenn er wissen will, wer oder was letztendlich Richards zu Jagger führte an jenem schicksalhaften Tag, als er unter dessen Arm Schallplatten von Chuck Berry und Muddy Waters sah. „Du stehst auf Chuck Berry? Wirklich?", fragte Richards aufgeregt. „Ich auch!"

Wenige Tage später besuchten sich die beiden, hörten Platten und ihnen wurde klar, dass sie, während sie jahrelang an entgegengesetzten Stellen der Stadt lebten und auf verschiedene Schulen gingen – Mick besuchte die London School of Economics, Richards die Sidcup Art School – ihr Musikgeschmack nahezu identisch war. Schon bald war daraus eine tiefe, lebenslange Freundschaft entstanden. „Zu dieser Zeit war es das Wichtigste in England, jemanden zu haben, der dieselbe Sicht der Dinge hat wie du", würde sich Mick später erinnern. „Nicht nur in Sachen Musik, sondern es musste jemand sein, der auch dein Freund war."

Natürlich war 1961 der Musikgeschmack einer der bestimmenden Prinzipien im jungen Leben des 18-jährigen Michael Philip Jagger. Geboren am 26. Juli 1943 im städtischen Krankenhaus in Dartford, Kent, etwa 25 Kilometer vom Londoner Stadtzentrum entfernt, war Mick der ältere von zwei Söhnen Basil „Joe" Jaggers, eines Sportlehrers aus Lancashire im Norden Englands und seiner australischstämmigen Frau Eva, einer Friseuse. „Meine Mutter entstammte der Arbeiterklasse, mein Vater der bürgerlichen Schicht, denn er hatte eine ziemlich gute Ausbildung. Also komme ich von irgendwoher dazwischen, nicht das eine und nicht das andere." Weil er zielstrebig und ehrgeizig war, konnte Joe Jagger in seiner Position als Professor am örtlichen College und durch zusätzliche Tätigkeit für das British Sports Council genügend Geld sparen, um mit Mick, Eva und Christopher in ein Reihenhaus in Wilmington zu ziehen, einem der besseren Bezirke in Dartford.

Joe ließ seine Söhne verschiedene Workouts und Konditionstraining durchführen und beide Jungs wuchsen zu guten Athleten heran. Als Jugendlicher liebte es Mick, Sport zu treiben, allerdings ganz und gar nicht begeistert von der Disziplin, die damit verbunden war. „Diese ganzen Übungen, wenn man für die Schulmannschaften spielte, interessierten mich nicht wirklich", erinnerte er sich. Nichtsdestotrotz schaffte es Joe, als Mick die Dartford Grammar School besuchte, dass die Schule einen Basketballkurs einrichtete, den er trainierte, und überredete Mick, der wenig Interesse an Rugby zeigte („zu rau"), Mannschaftskapitän zu werden. Inzwischen verdiente Eva Jagger nebenbei durch den Haustürverkauf von Kosmetika. Und Mick, der eine reine Jungenschule besuchte, begann seine ersten Freundschaften mit Mädchen, indem er sie zu sich nach Hause einlud, um einige Make-up-Proben seiner Mutter zu testen. Erstaunlicherweise mochte er es, wenn die Mädchen auch ihn schminkten, eine weitere Art, das Eis zu brechen. „Für die Zeit war das ungewöhnlich", erinnerte sich ein Mädchen später: Mit Mick zusammen zu sein war wie „mit einem der Mädchen zusammen zu sein".

Mick machte sich gut auf der Dartford Grammar School für Jungs. Und als jemand, der zu einem der berühmtesten Textdichter werden würde, war er in den Sprachkursen – Englisch, Französisch, Latein – überdurchschnittlich gut. Er war in der Schule als Präfekt eingeteilt, so etwas wie ein Führer. „Ganz ehrlich, ich war davon überzeugt, Mick würde Politiker werden", sagte Eva Jagger. „Wenn er an etwas glaubte, verteidigte er es. Nicht allein durch Argumente,

wenn er sich einmal eine Meinung gebildet hatte, konnte man ihn nicht mehr davon abbringen." Nach Abschluss der Schule in Dartford wechselte er auf die London School of Economics. Dort galt seine Vorliebe dem Steuerwesen und für kurze Zeit schien er auf diesem Gebiet Karriere machen zu wollen.

Doch Joe und Eva wurde bald klar, dass die größte Leidenschaft ihres Sohnes nicht bei den Steuern lag. „Er war schon immer an Pop-Musik interessiert. Stundenlang spielte er Schallplatten," sagte Eva. „Bereits wenn er einen Song nur ein paar Mal gehört hatte, konnte er den Song singen." Mick sah sich selbst als „eines von diesen Kindern, die gerne singen. Einige singen in Chören, andere tun es vor dem Spiegel". Der junge Jagger tat beides: einerseits im Kirchenchor andererseits zu Hause überzogen mitsingen, während Musik im Radio lief, von Standard-Pop und klassischer Kost, wie sie die staatlichen Sender der BBC sendeten, bis zu mehr gewagteren Sendungen für Jugendliche, die im englischsprachigen Programm von Radio Luxemburg zu hören waren. „Ich liebte es einfach, Sängern zuzuhören," sagte er. „Ich kannte sie nicht und mir war egal, wer oder was sie waren. Ich wertete auch nicht, ob sie billig und geschmacklos waren oder nicht. Ich hörte sie einfach alle. Obwohl ich angezogen wurde von einigen wirklich guten Sängern wie Buddy Holly, Eddie Cochran, Elvis Presley und Chuck Berry. Und jedes Mal wollte ich mehr davon hören. Es schien mir das einzig Wahre, das ich je gekannt hatte."

Für Mick wie für fast jeden Jugendlichen, der in den 1950er-Jahren in Großbritannien aufwuchs, kam die Musik, von der sie nicht genug bekommen konnten, aus den USA. Sie war begründet im Blues der Sklaven, die von den Baumwollfeldern, aus den Sägewerken und den Gefängnissen des Südens kamen, und war beeinflusst von Elementen aus Jazz, Gospel und sogar der Countrymusik der Weißen. Die Musik, die als Rock 'n' Roll bekannt wurde, verursachte in den USA einen regelrechten Kulturschock. Während Rasse und Geografie in der komplexen Rock 'n' Roll Gleichung in Amerika eine große Rolle spielten, verhielt es sich in Großbritannien ganz anders. So wird es Richards erklären: „Was wirklich drastisch war an der Veränderung in Amerika, war, dass Menschen wie Elvis und Holly – also Weiße – kamen und diese Musik spielten, während es in Europa die Musik selbst war, die den größten Eindruck hervorrief, unabhängig davon, welche Hautfarbe der Interpret hatte. Du hast bei dir gedacht:

16 Würden Sie Ihre Schwester mit einem Rolling Stone ausgehen lassen? Mick bei einem Schnappschuss von 1964.

19 „Brüder, durch Zufall mit verschiedenen Eltern": Mick (Nr. 7) und Keith (Nr. 2) in der Wentworth Primary School.

20 Mick (hintere Reihe rechts) 1956 als Kapitän des Dartford Grammar School Basketball Teams.

‚Dieser Typ ist offensichtlich schwarz,' weil du es an seinem Spiel erkennen konntest, aber du hast ihn dafür nicht verdammt. Es war vielmehr ein ‚Gib mir mehr!'".

Seine Neugier ließ den unternehmungslustigen Jagger Platten aus Amerika bestellen – vor allem von Chess Records, dem Label aus Chicago, das Heimat für nahezu jede schwarze Musikgröße der Stadt war, von den Kings des Blues Muddy Waters and Howlin' Wolf bis zu den Pionieren des Rock 'n' Roll Bo Diddley und Chuck Berry. „Ich hatte die Adresse in einem Magazin gesehen, und als ich genug Geld hatte, bestellte ich die Platten." Sie waren teuer, aber sie zu besitzen war für Mick Ausdruck dafür, „hip" zu sein; er beeindruckte damit auch Richards, der Mick nicht mehr gesehen hatte, seit sie beide Wentworth Primary verlassen hatten und auf verschiedene Schulen wechselten – Mick auf die akademisch orientierte Dartford Grammar und Keith auf die Dartford Tech, eine Handelsschule.

Keith Richards wurde im Dezember 1943 im selben Hospital wie Jagger geboren. Er kam aus einem Umfeld, das zur Arbeiterschicht gehörte. Sein Vater Bert war Elektriker, seine Mutter Doris arbeitete in einer Bäckerei. Keith, das einzige Kind, wuchs als introvertierter Einzelgänger auf. In der Schule hatte er mittelmäßige Noten, was mehr fehlendem Interesse als mangelnder Intelligenz geschuldet war. Richards wurde wegen Schwänzen der Dartford Tech verwiesen und ging aufs Sidcup Art College. Als er Mick wiedertraf, drehte sich seine Welt um eine Gitarre, die ihm Doris zum 15-ten Geburtstag geschenkt hatte. Er war besessen von Chuck Berry und versuchte die Griffe des amerikanischen Rockers zu lernen, so gut er konnte, und als er dann Mick mit einem Berry-Album sah und einer Sammlung von Waters, musste er ihn ansprechen. „Nach diesem einen Treffen, als ich von ihm wissen wollte, woher er die Alben hatte, war uns klar, dass uns etwas verband", sagte Keith.

Zu dieser Zeit hatte Mick zu singen begonnen; mit Freunden gründete er eine Band mit dem Namen Little Boy Blue and The Blue Boys. Eines der Bandmitglieder, der Gitarrist Dick Taylor, war ein Klassenkamerad von Richards. Bald trafen sich die drei regelmäßig und stellten kleine Stücke aus Songs ihrer Helden Berry, Waters und Holly zusammen. Richards, den Jagger immer wieder neckte wegen einer Geschichte, als er fünf war, „alle waren als Cowboys verkleidet, wie Roy Rogers, komplett mit Halfter und Hut, und dann seine abstehenden Ohren," und Richards, der sich an Jagger lebhaft erinnern konnte, als er ihn einige Jahre später nach der Schule traf, wie er – sauber und adrett angezogen – an einem Stand Eiscreme verkaufte, um sich etwas Geld zu verdienen. Der verträumte Eigenbrötler und der extrovertierte Draufgänger: von Anfang an eine gute Kombination. Wie Jagger oft sagen würde: „Brüder, durch Zufall bei verschiedenen Eltern geboren."

Im April 1962 fuhren Mick, Keith und Dick nach London, um im Ealing Club – dem Hinterzimmer eines Teeladens, das von „Trad" (traditionell aus New-Orleans) Jazz-Bands gemietet wurde – den Auftritt von Englands erster bekannter Blues-Band, nur aus Weißen bestehend, zu sehen: Blues Incorporated. Die Gruppe war vom

Gitarristen Alexis Korner gegründet worden, der in der einflussreichen Trad-Band des Posaunisten Chris Barber bekannt geworden war und auf den Amerikanischen Blues vor allem durch spezielle Einlagen aufmerksam machte, die er am Ende von Barbers Auftritten bot. In den späten 61er-Jahren beschlossen Korner und der Mundharmonikaspieler Cyril Davies, ihre eigene Blues-Band zu gründen, und ihr Debüt im überfüllten kleinen Ealing Club hinterließ bleibenden Eindruck in der britischen Blues-Szene. Unter den Fans, die den Club besuchten, waren nicht wenige Hoffnungsträger, die beeindruckende Karrieren vor sich hatten: die Gitarristen Eric Clapton, Jeff Beck und Dave Davies; die Sänger Eric Burdon, Paul Jones und Long John Baldry; der Saxofonist Dick Heckstall-Smith; der Keyboarder Nick Hopkins; der Bassspieler Jack Bruce; der Drummer Ginger Baker; alles Stammgäste des Ealing.

Genauso wie der Schlagzeuger Charlie Watts: Er saß am Schlagzeug, als sich Jagger, Richards und Taylor zum ersten Mal in den Club wagten. Obwohl Watts gut war, galt ihr Interesse nicht ausschließlich ihm, sondern einem blonder Gitarristen, „Elmo Lewis", der sie mit seiner spritzigen Version von „Dust My Blues" von den Sitzen riss, Elmore James' Fassung des Blues Evergreens von Robert Johnson „Dust My Broom" auf der elektrischen Slide-Gitarre. Nachdem er geendet hatte, stellten sich Jagger und Richards vor. Lewis war sein zweiter Vorname und Elmo nannte er sich in Gedenken an den Gitarrenhelden James; sie konnten ihn mit seinem richtigen Namen ansprechen: Brian Jones.

Aus einer Mittelschicht-Familie der Londoner Vorstadt Cheltenham stammend, war der 22-jährige Jones ein schmächtiger Junge, der unter Asthmaanfällen litt, die auf eine Erkrankung an Krupphusten in seiner Kindheit zurückgingen. Er war ein intelligenter Student – zeitweise dachte man, er würde Zahnarzt – aber als er begann, sich selbst das Gitarrespielen beizubringen, übernahm der Blues sein Leben. Nachdem er 1962 Korner getroffen hatte, fuhr Brian nach London, wo ihn der Blues-Lehrer in die Vorlieben von Johnson und James einweihte – der Letztere beeindruckte ihn so sehr, dass Jones sich sofort eine elektrische Gitarre kaufte. Bald führte er in einer Londoner Wohnung ohne Warmwasser ein unkonventionelles Leben, nahm schlecht bezahlte Jobs an, um Lebensmittel und Miete bezahlen zu können, während er nachts bei verschiedenen Blues- und Rock 'n' Roll-Bands mitmachte. Als Mick und Keith ihn trafen, war Jones gerade dabei, seine eigene Band zusammenzustellen, im Mai 1962 gab er eine Anzeige in den Jazz-News auf: „Gitarrist und Sänger, der R 'n' B-Band gründen will, sucht Mundharmonika und/oder Tenor-Saxofon, Piano, Bass und Schlagzeug, die auf 'ne Menge Proben scharf sind." Von denen, die sich auf die Anzeige meldeten, ragte einer heraus: ein gut aussehender Pianist aus Surrey mit Namen Ian Stewart. Stu, wie man ihn nannte, war ein talentierter Blues- und Boogie-Woogie-Spieler, und weil Brian den Blues genauso sehr liebte, war Stewart dabei.

Zwischenzeitlich hatte Mick Korner ein selbst zusammengestelltes Tonband, das er, Keith und Taylor aufgenommen hatten, geschickt, in der Hoffnung, Korner ließe sie im Ealing Club auftreten. Korner ließ sie, und obwohl die Blues-Puristen nicht wirklich überzeugt waren von den schnellen, lauten, von Chuck Berry beeinflussten Riffs, war Korner von Mick angetan – seines Gesangs und seines guten Aussehens wegen. Korner sah in Jagger einen Sänger mit großem Talent dafür, die besonderen Stimmen der Blues- und R 'n' B-Sänger von Waters bis Slim Harpo nachzuahmen, und da Blues Incorporated einen attraktiven Frontman gebrauchen konnte, um seine heranwachsenden Zuhörer zu begeistern, bat er Mick, Sänger der Gruppe zu werden.

Band-Mitglied bei Blues Incorporated zu werden war wegweisend, nicht zuletzt war es der Beginn von Jaggers Freundschaft mit Charlie Watts. Geboren im Juni 1941, war Watts ein alter Hase des Jazz, der sich das Schlagzeugspielen durch Nachspielen von Platten von Amerikanern wie May Roach und Art Blakey beigebracht hatte. Jedoch schien er in der bildenden Kunst seine eigentliche Karriere machen zu wollen: Er besuchte kurzzeitig die Harrow School of Art, verließ sie aber bald wieder, um Grafik-Designer bei einer Anzeigenagentur zu werden. Als Korner ihm anbot, bei Blues Incorporated mitzuspielen, hatte Charlie in verschiedenen Jazzbands gespielt. Watts war nicht sicher, ob er seinen Jazzstil angemessen in ein Blues-Setting einbringen könnte, aber letztendlich stimmte er zu – als vorsichtiger Mensch behielt er jedoch seinen Job bei. Das andere Ergebnis von Jaggers Eintritt bei Blues Incorporated war, dass sich die Bands Little Boy Blue and The Blue Boys auflösten – was dazu führte, dass Keith Richards sich mehr bei Brian engagierte. In Brian fand Keith einen Gitarristen, dessen Interessen sich mit seinen eigenen nicht überschnitten, sondern sie komplettierten. So begannen die beiden, die gegenseitigen Vorlieben zu erkunden: Keith Richards lernte Feinheiten kennen, die den feurigen Groove Robert Johnsons vom locker-lässigen des Jimmy Reed unterschieden, und Brian erfuhr von den akustischen Abenteuern von Berry und dem Tremolo-Spezialisten Diddley. Nicht lange und sie arbeiteten ineinandergreifende Gitarrenstücke aus und stellten sich vor, dass sie damit Seite an Seite in einer Band auftreten konnten. Jedoch sah sich keiner von ihnen wirklich als Sänger, aber obwohl Jagger oft mit ihnen probte, blieb dieser unverbindlich. Deshalb kontaktierte Brian kurzfristig Paul Jones, um einige Demos aufzunehmen, und eines Tages fragte Paul ihn, ob er sich der Band anschließen wolle. Brian lehnte ab und erklärte Jones, dass er nur in einer Gruppe mitmachen würde, in der er auch der Bandleader sei. Paul Jones sollte später als Sänger bei Manfred Mann berühmt werden.

Als die Musik von Brian, Keith, Stu und Dick Taylor begann, Formen anzunehmen, entschied sich Mick, mitzumachen und erklärte Korner, dass er nicht länger bei Blues Incorporated mitsingen könnte, weil er sich auf die neue Band konzentrieren müsste. Korner, der zu einem Mentor zuerst von Brian und nun von Mick geworden war, versprach, ihnen zu helfen und Gigs zu verschaffen – und im Juli schlug Korner Brian und Micks Gruppe dem Club als Ersatz vor. Seit Brian der Bandleader war, war es seine Aufgabe, die Arrangements abzuschließen. Es heißt, bei einem Telefonat mit einer Zeitung sei er nach dem Namen der Band gefragt worden. Er sah hinab auf seine Platte von The Best of Muddy Waters und seine Augen blieben an dem Titel „Rollin' Stone" hängen. Und kurzerhand sagte Jones der Zeitung, der Name seiner Band sei „The Rollin' Stones".

Nachdem Mick Jagger damals das einzige wirklich bekannte Mitglied der Gruppe war, wurde er zur eigentlichen „Attraktion" – beim Debüt am 12. Juli 1962 im Marquee Club wurden „Mick Jagger und die Rollin' Stones" angekündigt. Mit ihrer Vorstellung, die Chuck Berrys „Down the Road Apiece" und „Back in the USA", Jimmy Reeds „Bright Lights, Big City" und „Big Boss Man" enthielt, waren die Rolling Stones ganz im Einklang mit dem größtenteils jazzorientierten Publikum, aber die sonst gemäßigte Stimmung im Club wechselte augenblicklich, als eine Horde Roller fahrender Halbstarker auftauchte und sich als Reaktion auf den ungebändigten jugendlichen Sound vor der Bühne aufstellte. Das Management des Marquee Club war nicht erfreut über den Effekt, den die Stones bei den vielen Zuhörern auslösten, aber nach weiteren Auftritten im Ealing Club, bei denen es ähnlich fiebrig und feurig zuging, war die Grünschnabel-Band im Geschäft.

Bei diesen frühen Auftritten war Tony Chapman oft ihr Schlagzeuger, er kam von den Cliftons, einer „Beat" Band, deren Repertoire die andere Seite der aufkeimenden britischen Musikszene der Sechziger umfasste. Beat Bands konzentrierten sich auf die Pop-Seite des amerikanischen Rock 'n' Roll, mit kleiner Affinität zu einer Mischung aus Country und R 'n' B, auch bekannt als Rockabilly, und im Sommer 1962 waren die Beatles schon die treibende Kraft einer Beatszene, die der heranwachsenden Generation englischer Jugendlicher, die wild darauf war, ihre eigene Musik zu haben, eine popfreundliche Plattform bot. Obwohl einer eher mittelmäßigen Band wie den Cliftons angehörend, hatte Chapman genügend Erfahrung, um einen Auftritt bei den Stones zu bekommen – zumindest zeitweise, als Mick, Brian und Keith drauf und dran waren, Watts anzuheuern. Als sich Taylor entschloss, die Stones zu verlassen, um eine eigene Band zu gründen – er wurde Lead-Gitarrist bei der britischen Blues Rock Band The Pretty Things –, ermunterte Chapmann Cliftons Bassisten Bill Wyman, wegen der frei gewordenen Stelle vorzuspielen.

Wyman war 1936 in Bill Perks, London, geboren und hatte Mitte der 50er-Jahre bei der Royal Air Force in Deutschland gedient. In dieser Zeit entdeckte er die amerikanische Country Musik und den Rock 'n' Roll. Zurück im zivilen Leben, heiratete er, übte einen Angestelltenjob aus, brachte sich selbst Gitarrespielen bei und gründete mit ein paar Freunden die Cliftons. Schließlich wechselte er zum Bass – ein Fretless-Modell, das er selbst gebaut hatte-, und im Dezember spielte er bei den Stones vor. Wie er sich später erinnert: „Sie trugen alle die Haare bis über die Ohren und sahen ziemlich ungepflegt und wie Künstler aus. Mick und Stu waren sehr freundlich, Brian und Keith dagegen cool und distanziert. Wir brachten meine Ausrüstung `rein – und plötzlich waren alle interessiert." Denn Wyman hatte seinen Verstärker mitgebracht. „Ich trug Jackett und Krawatte, weil ich dachte, eine Band sollte sich nett anziehen. Das beeindruckte sie nicht, aber meine Ausrüstung tat es." Anfangs kannte Wyman kaum die Blues- und R 'n' B-Interpreten, die die Stones favorisierten. Nachdem er jedoch ein paar Mal mit der Band gespielt hatte, war nicht nur klar, dass Wyman gut war, er war auch ein schneller Lerner.

Zum Jahresende musste Charlie Blues Incorporation verlassen – er wurde zukünftig durch den Cream Schlagzeuger Ginger Baker ersetzt – und als Brian, Mick und Keith erfuhren, dass er frei war, stimmte er zu, bei ihnen einzusteigen. Am 12. Januar 1963 – passenderweise im Ealing Club – spielten die Rolling Stones zum ersten Mal in der Formation Mick, Keith, Brian, Bill, Charlie und Stu zusammen. In derselben Woche gaben die Beatles ihr Debut mit „Please Please Me". Und da wurde das Feuerwerk entzündet, das innerhalb eines Jahres die gesamte Musik- und Popkulturwelt erschüttern würde.

Im Februar 1963 begannen die Stones eine Reihe von Sonntag-Nacht-Auftritten im Crawdaddy Club, dem Hinterzimmer eines Pubs im Richmond Hotel außerhalb von London. Er wurde von Giorgio Gomelsky betrieben,

23 August 1964: Mick auf dem Weg sich umzuziehen, kurz vor einem Außenkonzert in Longleat House, Wiltshire.

27 Am Strand von Malibu, Kalifornien, im Juni 1964: Die Stones stehen kurz vor Beginn ihrer ersten offiziellen USA Tournee.

einem Mann französisch-russischer Abstammung, der sich in Europa und den USA herumgetrieben hatte, wo er seine Vorlieben Jazz und Blues, entdeckte. Der Crawdaddy war wie der Ealing ein behelfsmäßiger Club. Der stickige Raum konnte höchstens 300 Menschen fassen, er hatte keine richtige Bühne und schenkte keinen Alkohol aus: Um etwas zu trinken, musste man hinaus in den Pub gehen. Nichtsdestotrotz wurde er im Winter 1963 „der" Treffpunkt für Londons junge Jazzmusiker, von schmuddeligen Kunststudenten bis zu korrekt gekleideten Heranwachsenden. Und als die Stones dort auftauchten, begannen sie sich innerhalb Englands quirliger Musikgemeinde einzurichten – ohne dabei den Respekt zu verlieren vor der Integrität des amerikanischen Blues und R 'n' B, von denen sie ihre Inspiration erhielten. Aber dennoch spielten sie die Musik auf ihre eigene Weise, wie durch einen Filter voller kraftvoller Energie und lautem Enthusiasmus.

Jede Woche beendeten die Stones ihren Auftritt mit einer ausgedehnten Jam-Session eines Bo Diddley Beats und versetzten die Menge in eine regelrechte Tanzekstase. Und als Frontman der Band begann Mick bald, seine Berufung als Darsteller zu entdecken. Er schlug ein Tamburin gegen seine sich ständig bewegende Hüfte, hielt frech vier Maracas nah an seine Ohren und zerzauste sich die Haare vor dem Publikum: So fügte Mick dem Image des männlichen Sängers ein ganz neues Auftreten hinzu. „Mick hatte eine sehr spezielle Art der Selbstdarstellung", bemerkte Alexis Korner. „Man kann sich vorstellen, wie schockierend Mick war. Die Art von Theatralik, die er darbrachte, war nicht wirklich die Art von Verhalten, die man unbedenklich der männlichen Rolle zuschreiben konnte. Er veränderte die Vorstellung dessen, was es heißt, ein Mann zu sein, auf grundlegende Weise."

Zusammen mit Jaggers Empfindung, sich selbst zu entdecken, fiel seine Entscheidung, mit Keith und Brian in eine düstere Zweizimmerwohnung in Edith Grove in West-London zu ziehen. Zu der Entscheidung trug – neben der Tatsache, dass er nun mit Keith und Brian an der Musik der Gruppe arbeiten konnte – bei, dass er die Schule zu Fuß erreichen konnte, die Mick immer noch besuchte. Während des Winters 1963 versuchte er, seine Studien mit den Gigs der Band unter einen Hut zu kriegen. Dennoch wurde im Sommer seine vermeintlich sichere Karriere als Steuerberater ersetzt durch eine riskantere als Entertainer. Das war zu einem großen Teil dem Stones-Manager zu verdanken, einem 19-jährigen, in London geborenem Energiebündel namens Andrew Loog Oldham. Zuvor Assistent der Modedesignerin Mary Quant, wechselte Oldham in die Öffentlichkeitsarbeit, nachdem er den Beatles Manager Brian Epstein getroffen hatte. Bei diesen Tätigkeiten wurde Oldham von der aufblühenden britischen Musikszene in den Bann gezogen, und als er die Stones im April 1963 im Crawdaddy Club entdeckte, war es passiert.

Die Beatles und andere Pop-Rock-Gruppen, die er kannte, sahen adrett aus und klangen angenehm, hatten feste instrumentale Arrangements und gut abgestimmte Harmonien. Die Stones dagegen schienen das genaue Gegenteil zu sein, jeder Einzelne anders in Sachen Image und Bühnenpräsenz. Vor allem von Mick war er angezogen. „Er bewegte sich wie ein jugendlicher Tarzan, den man gerade aus dem Dschungel geholt hatte, und der sich in seinen Kleidern nicht wohl fühlte ... Er hatte nicht nur eine Stimme, eine richtige Leadstimme. Es war ein Instrument, eine Offenbarung, nicht von einer Band unterstützt, sondern ein Teil der Band, ihre Botschaft.

Nachdem er herausgefunden hatte, dass die Band keinen Manager hatte – Gomelsky half ihnen, aber nur als Freund und Berater – sah Oldham seine Chance und nahm sie wahr. Er stellte sich Brian eines Nachts nach einem Crawdaddy Auftritt vor: Die Gruppe sei großartig, sie sollten alle reich und berühmt werden und er könne ihnen dabei helfen. Brian gefiel dieser Vorstoß und er traf sich innerhalb weniger Tage mit Oldham im Londoner Büro seines Partners und Agenten Eric Easton. Bei Ende des Treffens hatte Brian einem Vertrag zugestimmt, der Oldham und Easton die Verantwortung für alles übertrug, was das Geschäftliche betraf: Management, Buchungen, Aufnahmen, Öffentlichkeit, Promotion usw. Inzwischen würde die Band einen Vorschuss bekommen, bis ein erfolgreicher Plattenvertrag abgeschlossen sei. Brian brauchte nicht viel Überzeugungsarbeit zu leisten, bis auch der Rest der Stones dem Dreijahresvertrag mit Oldham und Easton zustimmte. – Was der Rest der Stones nicht wusste, war, dass Jones einen separaten Vertrag unterschrieb, der ihm, dem Bandleader, fünf Pfund extra die Woche zusicherte. – „Ich sagte ihm immer wieder ‚Warte nicht darauf, dass das Geld von außen kommt. Du bist dabei, die Sachen zu verschenken,'" warnte Gomelsky ihn. „Aber Brian wollte so sehr ein Star werden, viel mehr als Mick oder die anderen. Er war ungeduldig und wollte alles dafür tun."

Oldhams erste Tat als Stones-Manager war, Ian Stewart aus der Gruppe zu entfernen. „Andrew zufolge fällt Stu nicht genügend auf", sagte Keith. „Und er sagte, sich sechs Gesichter zu merken, ist genug für die Leute."

Es stimmte, dass Stewart konservativer aussah. Außerdem erklärte Mick: „Er spielte ein nicht verstärktes Piano und wir anderen alle elektrische Instrumente. Und da waren eine Menge Stücke, bei denen er nicht mitspielte." Dennoch, Oldham wusste, wie sehr alle Stewart respektierten, mehr wegen seiner persönlichen Integrität als wegen seiner musikalischen Fähigkeiten, so schlug Oldham, um die Wogen zu glätten, Stewart vor, der Road Manager der Gruppe zu sein und bei den Plattenaufnahmen mitzuspielen, wenn ein Piano gebraucht würde. Stewart stimmte zu und blieb bis zum Ende seines Lebens ein Mitglied der Stones-Familie.

Als Nächstes machte sich Oldham daran, den Stones eine Plattenaufnahme zu verschaffen. Wieder ging er zielsicher und clever ans Werk. Als A & R Manager bei Decca Records war Dick Rowe der Aufnahmeleiter der Beatles, und Anfang Mai waren er und Georg Harrison in der Jury eines Talentwettbewerbs in Liverpool. Rowe scherzte, dass er einen „Tritt ihn den Hintern" bekommen würde, wenn er die Stones verpflichtete und Harrison vermutete, er würde sie ablehnen. Rowe wusste nichts über sie, so gingen er und seine Frau sonntags in den Crawdaddy Club, wo er, wie er sagte, „fasziniert war, wie das Publikum reagierte und tanzte" – und seine Frau fügte hinzu, dass sie die Stimme und das Aussehen des Leadsängers mochte. Innerhalb weniger Tage hatten die Stones einen Plattenvertrag bei Decca. Bemerkenswerterweise stimmte Rowe sogar der Vereinbarung zu, dass Oldhams und Eastons neu gegründete Firma „Impact Sound" Eigentümer der Masterbänder bleiben würde.

Im Juni brachte Decca die erste Single der Stones heraus – eine schnelle (1:47 min) Popversion von Chuck Berrys „Come on", die es nicht in die Top 20 der britischen Charts schaffte. Ihr erster Fernsehauftritt in „Thank Your Lucky Stars" jedoch erregte Aufsehen. Oldham steckte sie in ein angepasstes Pepita-Outfit, um sie respektabel aussehen zu lassen, aber ihr bluesgeprägtes Verhalten konnte nichts verdecken, sodass das Studio ärgerliche Anrufe und Briefe erhielt. „Es ist entwürdigend, dass langhaarige Rüpel wie diese im Fernsehen zu sehen sind", hieß es in einem Brief. „Ihr Auftritt war absolut widerlich." Der schlechte Ruf sorgte für Publicity und bald begann die Gruppe, auf Tournee zu gehen im Stil von amerikanischen Stars wie Everly Brothers, Bo Diddley und Little Richard, und nachdem sie ganz England und dann Europa direkt gesehen hatten, war klar, dass die Zuhörer nur so oder so reagieren konnten. „Die Jugendlichen in den Städten hatten von uns gehört, aber sie wussten nicht, was auf sie zukam", sagte Keith. „Am Anfang starrten uns die meisten nur an, vor allem die Jungs. Man spürte so etwas wie Feindseligkeit von den Burschen. Die Mädchen waren nur überrascht und versuchten, sich eine Meinung zu bilden. Am Ende dann, egal wo wir spielten, hatten wir sie."

Mit dem Beginn des Tourneelebens der Band gab es für Mick immer mehr Veränderungen. Seit die Gruppe unterwegs war, konnte er seine Studien an der London School of Economics nicht mehr fortsetzen. Seine Noten waren aber so gut, dass die Schule ihm anbot, ein Jahr zu pausieren, um dann den Unterricht wieder aufzunehmen. Micks Eltern waren nicht erfreut über diese Entwicklung, aber an diesem Punkt konnten sie nicht viel tun, so gaben sie sich mit der Tatsache zufrieden, dass letztlich die Billigwohnung in Edith Grove aufgegeben wurde und er und Keith in ein wesentlich besseres Appartement in West Hampstead umzogen.

Am Ende dieses Jahres hatte die Band ihre ersten Hit-Singles veröffentlicht: eine laute, von Brian Jonas auf der Slide-Gitarre gespielte Version von „I Wanna Be Your Man" von den Beatles, die John Lennon Oldham als gut passend für die Band vorgeschlagen hatte, und – weitaus bedeutender – ein cleverer Take von Buddy

Hollys „Not Fade Away". Während das Original sich langsam dem Bo Diddley Beat annäherte und von einem im Stil des Südwestens gespielten Gitarrensolo der abgetretenen Texas Rock 'n' Roll Legende bestimmte wurde, ließen die Stones die Version wiederaufleben, in der Diddley sich auf sein Geburtsrecht beruft. Mit Watts, der den „Shave-and-a-Haircut" Beat in voller Lautstärke spielte, Jagger, der die Maracas wie der Diddley Adjutant Jerome Green schüttelte, und Jones, der mit seiner Mundharmonika das Gitarrenspiel übertönte, zeigte „Not Fade Away", dass die Stones viel mehr mit dem Liedmaterial machen konnten, als es nur nachzuspielen.

Im April 1964 wurde die erste Stones-LP veröffentlicht, die zum Großteil aus den Liveauftritten der Gruppe und dem Repertoire ihrer Blues- und Rock-Helden Waters („I Just Want to Make Love to You"), Reed („Honest I Do"), Berry („Carol") und Diddley („Mona") bestand. Inzwischen wurde das „Bad Boy Image" der Band bewusst aufrechterhalten. „Die Medien sind sehr leicht zu beeinflussen", sagte Mick, „Wir taten alles Mögliche, um unsere Fotos in die Zeitung zu bekommen. Das Sicherste war, etwas Ordinäres zu tun, was die Leute schockte. Also nahmen wir sie auf den Arm und sie schrieben darüber wochenlang." Das Album erklomm die britischen Charts und stieß die Beatles von Platz eins – der wöchentlich erscheinende Melody Maker titelte die berühmte Zeile: „Würden Sie ihre Schwester mit einem Rolling Stone gehen lassen?" Von Zeitungsseiten bis zur Kirchenkanzel: Sie wurden als „Geisteskranke", „Exhibitionisten" und „die hässlichste Gruppe der Welt" bezeichnet. Aber natürlich brachten all die negativen Zuschreibungen die Gruppe nur einer wachsenden Anzahl junger Fans immer näher.

„Alles ging sehr schnell", sagte Mick. „Aber man musste schnell sein in dieser Zeit, denn es passierte so viel und ehe man sich versah, war man in dem Ansturm untergegangen. Es gab eine Vielzahl an Bands. Alle jungen Gruppen sind entstanden, weil sie die Konzerthalle kannten, in die sie mit ihren Eltern gegangen sind, und sie kamen rüber wie Varietékünstler. Sie waren nicht cool." Charlie fügte hinzu: „Wir hielten uns zuerst für eine Bluesband, und wir waren überzeugt davon, die angesagteste Band zu sein, die es gab."

Im Juni kamen die Stones für eine Tour in die USA, aber ihre Platten hatten nicht viel Aufsehen erregt. Daher war es hauptsächlich ihr aufkommender Ruf als die „Anti-Beatles", weshalb man sie in Südkalifornien beachtete, wo sie zum ersten Mal im amerikanischen Fernsehen auftraten. Gastgeber an diesem Abend war Dean Martin, der sanfte Schlagersänger, der zusammen mit Frank Sinatra den Inbegriff dessen verkörperte, was die ältere Generation für angesagt hielt. Martins Ansage war so herablassend wie möglich: „Nun kommt etwas für die Jüngeren. Fünf Jungs aus England, die eine Menge ‚al-bee-yums' (Verballhornung von Album) verkauft haben. Sie nennen sich die Rolling Stones. Ich habe mich herumgerollt, als ich stoned war. Ich weiß nicht, wovon sie singen, aber hier sind sie." Nachdem die Gruppe eine verkürzte Version von „I Just Want to Make Love to You" beendet hatte, schwenkte die Kamera auf Martin. „The Rolling Stones – sind sie nicht großartig?", fragte er

31 Jung und berühmt sein, gelangweilt und gleichgültig: Porträtaufnahme von 1964.

sarkastisch, die Augen verdrehend. Und um die Wahrheit zu sagen, der erste Ausflug in die USA war kein großer Triumph. Doch ein Highlight gab es: In Chicago besuchten sie die berühmten Chess Studios, wo sie ihr Idol Waters trafen, der sie ermunterte, und innerhalb von zwei Tagen nahmen sie mehr als ein Dutzend Songs für die nächsten Veröffentlichungen auf.

Als die Stones im Oktober in die USA zurückkamen, war die Reaktion eine ganz andere. Zwei der Songs, die sie bei Chess aufgenommen hatten – Valentinos „Its All Over Now" und Irma Thomas' „Time Is On My Side" waren in den USA Hits geworden, „Time" kam unter die Top Ten – und schnell wurden sie nicht nur zu den Anti-Beatles, sondern sie wurden zu den Hauptrivalen der „Fab Four" im Musikgeschäft. In New York traten sie in der beliebten Show von Ed Sullivan auf. Einige Tage später sagte Mick: „Er schickte uns eine Nachricht, in der es hieß, er habe Hunderte von Briefen erhalten, Abertausende von Teenagern erklärten, wie toll sie unsere Vorstellung fanden." Von dort flog die Gruppe nach Südkalifornien, wo sie an einem Konzert teilnahm, das im Santa Monica Theater für eine Kinoaufführung gefilmt wurde. Eingeladen hatten die Surf-Rockstars Jan & Dean, die Eingeladenen bildeten einen veritablen Querschnitt all derer, die zu dieser Zeit in der Popmusik der Teenies angesagt waren: Jan & Deans Kollegen Brian Wilson und die Beach Boys, 50er-Jahre Ikone Chuck Berry, Mädchenband Singe Lesley Gore, Motown Stars the Miracles, Marvin Gaye und die Supremes; die Garagen-Rocker Barbarians, die Beatband aus Liverpool Gerry and the Pacemakers, Billy J. Kramer sowie die Dakotas, und last, but not least, James Brown.

Eigentlich war vorgesehen, dass Brown, der R 'n' B Star, dessen spektakulärer Bühnenauftritt ihm den Titel „Der am härtesten arbeitende Man im Showbusiness" eingebracht hatte, als Letzter in der Show auftreten würde. Aber weil Brown zu dieser Zeit beim weißen Publikum noch unbekannt war, entschied man, dass die Stones der letzte Act des Abends sein sollten. Brown bezweifelte, dass irgendjemand nach ihm noch etwas erreichen konnte, und um das zu verdeutlichen, legte der Gottvater des Soul eine 20-minütige Vorstellung voller Wehklagen und Moonwalken hin, bei der sich die meisten Beobachter darüber einig waren, dass es eine der größten seiner ganzen Karriere war. Als Brown unter dem tosenden Applaus der 5000 Zuschauer siegessicher die Bühne verließ, warteten die Stones nervös hinter der Bühne. Und doch, irgendwie schafften es Mick, Keith und die Band, große Anerkennung für ihren Fünf-Song-Auftritt zu erhalten – großenteils auch, weil sie so anders waren als Brown und auch als jeder andere in dieser Show.

Mick, der ewig Lernende, verarbeitete diese TAMI-Erfahrung bezeichnenderweise durch einige wertvolle Lektionen, die er daraus mitnahm. „Ein Teil von mir war ein großer Fan [von Brown] und der andere Teil war davon völlig unbeeindruckt, fragte sich ‚Wie abgehoben und fremd ist das?' und versuchte, sich ein Stück weit hineinzuversetzen, um es zu verstehen", sagte er später. „Natürlich kopierte ich einige seiner Bewegungen, ich kopierte jedermanns Bewegungen. ‚Das ist eine Bewegung, die mir gefällt', sagt man sich. Vor manchem Publikum musst du wirklich hart arbeiten, und die meisten dieser Leute haben James Brown vorher gesehen und lieben ihn, eben weil er hart arbeitet für das Publikum, während andere Künstler des weißen Rock 'n' Roll, vor allem englische Bands, das nicht genug tun. Die Leute, von denen ich das lernte, waren fast alle Amerikaner."

Innerhalb von ein oder zwei Jahren würden die meisten Leadsänger, egal ob Amerikaner oder andere, sich ihre Bewegungen von Mick Jagger abgucken.

ROLLING STONES

32 Wir sehen euch, Kids: Backstage während eines Stopps auf der UK Tour im April 1964, in der Woche, als das Debütalbum der Stones erschien.

33 Die Stones auf der HMS Discovery am Ufer der Themse vor Beginn eine Pauschalreise mit Little Richard, B Diddley und den Everly Brothers 196

34 Erster Auftritt der Stones bei der TV-Show „Ready, Steady, Go!", August 1963. Die Lederwesten – Andrew Oldhams Idee – wurden bald weggeworfen.

35 Shaking All Over: Eine frühe Aufnahme von 1964 zeigt Mick beim Nachahmen von Jerome Green, Maracasspieler in Bo Diddleys Band.

mj

ES INTERESSIERT MICH ÜBERHAUPT NICHT, OB ELTERN UNS HASSEN ODER NICHT. SIE WERDEN LERNEN, UNS EINES TAGES ZU MÖGEN. UNS MACHT DAS NICHTS AUS. ICH KANN IHNEN ABER SO VIEL SAGEN – MEINE ELTERN MÖGEN MICH.

36 und 37 „Die Ringe um meine Augen sind durch Copyright geschützt": Mick gibt sich nachdenklich, 1964.

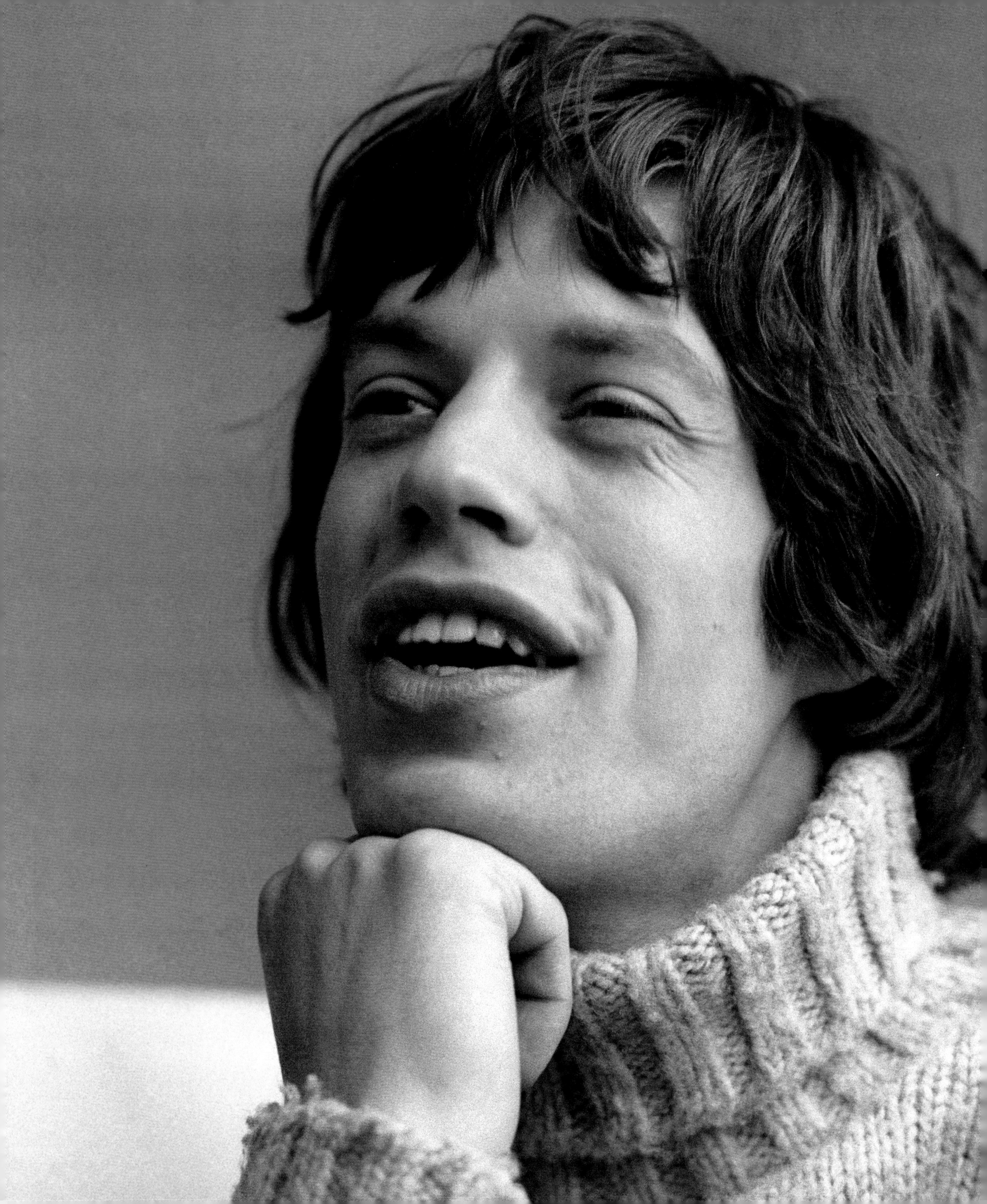

38 Erfrischungspause: mit Getränk und Snack stehend, bevor die Scheinwerfer angehen, Anfang 1964.

39 Nach all dem Zeitungsklatsch über die ungepflegten langen Haare der Stones bekommt Mick beim BBC TV Center vor einem Auftritt bei „Open House" im Frühjahr 1964 eine Pseudo-Friseurbehandlung.

40 und 41 Kleider machen die Stones: Mick und Brian probieren unter Aufsicht von Andrew Loog Oldham die letzten amerikanischen Schreie in Hollywoods angesagter Beau Gentry Männerboutique an.

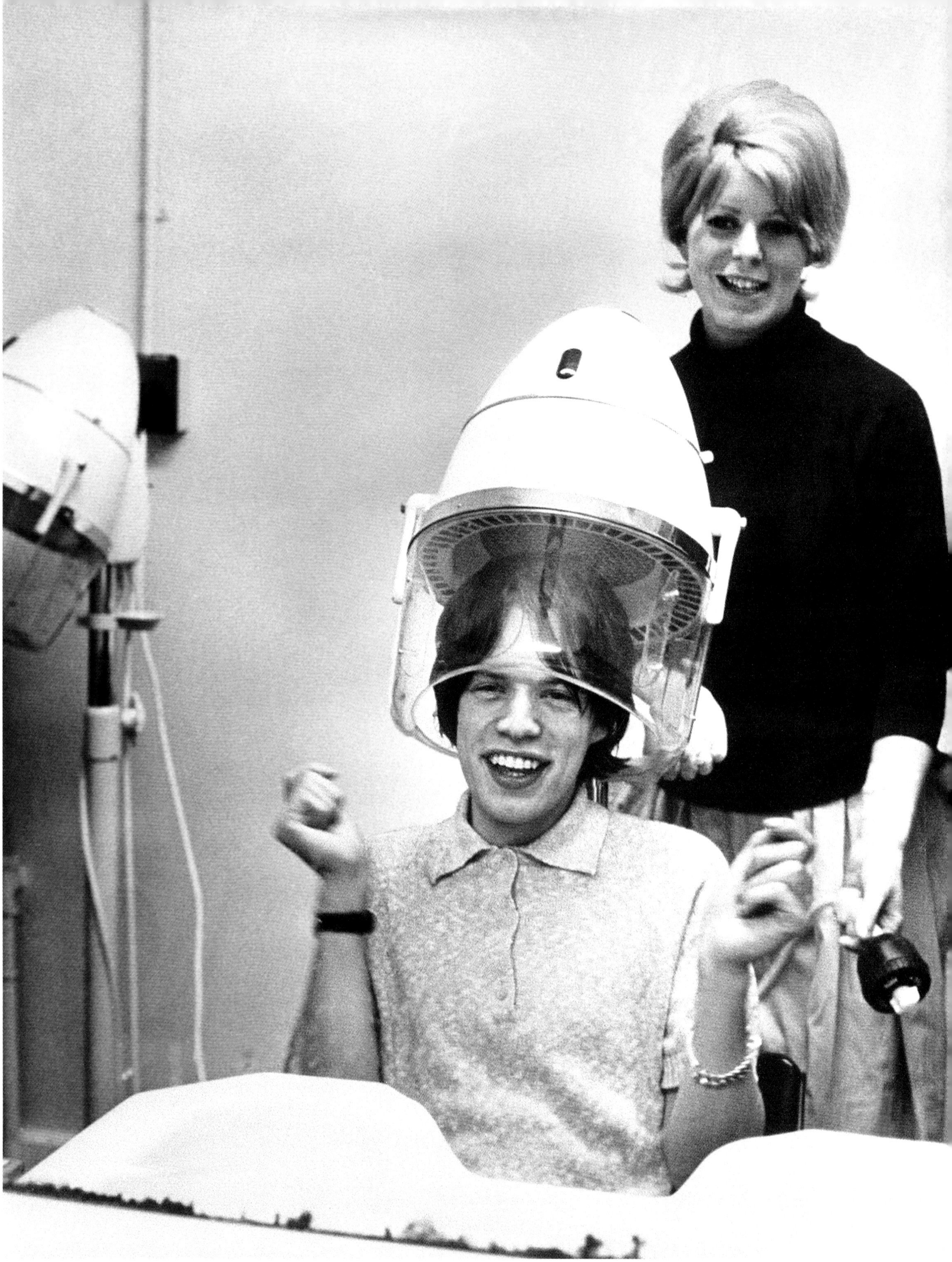

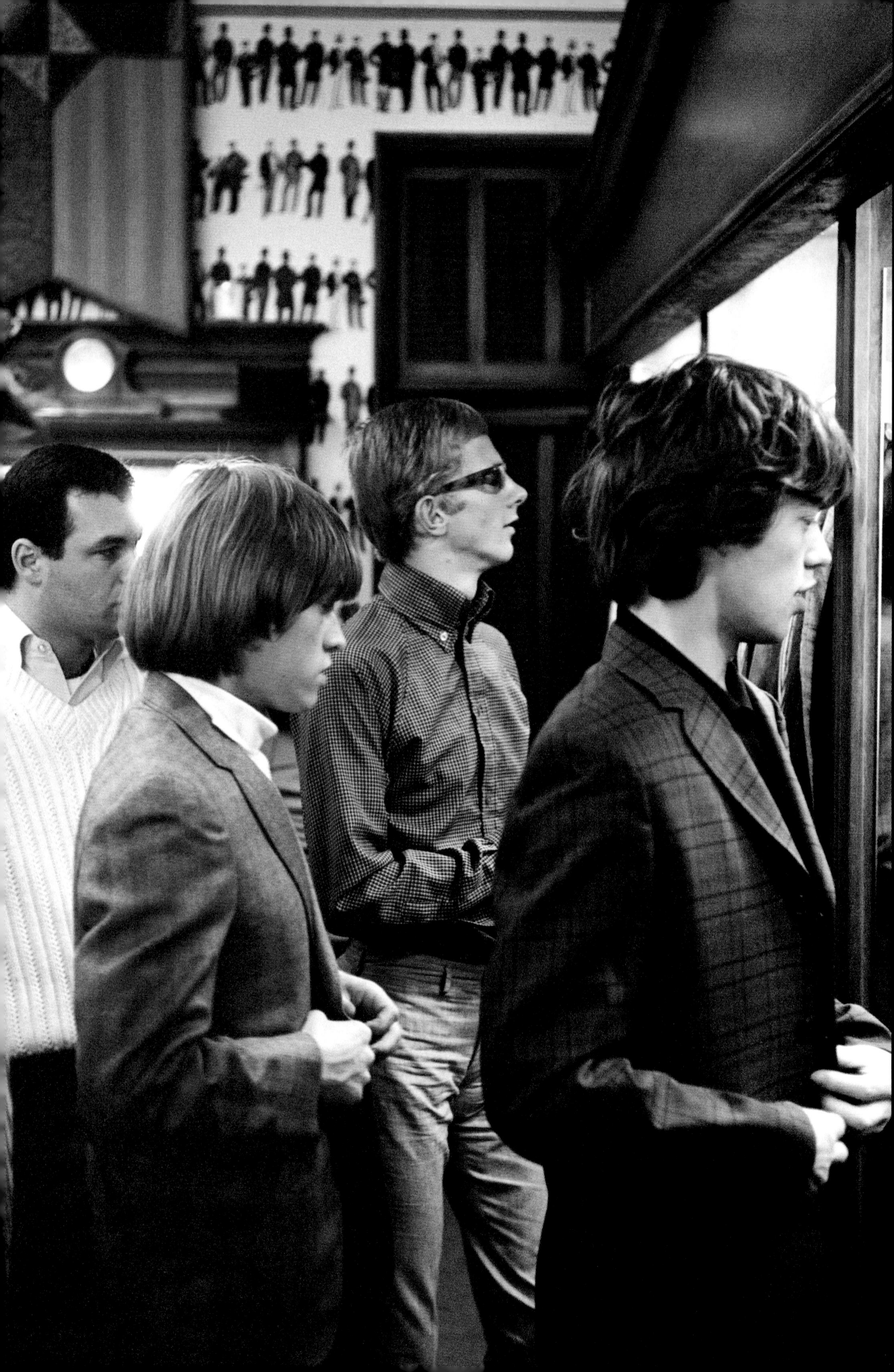

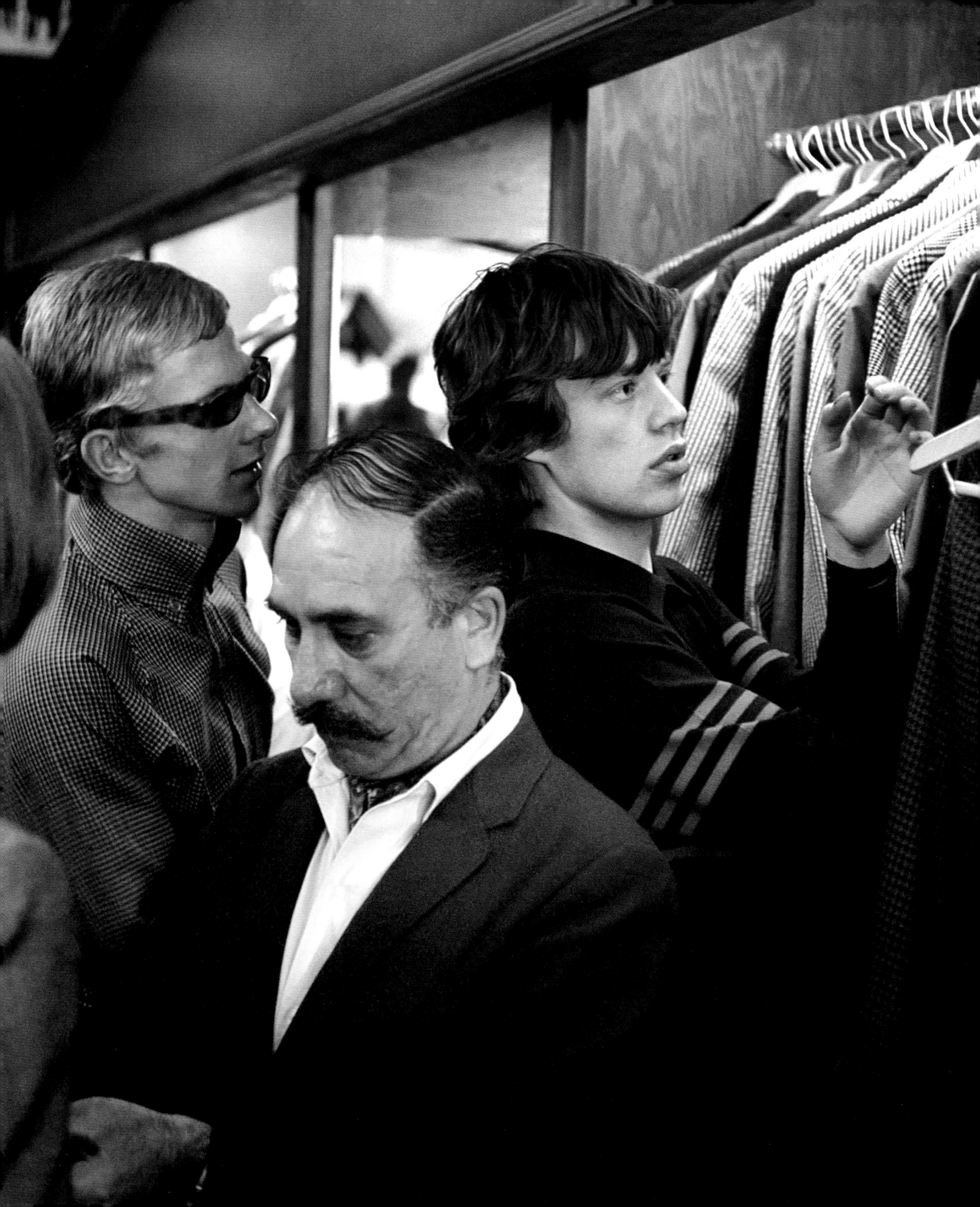

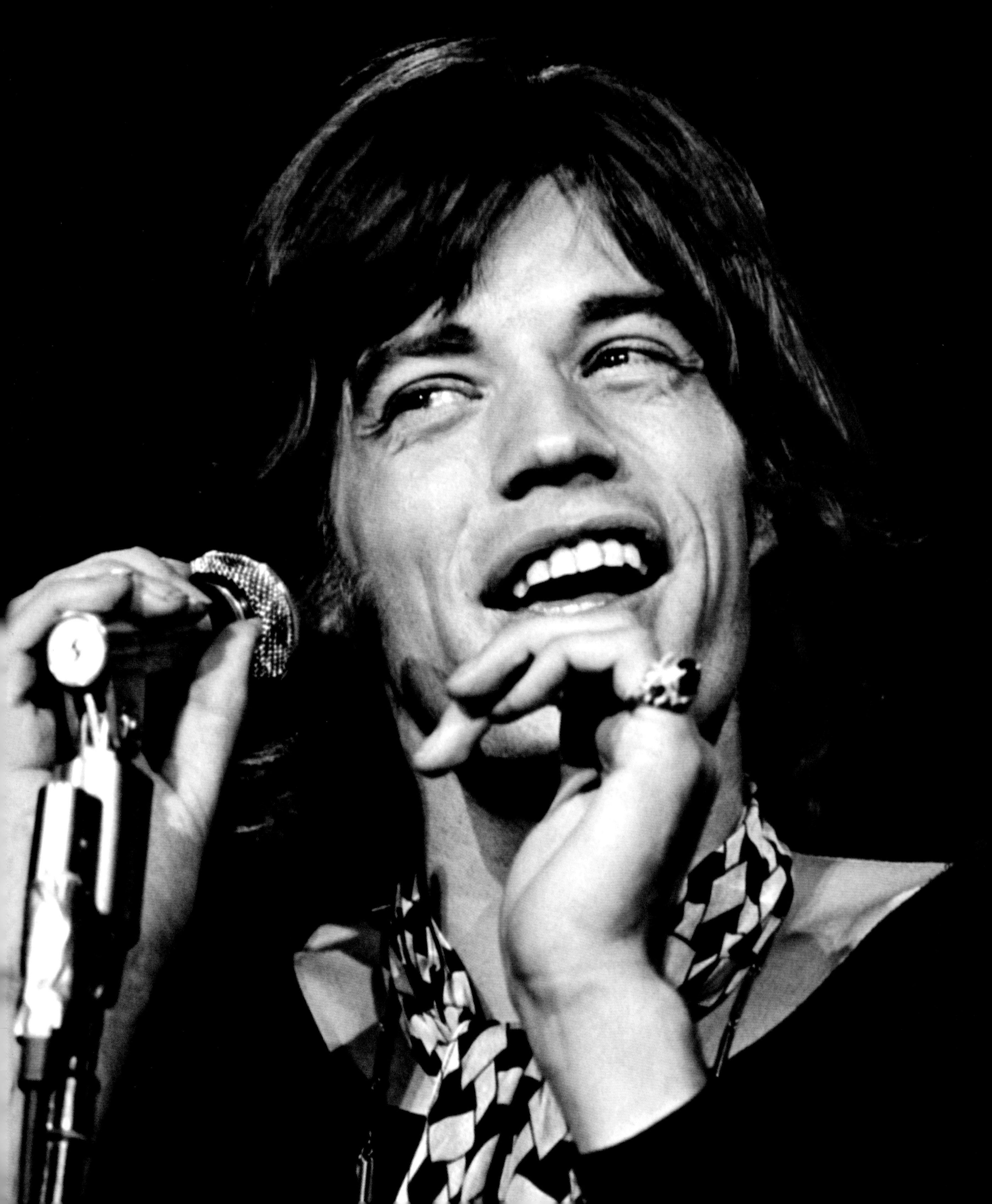

TEIL ZWEI:
LET IT BLEED

DIE GEFÄHRLICHSTE ROCK AND ROLL BAND DER WELT UND DER PREIS DES RUHMS

„Wir haben diesen verdammten Song geschrieben – fahr damit zur Hölle!" So gab Oldham das wieder, was Mick an jenem Sommermorgen sagte, als sie ihm die Erstversion von dem vorspielten, was der erste eigene Hit der beiden werden würde: „As Tears Go By". Am Abend vorher hatte der Stones-Manager die beiden in der Mapesbury Road zurückgelassen, mit der Drohung, sie nicht eher aus dem Haus zu lassen, bis sie einen Song geschrieben hätten. Er hatte ihnen erzählt, dass die Beatles viele ihrer Songs selbst komponiert hätten, und sich dadurch von den Konkurrenten unterschieden, und auch gutes Geld gemacht hätten, der Lebenssaft guter Pop-Musik.

Für eine Ex-Klosterschülerin namens Marianne Faithfull, deren unschuldige Schönheit Oldham veranlasste, sie damit zu ködern, sie zu einem Pop-Star zu machen, wurde dieser Auftrag zu einer Sache auf Leben und Tod. Der Song solle das Gefühl von „Backsteinmauern, hohen Fenstern – kein Sex" hervorrufen, wie Oldham erklärte. Und sie gaben ihm genau das: einen sanften Song mit ansteckender Melodie und passendem Text. Das Einzige, was Oldham nicht gefiel, war der Titel „As Time Goes By". Man würde ihn mit dem Lied aus dem Kinoklassiker „Casablanca" verbinden, also müsse man ihn ändern. „Etwa in ,As Tears Go By'" schlug er vor. Sechs Wochen später stand Marianne Faithfulls erste Platte auf Platz eins der englischen Charts, Mick und Keith waren auf dem Weg, zu Hitschreibern zu werden.

1965 begannen die beiden, ernsthaft ihre Karriere als Komponisten voranzutreiben. Im Februar veröffentlichte Decca die sechste Single der Stones und die erste in Großbritannien mit Originalsongs von Jagger und Richards: „The Last Time" war drei Wochen lang im Frühjahr auf Platz eins der britischen Charts – der dritte Nummer-eins-Hit der Band in Folge – und er stürmte auch die Top Ten in den USA. Die B-Seite „Play With Fire" war eine dunkle Akustiknummer, die das im Schwinden begriffene Bad-boy-Image der Band wieder aufleben ließ. „Don't play with me, cause you're playing with fire", warnt Mick darin ein Upper-class Mädchen, das seine Freude daran hat, seine Schicht in den Dreck zu ziehen.

Der Ruf der Stones eilte ihnen voraus, wohin sie auch gingen. Und sie taten alles dafür, um ihm gerecht zu werden. Im März verweigerte man ihnen Zimmer in einem Hotel in Manchester und – um das zu bestätigen – verwüsteten sie daraufhin ihre Zimmer in einem anderen Hotel. Nicht lange danach wurde die Gruppe nach einer Show nach London zurückgefahren, und Bill Wyman bat den Fahrer, an einer Raststätte zu halten, weil er die Toilette benutzen wollte. Mit einem Blick auf Wymans Aufmachung sagte der Angestellte, man habe keine Toiletten. Das war es, was die anderen hören wollten: Brian und Mick stiegen aus und gingen zu dem Angestellten, der sie erneut aufforderte zu gehen. Die drei reagierten darauf, indem sie sich zu einer nahe gelegenen Wand begaben und dort erleichterten.

Oldham hielt diesen Vorfall als Futter für die Medien für geeignet. Wie vorherzusehen war, stürzten sich die Boulevardzeitungen auf die Geschichte. Ihr schlechter Ruf führte dazu, dass sie vor einem Londoner Gericht erscheinen und sich wegen Erregung öffentlichen Ärgernisses verantworten mussten. Der Gerichtstermin brachte sie wieder auf die Titelseiten – und nach der Verlesung des schrecklichen Benehmens der drei „struppigen Monster" sprach der Richter sie schuldig „wegen eines Verhaltens, das einen Verstoß gegen die öffentliche Ordnung erkennen ließ" und verurteilte sie zu einer Geldstrafe sowie zur Zahlung der Kosten des gesamten Verfahrens.

Einige Tage später feierte Mick seinen 22. Geburtstag und die letzte Stones Single „(I Can't Get No) Satisfaction" war Nummer eins in den USA. Es verband nicht nur eines der denkwürdigsten Openings der Rockgeschichte – Keith war mitten in der Nacht aufgewacht mit

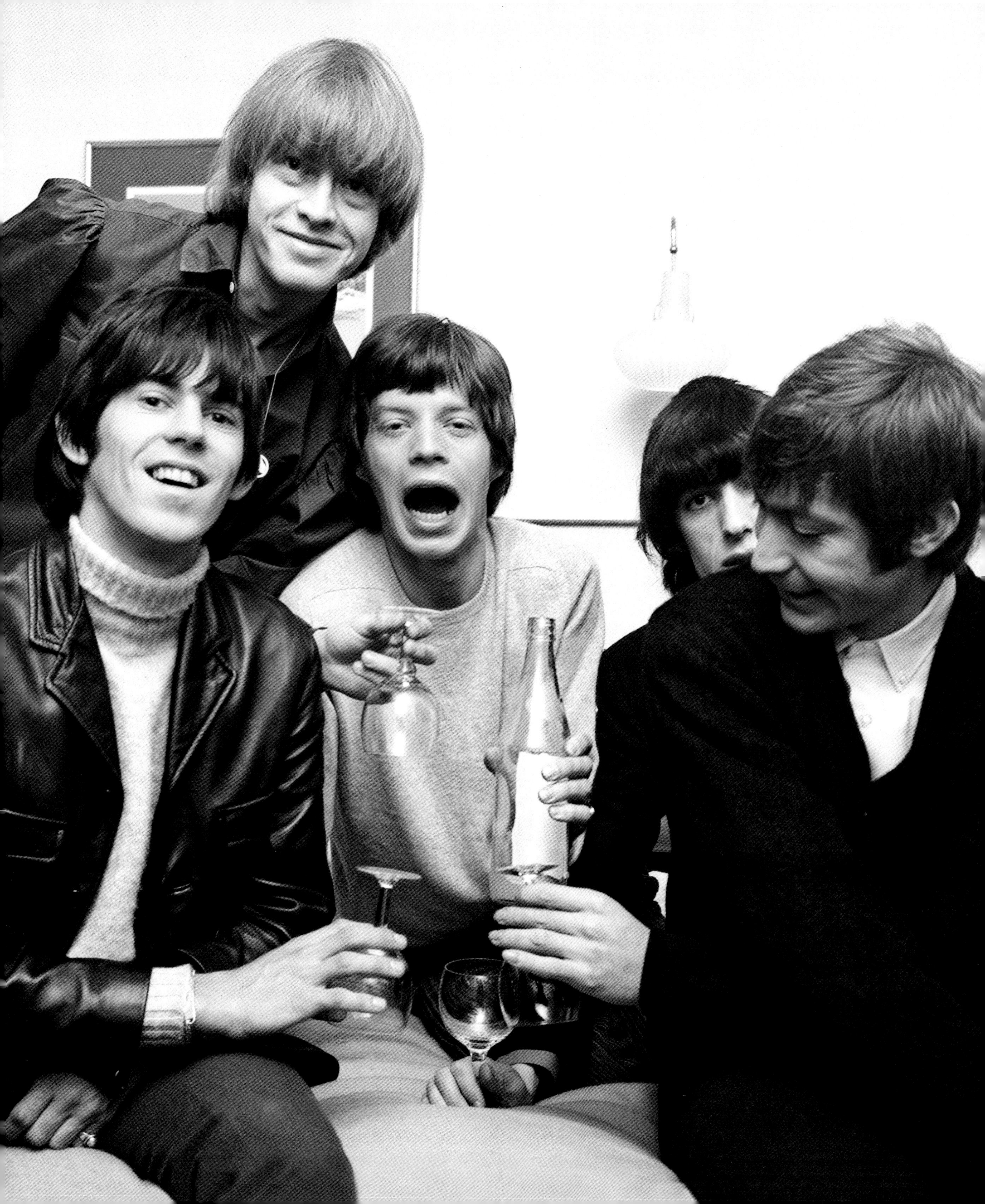

42 „Eieieieiei", sagte die Spinne zur Fliege: Bei der Amerikatour 1969, bei der sie sich als die größte Rock 'n' Roll Band der Welt etablierten, macht Mick sich einen Spaß mit den Zuhörern

45 Das waren die guten Zeiten: Während der England Tour 1956 warten die Rolling Stones in ihrem Hotel auf den Zimmerservice, der ihnen die Gläser wieder voll schenken soll

46 Mick mit Chrissie Shrimpton, auf der Hochzeit des Fotografen David Bailey und der französischen Schauspielerin Catherine Deneuve im August 1965. Mick bestach als Trauzeuge

mj

dem „Riff" im Kopf und hielt es mithilfe eines tragbaren Kassettenrekorders fest – mit Micks perfekt zum Zeitgeist passenden Text über Entfremdung, der Song verhalf auch dem schlechten Image zu neuen Höhen. Als die Stones den Song in der US-TV-Musiksendung „Shindig!" vortrugen, verlangten Zensoren, dass der Ton verzerrt werden sollte bei der Zeile „I'm trying to make some girl." (Ich versuche, ein Mädchen anzubaggern.) „,The Last Time' hat uns Selbstvertrauen gegeben, für die Gruppe zu schreiben," sagte Mick. „Alles ging so schnell, wir hatten keine Zeit nachzudenken, wir mussten mit dem nächsten Song herauskommen."

Der bedeutendste Effekt, dass Mick und Keith sich nun als Songschreiber hervortaten, war vielleicht der, dass Brian Jones' Status als Führer in den Hintergrund trat. Sicherlich trug er noch erheblich zum Sound der Stones bei – durch aufregende Gitarrenstücke und Mundharmonikasoli. Aber da sie begannen, sich vom Blues/R'n'B-Stil wegzubewegen, auf dessen Grundlage Brian die Band gegründet hatte, formten Mick und Keith nun die Identität der Gruppe auf zweifache Weise, einmal durch die Songs, die sie schrieben, und durch ihre symbiotische Beziehung, die sie bei Live-Auftritten zeigten. Jones tat, was er konnte, denn er war süchtig nach Ruhm, doch er kam einfach nicht an gegen das Strahlen des charismatischen Leadsängers. Charlie erzählte: „Er arbeitete hart an seiner Erscheinung – er schaute sich die Filme an, um zu sehen, wie er an der Gitarre aussah – und er zählte die Bewegungen ab, die er auf der Bühne tat. Aber Mick war ein Naturtalent. Es gibt etwas, das dich verrückt macht, und das ist das gewisse Etwas. Brian hatte es nicht."

Während „Satisfaction" im Sommer 1965 die Charts auf beiden Seiten des Atlantiks stürmte, erreichten die finanziellen Geschäfte der Band internationale Gefilde, als Oldham den amerikanischen Buchhalter des Musikgeschäfts Allen Klein als Manager der Stones anheuerte. Um mehr herauszuholen, verhandelten Klein und Oldham den Plattenvertrag der Band mit Decca neu, nach denen die Band besser bezahlt werden sollte als bisher. Darüber hinaus änderten sie das Handling der Tourneen in einer Weise, dass Eric Easton weg vom Fenster war. Alle fünf Stones bekamen ansehnliche Vorauszahlungen, ebenso wie die dringend notwendige Freizeit, und niemand bemerkte etwas von den Machenschaften hinter den Kulissen, sodass sie es später bereuten, keine unabhängigen Anwälte für ihre individuellen Interessen gehabt zu haben.

Mick machte sich mit seiner Freundin, Chrissie Shrimpton, zu einem Urlaub nach Marokko auf, um dort zu feiern. Er kannte sie seit Herbst 1963. Chrissie, wohlbehütete Tochter eines britischen Bauunternehmers und jüngere Schwester des Models Jean Shrimpton, war gerade 17, als sie Mick bei einem der Auftritte der Band traf. Sie hatte ihn richtig verfolgt, sicher auch wegen des „gefährlichen" Images, damit konnte sie gegen die Eltern und deren seriöse Generation rebellieren. Weil Mick ein gut erzogener junger Mann der Mittelschicht war, ermöglichte sie es dem sozial ambitionierten Jagger, sich in der kultivierten Gesellschaft zu bewegen. Aber sie erwartete von ihm, dass er mit ihr flirtete, doch Mick tat es nicht, vor allem nicht in der Öffentlichkeit. Einmal gingen sie Hand in Hand die Straße entlang und als Mick sah, dass die Fans ihn bemerkten, ließ er ihre Hand los und lief ein Stück vor ihr her, als hätten Sie nichts miteinander zu tun. Weil man letztlich durch die vielen Zeitungsfotos, die die beiden zusammen zeigten, doch erfuhr, dass sie Micks Freundin war, führte die Kombination aus seinen Bemühungen, der Mädchenschwarm zu sein, und ihren eigenen Unsicherheiten zu unhaltbaren Spannungen in ihrer Beziehung. Und da es für beide die erste richtige Liebesgeschichte war, machten Besitzdenken und Eifersucht die Sache nicht einfacher. Mick begann, diese Gefühle in den Songs zu verarbeiten, die er mit Keith schrieb.

Das vierte Album der Stones, Aftermath, aufgenommen in Los Angeles Ende 1965, Anfang 1966, bedeutete für die Gruppe den großen Durchbruch, denn es war der erste Long Player nur mit original Jagger/Richards Songs. Vorwürfe von Frauenfeindlichkeit und Chauvinismus hagelten auf die Gruppe nieder wegen der Beleidigungen, die in den Songs wie „Stupid Girl" („The way she powders her nose/Her vanity shows and it shows") und „Under My Thumb" („Under my thumb, the squirmy dog who once had her day") zum Ausdruck kamen. Mick und Chrissie ließen sich davon nicht beeindrucken und hielten an ihrer Beziehung fest, zumindest oberflächlich. Im Juni 1966, bevor Keith nach Redlands zog, einem Landhaus in Sussex, etwa eineinhalb Stunden Fahrt von London weg, mietete Mick eine Wohnung in Harley House, ein umgebautes Herrenhaus in der Nähe des Regent Park, und Mick und Chrissies Familien glaubten, die beiden würden heiraten und zusammenziehen. Sie lebten dort auch, aber nicht als Ehepaar, und Shrimptons verärgerte Eltern drohten, sie zu enterben. Chrissie fühlte sich alleingelassen und gänzlich von Mick abhängig.

Anfang Oktober, nach einem Auftritt in Bristol, fand sich Mick allein in einem Hotelzimmer mit Marianne Faithfull. Obwohl sie erst kurz vor ihrem zwanzigsten Geburtstag stand, hatte Faithfull schon viel erlebt, seit sie Mick, Keith und Andrew kannte und in der Pop-Szene berühmt geworden war mit „As Tears Go By". Als Tochter einer österreichisch-ungarischen Baroness und eines britischen Geheimdienstmajors, deren Ehe zerbrach, als sie noch fast ein Kind war, hatte Faithfull Affären mit verschiedenen Musikern, bevor sie von John Dunbar, dem Besitzer einer Kunstgalerie, schwanger wurde und ihn im Frühjahr 1965 heiratete. Obwohl ihr Sohn im Spätjahr geboren wurde, half das ihrer Beziehung nicht, und bald verbrachte Faithfull die meiste Zeit in der Courtfield Road in London in der Wohnung von Brian Jones und seiner neuen Freundin Anita Pallenberg. Keith, der gerade eine lange Beziehung beendet hatte, war manchmal da und von Zeit zu Zeit schaute auch Mick vorbei – obwohl er sich nie richtig anfreunden zu können schien mit dem unkonventionellen Lebensstil, den viele der Londoner „schönen" Gesellschaft pflegten. Er hatte Marianne wenig Aufmerksamkeit geschenkt, sie ebenso: Bis zum Oktober 1966 war ihr einziges bemerkenswertes Zusammentreffen mit ihm auf einer Party, bei der Mick betrunken war (was selten bei ihm vorkam) und nicht ganz zufällig ein Glas Champagner über ihr Minikleid schüttete.

Als also Brian und Keith sie zu einem Stones Konzert in Bristol einluden, hatte sie sicher nicht vorrangig im Sinn, die Nacht mit Mick zu verbringen.

Nichtsdestotrotz, das geschah: Marianne stand während des Auftritts direkt vor der Bühne, sah Mick in seinem Element und war fasziniert. „Ein verführerisch poppiges Frankenstein Monster, das alle paar Sekunden von einem Stromstoß geschüttelt wurde", schrieb sie. „Durch diese Verrenkungen brachte er die gesamte Stones Attitüde rüber – schwadronierend, arrogant und androgyn." Zurück im Hotel meinte der Fahrer, der sie hergefahren hatte, er müsse zurück nach London. Doch Marianne entschied sich zu bleiben, und als die Party in Micks Zimmer zu Ende ging, waren schließlich nur noch die beiden übrig und, um es in Mariannes Worten zu sagen. „Und, wie es heißt, es kam, wie es kam."

Einige Tage später kam Mick von der Tour nach London zurück und traf sich heimlich mit Marianne, wenn John Dunbar auf der Arbeit war und in Harley House, wenn er wusste, dass Chrissie nicht da war. „Leidenschaftlich, interessiert, lustig und aufmerksam," so beschreibt Marianne ihn in den ersten Tagen ihrer Affäre. Zwischenzeitlich merkte Chrissie, dass sich Mick immer mehr von ihr entfernte. Die Gruppe beendete die Aufnahmen für ihr nächstes Album, Between the Buttons, und Marianne nahm an einigen Sessions teil, angeblich von Brian und Anita eingeladen, doch Beobachter konnten sehen, dass etwas zwischen ihr und Mick war. Einer der Songs, die sie aufnahmen, hieß „Let's Spend the Night Together" und war sicher inspiriert von Micks und Mariannes erster Nacht. Mitte Dezember wollten Mick und Chrissie in Urlaub fahren, als sie erfuhr, dass er die Flugzeugtickets ohne Erklärung storniert hatte. Verzweifelt griff Shrimpton zu einer Packung Schlaftabletten. Sie wurde bewusstlos aufgefunden und ins Krankenhaus gebracht, wo sie wegen versuchten Selbstmordes und eines vollkommenen Zusammenbruchs behandelt wurde. Als ihre Eltern dies erfuhren, nahmen sie sie wieder in ihre Obhut und holten sie zur vollständigen Genesung nach Hause. Dort erfuhr sie durch die Zeitungsfotos von Mick und Marianne. Sie holte ihre Habseligkeiten aus Harley House, und im Frühjahr verließ Marianne John Dunbar und zog bei Mick ein.

Dass das Jahr 1967 für die Band ein schwieriges Jahr werden würde, zeichnete sich bereits im Januar ab, als die Stones nach New York City flogen, um ein Band für die Ed Sullivan Show aufzunehmen und man ihnen

49 Marianne Faithfull und Mick ziemlich unbeeindruckt auf dem Weg zu einer Anhörung vor Gericht aufgrund einer Anklage wegen des Besitzes von Marihuana, Mai 1969.

51 Tumulte vor dem Chichester Crown Gericht während einer Unterbrechung der Verhandlung gegen Mick und Keith aufgrund der Drogenrazzia in Redlands im Mai 1969.

sagte, dass sie den berüchtigten Refrain von „Let's Spend the Night Together" nicht singen dürften. „Entweder der Song geht oder die Stones gehen", forderte Sullivan; man einigte sich auf einen Kompromiss: Mick sang „Let's spend some time together" – und verdrehte absichtlich die Augen dabei. Zurück in London trat die Gruppe eine Woche später im britischen Pendant der Sullivan Show auf, der bekannten Show Sunday Night at the Palladium, aber diesmal mussten sie den Text von „Let's Spend the Night Together" nicht ändern, sodass sie Ärger bekamen, auch weil sie sich weigerten, sich zusammen mit den anderen Künstlern am Ende der Show zu verabschieden. „Jeder, der dachte, wir ändern unser Image wegen eines Familien-Publikums, irrte sich", sagte Mick.

Doch diese Kontroverse war nichts im Vergleich zu dem wirklichen Skandal, der sich im Februar ereignete. Anfang des Monats veröffentlichte The News of the World eine Story, in der Mick seinen Drogenkonsum mit einem Reporter unverhohlen diskutierte. Man ließ ihn Dinge sagen wie „Ich nehme LSD jetzt nicht mehr, nachdem die Fans draufgekommen sind. Es wird dadurch nur besudelt." Und „Ich kann mich an Plätzen wie diesem hier nicht wach halten, wenn ich keine Aufputschtabletten nehme." Es gab nur eine Unrichtigkeit in der Geschichte. Es war nicht Mick, der dies von sich gab, sondern Brian; der Reporter konnte die Rolling Stones nicht voneinander unterscheiden. Mick wandte sich an einen Rechtsanwalt und strengte eine Verleumdungsklage an. Aber das Schmierenblatt antwortete darauf nur, indem es Mick heimlich verfolgte, und da der Konsum von Freizeitdrogen bei den Popstars üblich war, wurden bald auch die britischen Behörden aufmerksam. Das Ergebnis der ganzen Überwachung war, dass ein amerikanischer Drogendealer, der von der Polizei in England festgenommen worden war, seine Chance auf Straferlass darin sah, Mitglieder der Stones des Drogenmissbrauchs zu überführen. Mitte Februar fuhren Mick und Marianne zu Keith' Haus Redlands, um sich zu entspannen. Das Ganze endete damit, dass alle auf einen LSD-Trip gingen und den Stoff von dem Dealer bekommen hatten, der gleichzeitig der Informant war. Sie hatten den Tag damit verbracht, vergnügt in Richards Anwesen herumzuwandern. Sie saßen gerade im Wohnzimmer und kamen von ihrem Trip herunter, als nicht weniger als sieben Polizeiwagen mit zwanzig Beamten vor dem Haus vorfuhren. Geführt von einem örtlichen Polizei-Chefinspektor stürmte die Polizei Redlands und durchsuchte alles. Zu dieser surrealen Szene kam dazu, dass Marianne, mit nichts bekleidet als einem Fellteppich war, als die Razzia stattfand. Die Beamten hatten wenig Erfahrung mit Drogen und wussten daher nicht genau, wonach sie eigentlich suchen sollten, und sie hatten Anweisung, den Informanten allein zu lassen. So waren alles, was sie als Beweismittel fanden, einige Utensilien, um Marihuana zu rauchen und ein paar Amphetamine in Micks Jacke, die ihm Marianne zum Aufbewahren gegeben hatte.

Aber die Presse hatte ihr Fressen gefunden. „Drogenkommando stürmt Pop Star Party" und „Nackte Frau in ausgelassener Stimmung auf Drogenparty" lauteten die Schlagzeilen. Das war keineswegs die Art von Öffentlichkeit für ein harmloses Bad Boy Image, an der Oldham gearbeitet hatte. Doch die Dinge wurden noch ominöser im Mai, als genau an dem Tag, als Mick und Keith vor Gericht erscheinen mussten, um die Anklage verlesen zu bekommen, Brian wegen Drogenbesitzes verhaftet wurde. Mick und Keith' Verhandlung fand einen Monat später statt, ein drei Tage dauernder „Zirkus", der zu einem Lehrstück für die 60er-Generation wurde. Weil jeder wusste, wer sie war, wurde Faithfulls Name aus der Verhandlung rausgehalten, in den Gerichtsakten wurde sie nur als „Miss X" bezeichnet. Und als Richards gefragt wurde, ob er dem zustimme, dass

„man im Normalfall erwarte, dass eine junge Frau, die nur mit einem Fellteppich bekleidet sei, in Anwesenheit von acht Männer verlegen sein sollte", sagte Keith die berühmten Worte: „Überhaupt nicht. Wir sind keine alten Männer. Wir kümmern uns nicht um kleinkarierte Moralvorstellungen." Obwohl sie zu Gefängnisstrafen verurteilt wurden – sechs Monate für Mick und ein Jahr für Keith – verbrachten sie nur ein paar Nächte im Gefängnis, dann hatten ihre Anwälte sie gegen Kaution rausgeholt. Innerhalb eines Monats wurden die Urteile aufgehoben; zu seiner „bedingten Entlastung" belehrte Londons oberster Lord Richter Mick, „ob sie es wollen oder nicht, sie sind ein Idol und für eine große Anzahl junger Leute in diesem Land … haben Sie wichtige Verantwortungen." Wie auch immer, die ganze Sache war ernüchternd für Mick und Keith. „Bis zu diesem Zeitpunkt war es, als ob London in einem wunderschönen freien Raum existierte", sagte Keith, „Und dann sauste der Hammer auf uns herab und die Wirklichkeit war zurück. Wir wurden auf der Stelle erwachsen."

Darüber hinaus machten andere interne Geschichten 1967 die Dinge kompliziert. Während Mick und Marianne langsam das Lieblingspaar der Londoner wurden, kamen Keith und Anita Pallenberg während eines Trips durch Marokko zusammen, als ein kranker Brian stationär behandelt werden musste; die beiden begannen eine heimliche Beziehung, die bald darin gipfelte, dass Anita Brian verließ. Das war ein verheerender Schlag für Brian: Die beiden Gitarristen waren in den vergangenen Monaten eng zusammen, und wegen seines Drogenvergehens war sein Platz in der Band in Gefahr. Ein weiteres einschneidendes Ereignis war die Trennung von Andrew Oldham im Sommer 1967. Beide Seiten beschrieben ihre Trennung als angeblich in beiderseitigem Einvernehmen geschehen, aber später sagte Mick: „Es gab eine Menge Verwirrung damals und man braucht dann jemanden, der einem zeigt, wo es lang geht; das war Andrews Job", aber angesichts von Micks, Keith' und Brians Zusammenbrüchen wollte Oldham nicht helfen, sondern begann, sich mit anderen geschäftlichen Unternehmungen zu beschäftigen. Allen Klein übernahm ihr finanzielles Management. Währenddessen reisten Mick und Marianne im späten August nach North Wales, um die Beatles, Donavan, Peter Asher und während einer spirituellen Sitzung unter der Leitung von Maharishi Mahesh Yogi, dem Guru der Transzendentalen Meditation, zu treffen. Aber sogar diese gut gemeinte Pilgerreise wurde von einem dunklen Ereignis überschattet: Die Versammlung endete abrupt, als die Nachricht kam, dass der Beatles Manager Brian Epstein tot in London aufgefunden worden war, offenbar gestorben an einer Überdosis Drogen. Mick und Marianne reisten schnellstens zurück nach England, um festzustellen, dass ihr Appartement während ihrer Abwesenheit aufgebrochen und ausgeraubt worden war. So viel zum „Summer of Love."

Bei all den in- und externen Wirren war es keine Überraschung, dass das nächste Stones Album – Their Satanic Majesties Request, der Titel war eine Verhöhnung der Formulierung in den britischen Pässen („Her Britannic Majesty's Secretary of State requests ...") – eine zusammenhanglose Sammlung war. Über sechs Monate lang aufgenommen, wollten die Stones die Beatles überholen, deren letztes Album Seargent Pepper's Lonely Hearts Club Band weltweit als psychodelisches Meisterwerk gefeiert wurde. Mick und Keith hatten beide mit Halluzinogenen experimentiert, doch diese Versuche konnten in keine bessere Musik übersetzt werden. Anfangs stieg das Album in den Charts nach oben, doch es gab keine Singles in England, nur einen kleinen Hit in den USA („She's a Rainbow"), einzig das neuartige 3-D-Cover und die surreale innere Hülle fanden Beachtung.

Zuerst schien es in den frühen 68er, als ob die Stones beruflich auf Abwärtskurs schlingerten, doch in wenigen Monaten wendete sich ihr Glück wieder. Bei einer Session im März in den Londoner Olympic Studios begann Bill Wyman auf dem Studiokeyboard herumzuklimpern, herauskam ein Riff, von dem die ganze Band begeistert war. „Spiel weiter und vergiss es nicht!", schrie Mick Bill zu, und wie ein Blitz aus heiterem Himmel war „Jumpin' Jack Flash" geboren. Marianne Faithfull zufolge waren Micks grauenvolle Texte („Ich wurde ertränkt, ich wurde angespült und dem Tod überlassen / Ich schaute auf meine Füße und ich sah sie bluten ... ich hatte eine Dornenkrone auf dem Kopf") seine Art, die Anspannung abzubauen.

„Jumpin' Jack Flash" erschien Ende Mai und war der erste Hit seit fast eineinhalb Jahren, der unter die ersten drei kam. Aber bevor sie ihren Erfolg feiern konnten, wurde Brian erneut wegen Drogenbesitzes festgenommen. Er wurde freigelassen, als die Band ihr nächstes Album mit dem amerikanisch-stämmigen Producer Jimmy Miller aufnahm, der bei „Jumpin' Jack Flash" am Regler saß. Mick und Marianne waren in eine neue Wohnung in Chelsea Square gezogen, es war ihr Inneneinrichter Christopher Gibbs, der den Vorschlag für einen Titel ihrer neuen LP machte: Beggars Banquet.

Zwischenzeitlich war der französische New Wave Filmregisseur Jean Luc Godard an Mick herangetreten, um die Stones im Studio filmen zu dürfen. Brian hatte einen Prozess vor sich und war nicht in der Lage mitzumachen, so engagierte Miller den Sessionpianisten Nicky Hopkins – ein Ass auf seinem Gebiet – um den Sound auszufüllen. Bei laufenden Kameras begannen die Stones, an einem Song zu arbeiten, den Mick unter dem Arbeitstitel „The Devil is My Name" geschrieben hatte, inspiriert von einem Buch des russischen Autors Mikhail Bulgakow: Der Meister und Margarita. Darin besucht der Teufel Moskau und lässt dort allerhand Unerklärliches passieren. Mick fand den Charakter des Teufels faszinierend und bald darauf setzte er sich selbst an die Stelle des Teufels.

Ein sehr dunkles und etwas mystisches Ereignis überschattete die Studio-Aufnahme von Beggars Banquet: Mick hatte die Zeile geschrieben: „Ich schrie, ‚Wer hat John Kennedy getötet?'" und dann wurde auf einmal Robert Kennedy, John F.'s Bruder, umgebracht, als er sich in Kalifornien auf Wahlkampftour befand. Die Textzeile wurde umgeändert in ‚Wer tötete die Kennedys?' Mick hat auch „Street Fighting Man" geschrieben, inspiriert von den jüngsten Jugendprotesten, die in Paris und anderswo in Europa zu Gewaltausschreitungen geführt hatten. Es kam im Sommer 1968 als Single heraus, als gerade in den USA die Demokratische Partei in Chicago ihre National Convention begann.

Als junge Protestler dort von übereifrigen Polizisten geschlagen wurden und dies zu Unruhen führte, wurden seine Worte „Summer's here and the time is right for fighting in the street, boy" auf unheimliche Weise zur Vorhersage. Die Single wurde sehr schnell aus den Radiosendungen in Chicago sowie in anderen internationalen Städten verbannt. Mick und Keith hatten in diesem Sommer in Los Angeles die Idee, die Graffiti auf der schmutzigen Wand eines Ballsaals in LA für das Cover von Beggars Banquet zu benutzen. Decca Records fühlte sich durch diese Idee beleidigt und ließ die Band wissen, sie würden das Album nicht veröffentlichen, bis ein neues Cover vorgelegt worden war. Angesichts der Tatsache, dass sie dem Label in den letzten Jahren eine Menge Geld eingebracht hatten, entschieden Mick und Keith, auf ihrem Standpunkt zu beharren. Aber am Ende hatten sie einfach nicht die Kraft, Decca zu verlassen.

In der Zwischenzeit von Fertigstellung der Aufnahmen zu Beggars Banquet bis zur endgültigen Veröffentlichung im Dezember 1968 ereignete sich für Mick und Marianne eine Tragödie: Sie erwarteten ein Baby und verloren es. Marianne war noch immer nicht offiziell von John Dunbar geschieden, und als sie schwanger war, hatte Mick gehofft, sie würde es endlich wahrmachen und sich scheiden lassen, um ihn zu heiraten. Doch Marianne schob die notwendigen Formalitäten immer wieder auf und konzentrierte sich stattdessen auf Filmprojekte, die man ihr anbot, einschließlich der Hauptrolle in „Girl on a Motorcycle". Durch die Arbeit war sie oft über lange Zeiträume nicht zu Hause. Im November wurde sie krank, sie litt an Blutarmut, und dann verlor sie im siebten Schwangerschaftsmonat das Mädchen, das sie und Mick Corinna nennen wollten.

Einen Monat später trat Marianne zusammen mit Mick und den Stones, ebenso wie The Who, Jethro Tull, Eric Clapton und John Lennon im „Rock 'n' Roll Circus" auf, einer Fernsehshow. Beggars Banquet wurde bereits als die triumphale Wiederkehr der Stones gehuldigt. Aufgezeichnet in einem Londoner Studio, dekoriert wie ein Zirkuszelt mit Mick als Zirkusdirektor verkleidet, war der Plan, die Ausstrahlungsrechte der Show an verschiedene Länder zu verkaufen. Doch nach zwei ermüdenden Drehtagen sah sich Mick das Ergebnis an, und, weil er enttäuscht war von seiner und der Vorstellung der Band, cancelte er die Show.

Mick machte auch seine ersten Versuche als Leinwanddarsteller in einer der Hauptrollen von „Performance", einem Film, der von Micks und Mariannes Malerfreund Donald Cammell und dem aufstrebenden Filmemacher Nicolas Roeg geschrieben worden war. Die beiden führten auch Regie. Mick spielte Turner, einen dekadenten und scheuen Rockstar, der einen Verbrecher auf der Flucht (gespielt von James Fox) in seinem Haus abstürzen lässt. Inzwischen war die Rolle von Turners drogenabhängiger Freundin keiner anderen als Anita Pallenberg angeboten worden. Der Film enthielt ziemlich drastische Sexszenen, einschließlich einer zu dritt mit Mick, Anita und einer zweiten Frau. Während der Dreharbeiten hatten Mick und Anita tatsächlich eine Affäre, sehr zum Ärger von Marianne und Keith. Doch als die Filmaufnahmen vorbeiwaren, kehrte jeder wieder zu seinem Ursprungspartner zurück.

Das Jahr 1969 brachte den Rolling Stones endlich wieder eine Tournee in den Vereinigten Staaten, doch vorher gab es weitere persönliche Dramen. Während sie ihr Album, Let It Bleed, aufnahmen, das solche Klassiker von Jagger/Richards enthielt wie „Gimme Shelter", „Midnight Rambler", „Honky Tonk Women" und „You Can't Always Get What You Want", wurde Brians Antrag auf Verlängerung seines Visums erneut abgelehnt, was bedeutete, dass die Gruppe Europa nicht verlassen konnte. Brians Reaktion darauf war, dass er sich noch mehr dem Drogen- und Alkoholkonsum hingab. Er lebte nun in fast völliger Abgeschiedenheit in Cotchford Farm, dem ehemaligen Haus von A. A. Milne, dem Autor von „Winnie the Pooh", und Brian versäumte so viele Proben und Studiosessions, dass es schien, als wolle er nicht mehr länger in der Band sein. Mick, der spürte, dass Brian die Gruppe bald endgültig verlassen würde, wandte sich auf Ian Stewarts Rat hin an Mick Taylor, ein 19-jähriges Phänomen an der Gitarre, der den Gründer von Fleetwood Mac, Peter Green, in John Mayalls hoch beachteter Gruppe Bluesbreakers ersetzt hatte. Als Taylor Interesse zeigte, beendeten Mick, Keith und Charlie Anfang Juni eine Session und fuhren zu Brians Wohnung, um mit ihm die mögliche Trennung zu besprechen. Obwohl es sich schwierig gestaltete, wurde eine Vereinbarung gefunden; Brian würde als Erster bekannt geben, dass er die Stones verlasse, um seine „eigene Art von Musik" zu machen, und kurz darauf würden sie Mick Taylor als seinen Nachfolger vorstellen.

Nachdem Brian die Gruppe verlassen hatte, wurden Arrangements für Live-Auftritte der Stones und eine Tournee durch die USA getroffen. Um für ihr erstes vollständiges Live-Konzert seit fast zwei Jahren zu werben, gab die Gruppe Anfang Juli ein kostenloses Konzert im Londoner Hyde Park. Und dann wurde in der Nacht zum 2. Juli, genau drei Wochen, nachdem er offiziell bei den Rolling Stones ausgestiegen war, Brian Jones tot in seinem Swimmingpool in Cotchford Farm gefunden. Bei der Autopsie wurden ein vergrößertes Herz, eine vergrößerte Leber sowie eine Menge Drogen und Alkohol in seinem Körper gefunden.

Drei Tage später gaben die Stones vor einer riesigen Zuschauermenge ihr Konzert. Es begann mit Mick in einem fließenden weißen Outfit, der das Konzert Brian widmete und „Adonais" vorlas, ein Gedicht von Shelley, geschrieben nach dem Tod von John Keats. Einige Tage später flogen Mick und Marianne nach Sydney, um ihren ersten Film zusammen zu drehen – „Ned Kelly", mit Mick in der Hauptrolle als der legendäre australische Bandit und Marianne als seine Schwester. Doch kurz nach der Landung schlief Marianne in ihrem Hotelzimmer ein und konnte nicht mehr aufgeweckt werden. Sie hatte eine Überdosis Tabletten geschluckt und war ins Koma gefallen. Erst die Fehlgeburt, dann Micks Affäre mit ihrer besten Freundin Anita und nun Brians Tod – die 22-jährige Faithfull konnte nicht mehr.

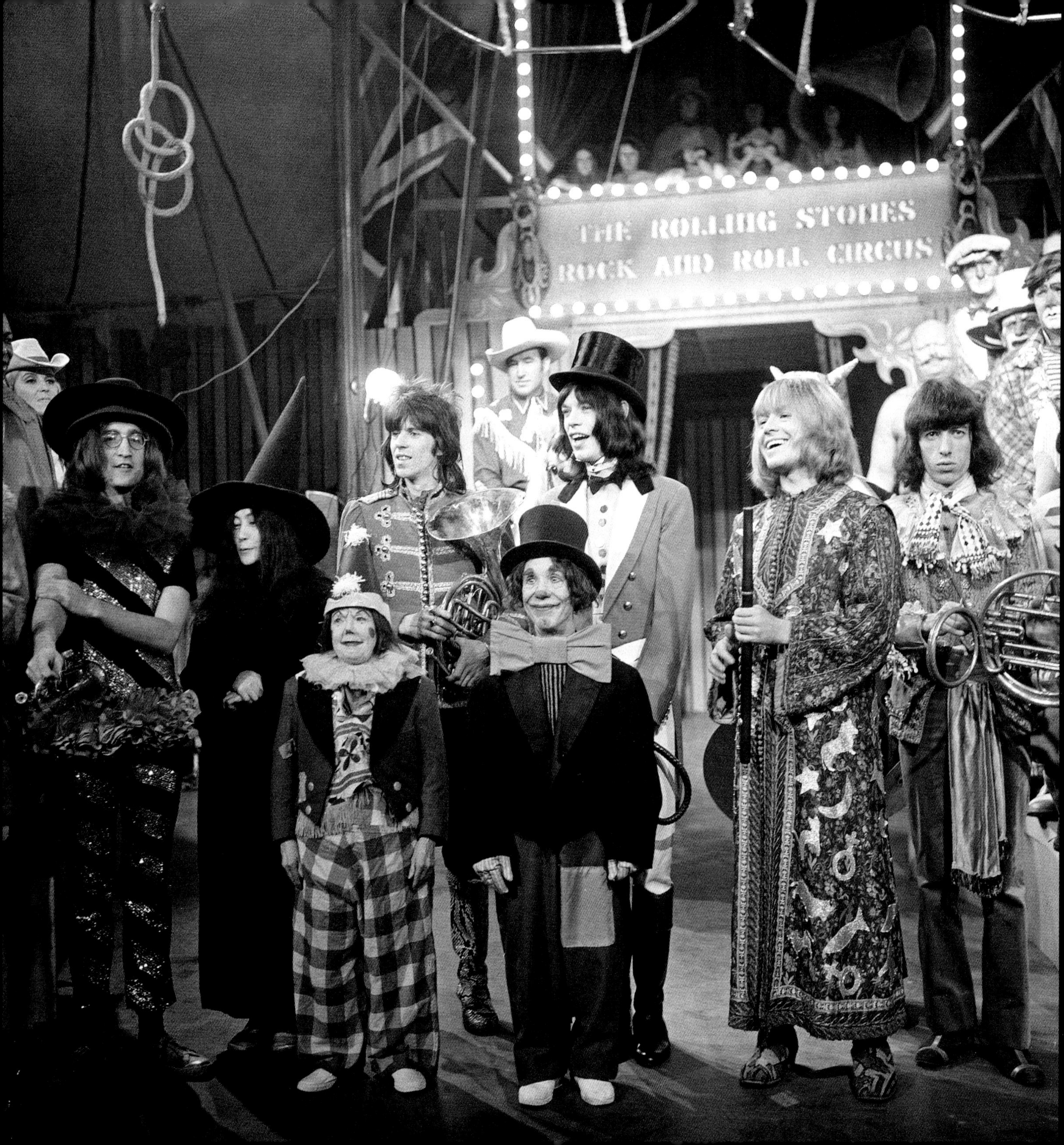
THE ROLLING STONES
ROCK AND ROLL CIRCUS

55 Zirkusdirektor Mick zusammen mit John Lennon, Yoko Ono, Keith, Brian, Bill und geladenen Clowns bei der Aufnahme im Rolling Stones Rock and Roll Circus im Dezember 1968.

56 Während eines Konzerts im Hyde Park im Juli 1969 verabschiedet Mick Brian Jones und stellt seinen Nachfolger, Mick Taylor, vor. Geschätzte Zuhörerzahl: 500 000.

Mehrere Tage war sie in einem kritischen gesundheitlichen Zustand, bevor sie wieder zu Bewusstsein kam, und nach ein paar Wochen flog sie mit ihrer Mutter zur weiteren Genesung und Rehabilitation in ein Schweizer Krankenhaus, die Rechnungen zahlte Mick. Der Film wurde mit einer Ersatzschauspielerin für Marianne gedreht und nach Beendigung flog Mick nach London zurück, um die Band bei der Fertigstellung des Albums Let It Bleed zu unterstützen und Vorbereitungen für die bevorstehende Amerikatournee zu treffen.

Es war auf dieser Novembertour 1969, als Roadmanager und Conférencier Sam Cutler begann, die Gruppe als die „Größte Rock 'n' Roll Band der Welt" vorzustellen. Trotz ihres kürzlichen Zerwürfnisses führten Mick und Keith die Band mit wilder Entschlossenheit durch den Auftritt, und zeigten damit ihre unerschütterliche gegenseitige musikalische Verbundenheit. Wo sie auftraten, reagierte die Menge mit wildem Enthusiasmus auf die Show – vor allem aber auf Mick, der die gesamte Tour hindurch sein Image als größter Frontman der Rockgeschichte festigte. Sie tänzelten auf Bühnen in Los Angeles, Dallas, Chicago, Detroit, Philadelphia, New York und Boston, in hautengen Outfits mit Langen Schals und passenden Hüten, Mick wurde zur Personifikation von Jumpin' Jack Flash.

Als die offizielle Tour endete, fuhren die Stones für Aufnahmen nach Alabama in das hoch angesehene Muscle Shoals Sound Studio, wo sie die Musik für mehrere neue Songs aufzeichneten, wie „Wild Horses" und „Brown Sugar", Letzteren als Wink auf eine frühere Geliebte von Jagger, das afrikanisch-amerikanische Model Marsha Hunt.

Die Exkursion in die USA hätte eine positive Erfahrung werden können, wäre da nicht das Ende gewesen. Da sie nicht an dem historischen Woodstock Festival im Norden New Yorks teilgenommen hatten, versuchten die Rolling Stones, ihr eigenes Festival an der Westküste abzuhalten – ein kostenloses Tagesereignis, gedacht, ihrer Tour einen feierlichen Höhepunkt zu geben. Es fand im an San Francisco nahe gelegenen Altamont Raceway statt. Mit von der Partie waren Jefferson Airplane, Crosby Stills, Nash and Young und Keiths neuer Freund Gram Parsons' Flying Burrito Brothers, das Festival sollte ein voller Erfolg werden. Wurde es aber nicht.

Aufgrund einer Empfehlung heuerten die Stones die Bay Area, den örtlichen Ableger des Hell's Angels Motorrad Clubs, als Sicherheitsleute an. Und die Angels, bekannt für ihre Trunkenheit und Gewaltbereitschaft, machten ihrem Ruf unglücklicherweise alle Ehre. Sie fegten durch die Menge wie eine Sturmabteilung, reagierten auf jede Situation, indem sie die Beteiligten niederschlugen, und als die Stones, die per Helikopter angeflogen kamen, die Rennstrecke erreichten, hatten sich die „Bad Vibes" komplett ausgebreitet.

Mick und die Band hatten gerade mit dem Auftritt begonnen, als in der Menge Kämpfe ausbrachen, und plötzlich sah einer einen Mann, der mit etwas herumfuchtelte, was wie ein Gewehr aussah. Eine Gruppe der Angels stürzte sich auf ihn und traktierte ihn mit Tritten und Messerstichen. Schließlich lag er regungslos am Boden und wurde weggetragen; die Angels hatten ihn umgebracht. Ein sichtlich geschockter Mick sprach von der Bühne: „Warum kämpfen wir? Wer will kämpfen? Können wir uns noch zusammenreißen?" Mick und die Gruppe beendeten den Auftritt mit Verzögerungen, denn die Musik wurde immer wieder von Gewaltausschreitungen unterbrochen, und wurden dann zum wartenden Helikopter und zurück in Sicherheit nach San Francisco gebracht. Aber Altamont, wie die ganze schreckliche Geschichte später genannt wurde, hielt Mick Jagger und die Rolling Stones viele Jahre davon ab wiederzukommen. Man hatte in einem Lied dem Teufel Sympathie geschenkt, das war nun offenbar der Preis dafür.

58

58-59 Get your kicks on Route 66: Ein leger gekleideter Mick bei einem TV Auftritt der Stones in den USA 1964.

59 Confessin' the blues: Auf einem frühen Foto der Stones stellt sich Mick überwältigt dar.

EED LET IT BLEED **LET IT BLEED** LET IT BLEED **LET IT BLEED** LET IT BLEED LET IT BLEED **LET IT BLEED** LET IT BLEED **LET IT BLEED** LET IT BLEED **LET IT BLEED**

60 Befreit sein: Mick heizt der Menge so richtig ein, USA Tour 1969.

61 Was tun? Mick sieht mit finsterem Blick von der Bühne herab, 1969.

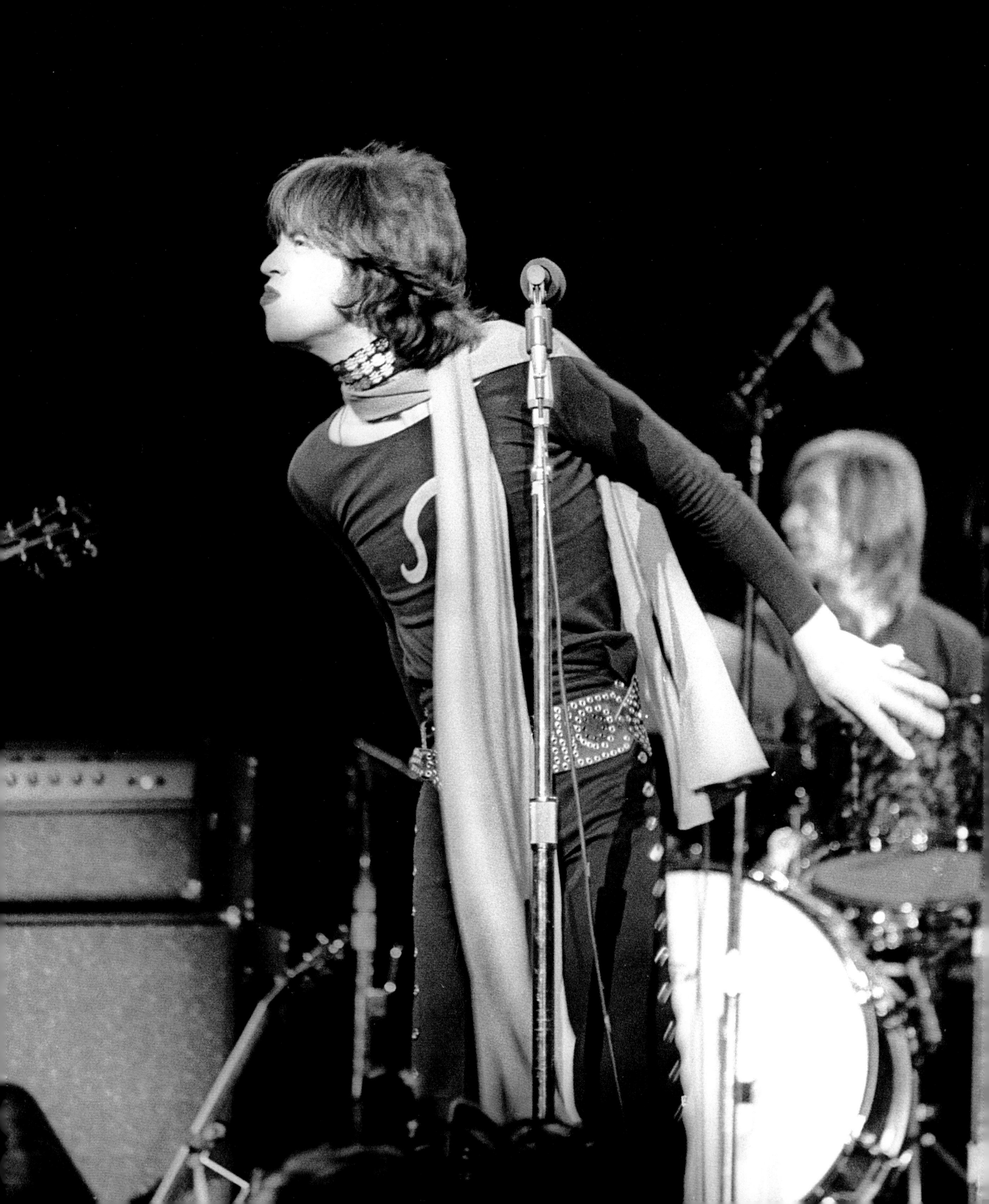

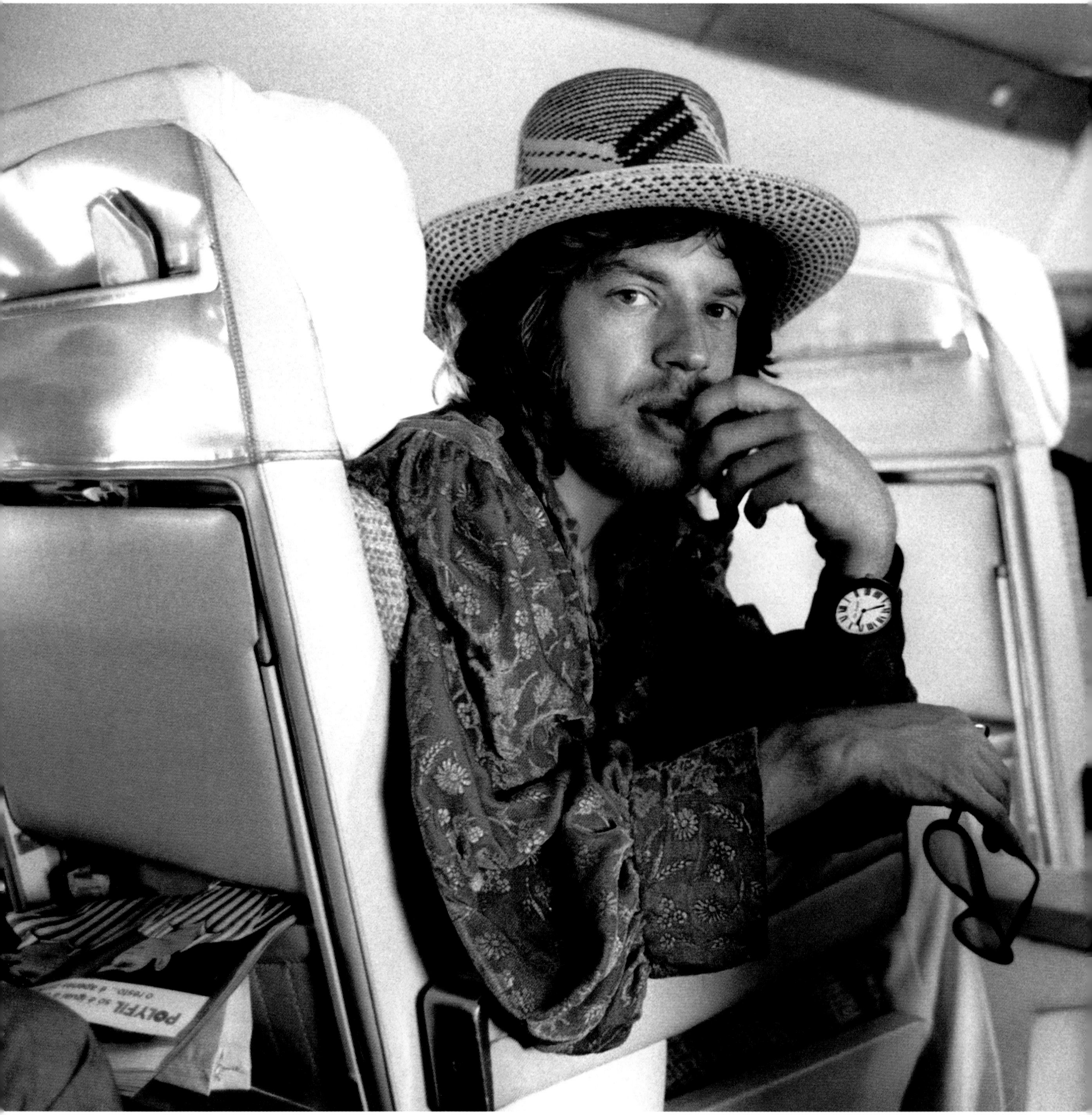
POLYFIL

62-63 Ich sagte der Frau von der Airline: „Bringen Sie mich zum Flug Nummer 505". Auf dem Rückweg von Brasilien nach wohlverdienter Pause und Entspannung, Frühjahr 1968.

64 Warum singen wir das Lied nicht alle zusammen? Vor dem Strandhaus in Bahia spielt Mick für Marianne Faithfull (mit Sohn Nicholas) und einige Kinder aus dem Dorf auf einer Akustikgitarre, Frühjahr 1968.

65 Weit weg von der wilden Menge: bei einem Nickerchen in der Hängematte in Bahia.

66-67 Da versucht sich jemand zu verstecken, 1965.

68-69 Auf einer Londoner Straße bleibt Mick stehen, um einen Paparazzo anzustarren, 1965.

69 Im Zug auf der Fahrt zwischen Marseille und Lyon, während der Stones Europatour im Frühjahr 1966.

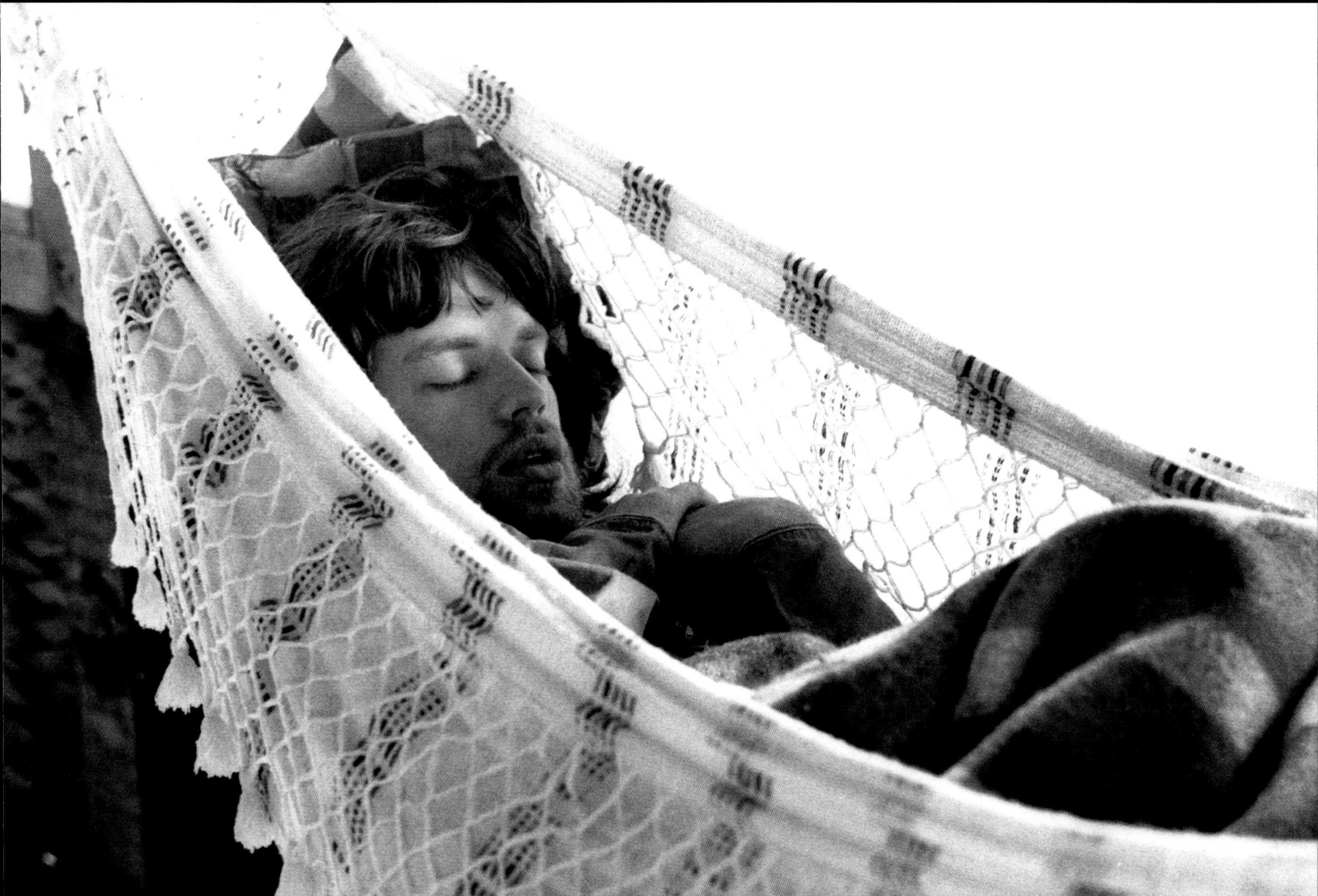

MANCHMAL IST MICK
NIEDERGESCHLAGEN, DAS
MÜSSEN WIR ERTRAGEN.
ER IST EIN BISSCHEN
ZURÜCKHALTEND MIT GELD –
NICHT SO EXTRAVAGANT
WIE KEITH. ICH DENKE
AUCH: MICK IST
ROMANTISCH – SEHR SOGAR.

BILL WYMAN

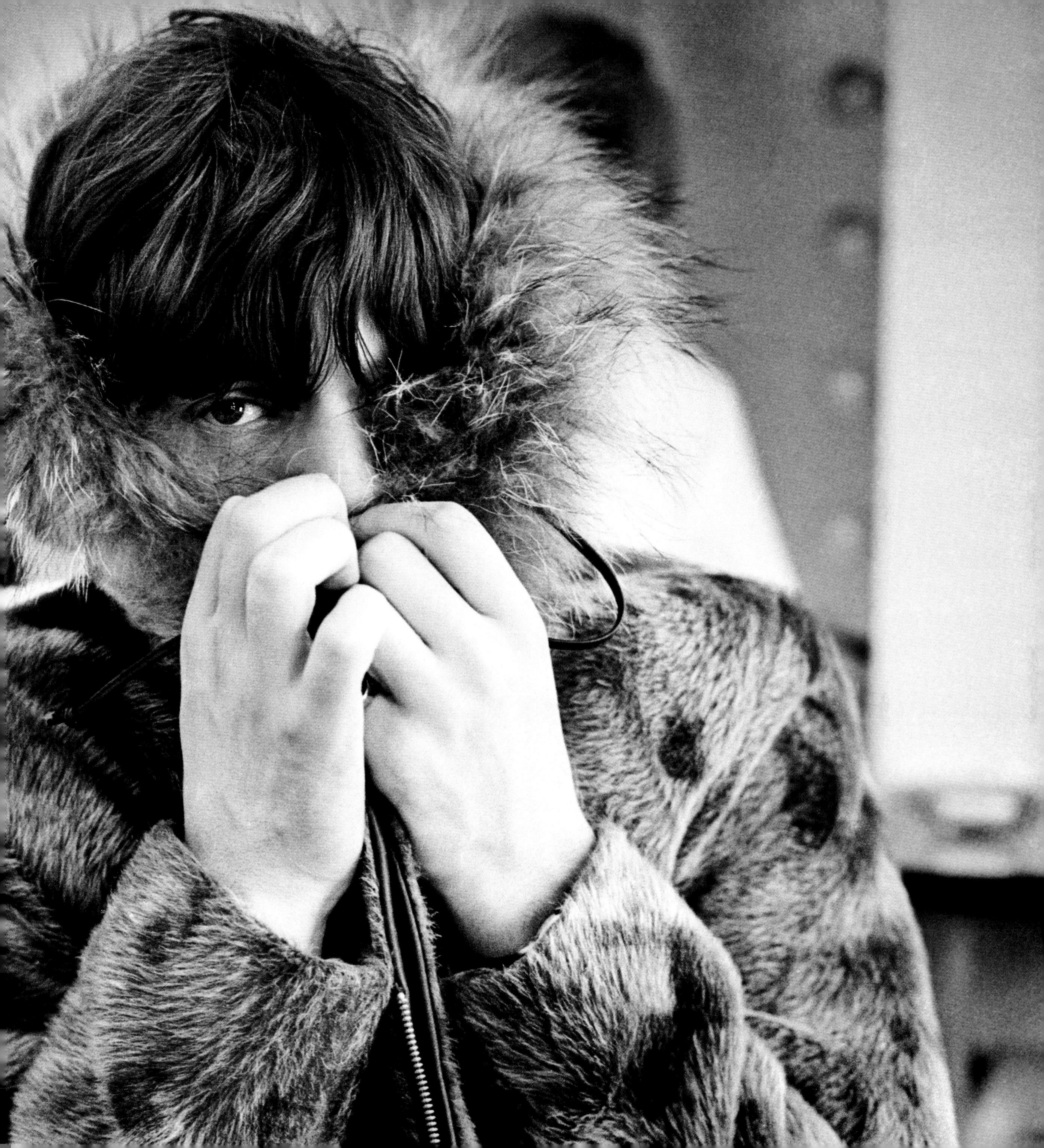

YOUR EXIT
IS CLEAR

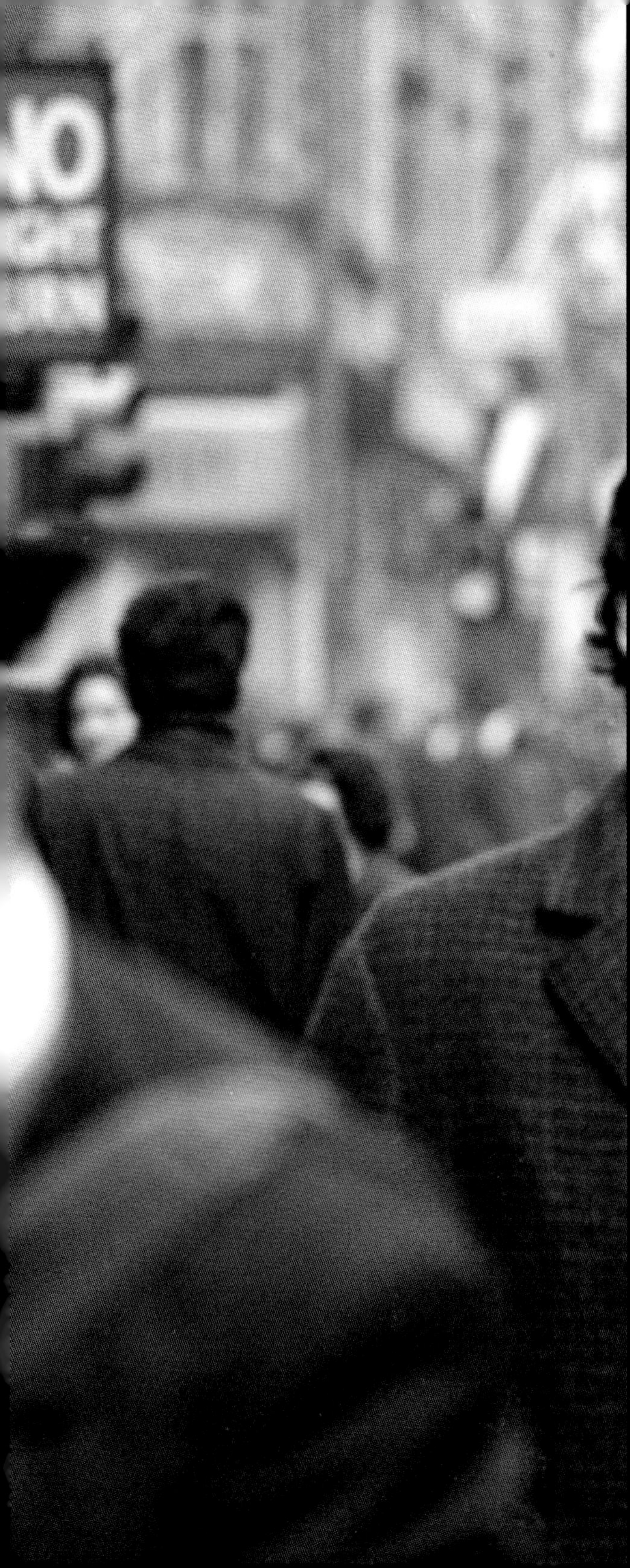
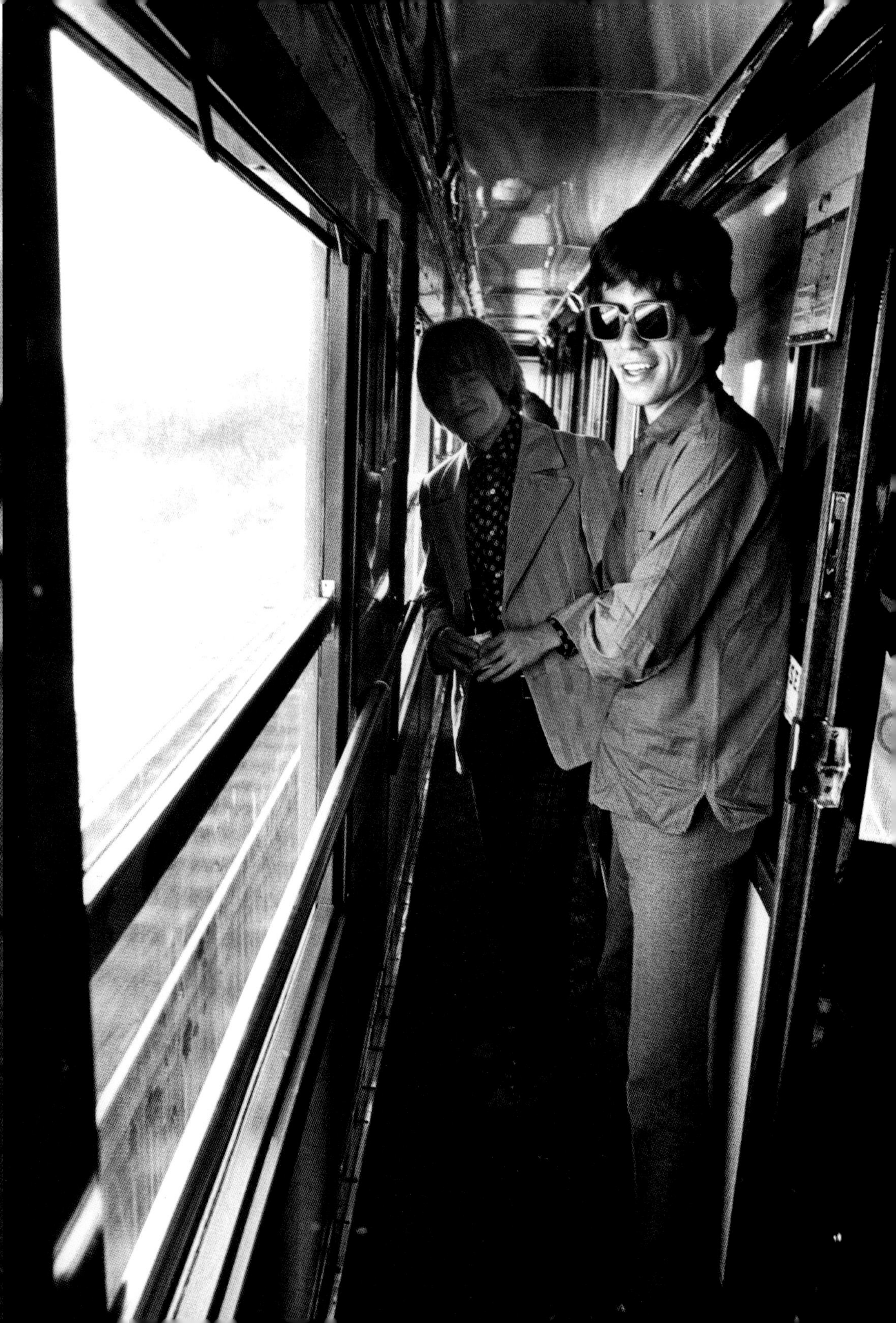

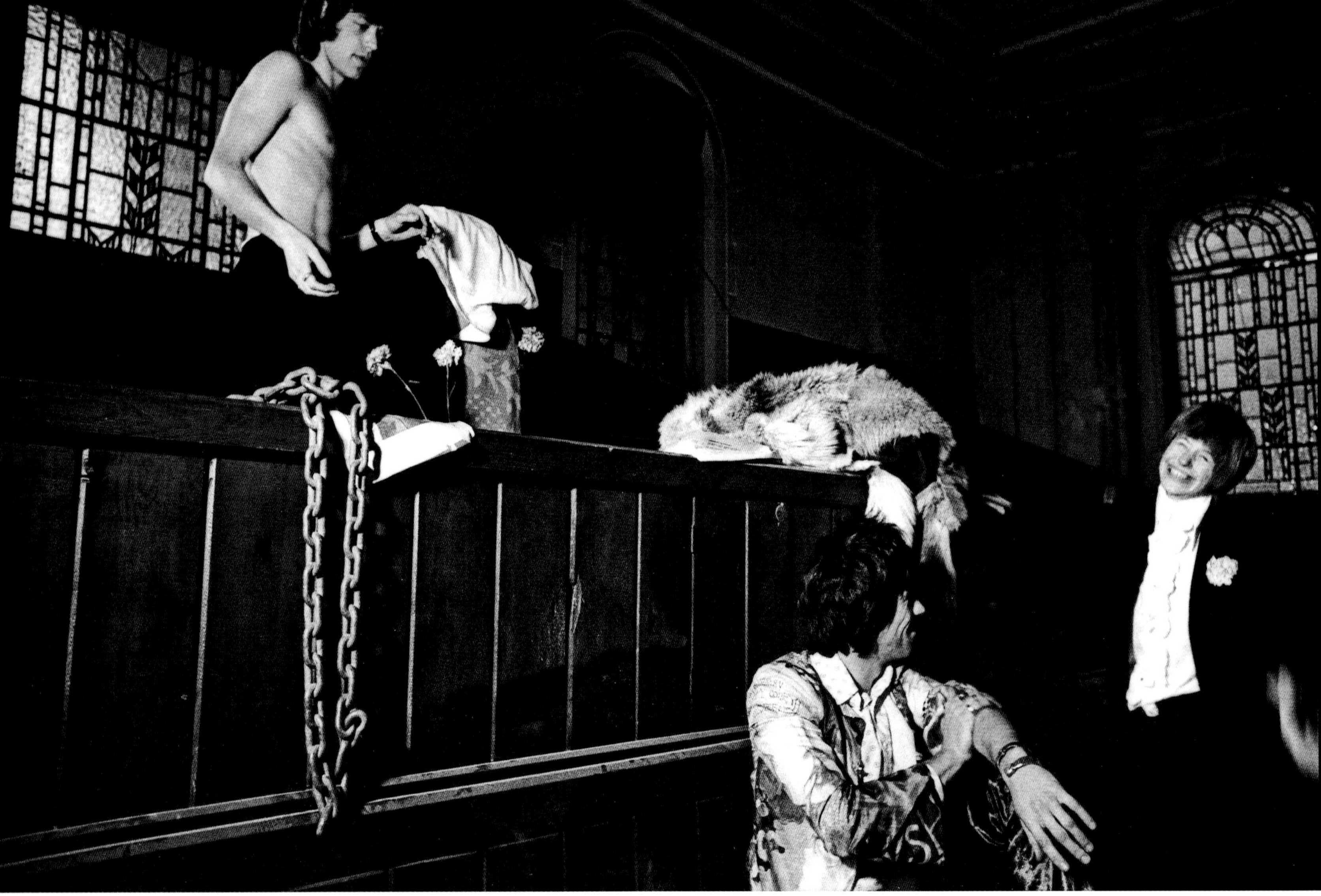

70 und 71 Es tut mir leid! In einer alten Londoner Kirche: Nachdem Mick und Keith in Richards' Haus Redland geschnappt worden waren, machen sich die beiden über den bevorstehenden Prozess lustig, 1967.

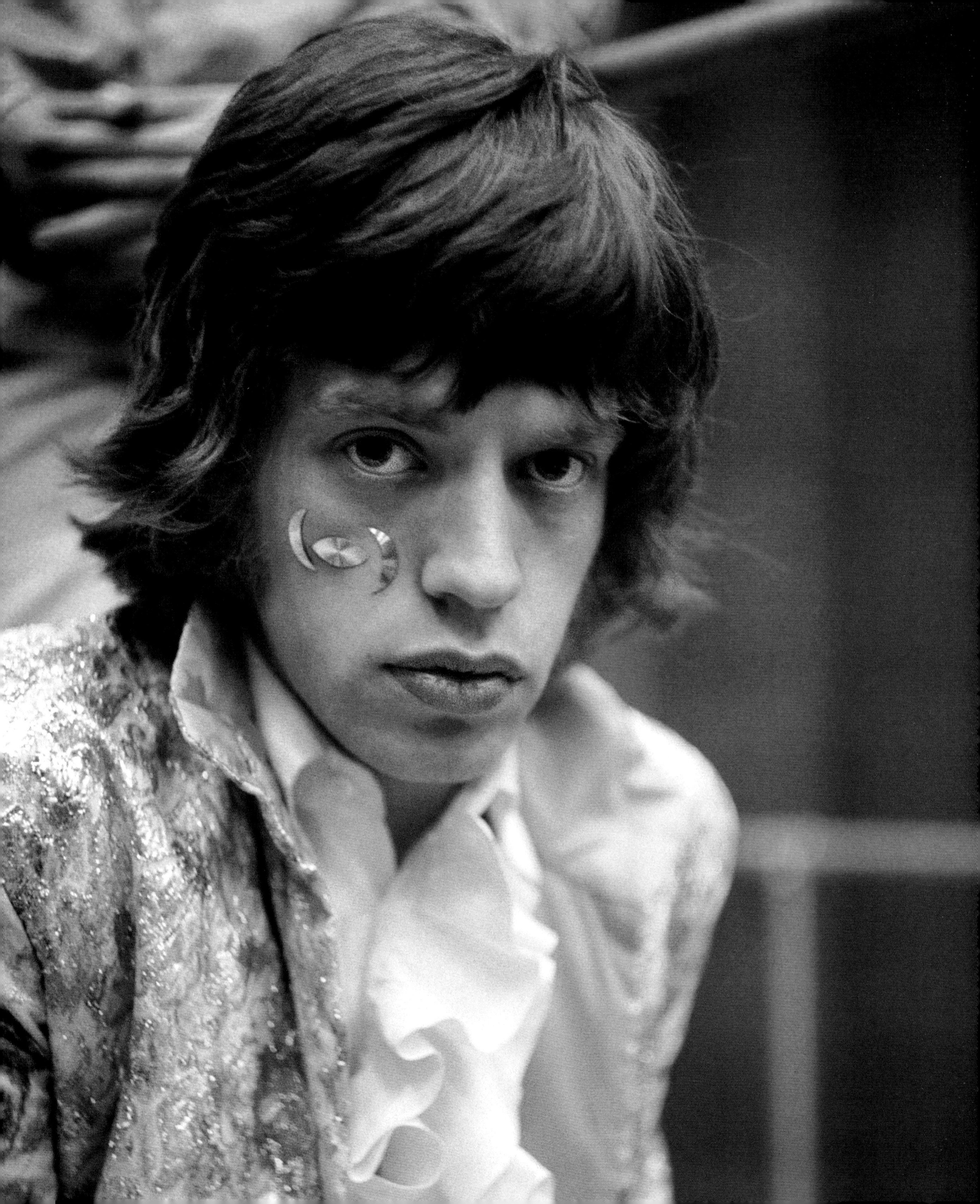

72 He's like a rainbow: Mit angemaltem Gesicht wartet Mick auf seinen Einsatz vor dem Mikrofon während einer Studiosession für das psychedelische Their Satanic Majesty's Request Album, Herbst 1967.

73 Ein relaxter Mick in New York City 1970, im Hintergrund Wolkenkratzer.

MICKJAGGER

LET IT BLEED LET IT BLEED LET IT BLEED LET IT BLEED LET IT BLEED LET IT BLEED LET IT BLEED LET IT BLEED

74 Während die Stones auf ihren Chauffeur warten, liebkost Mick die Kühlerfigur und Charlie hält Ausschau, etwa 1965.

75 Auf dem Weg zu einer Pressekonferenz spazieren die Stones durch einen Londoner Park. Danach fliegen sie zu einem TV Auftritt nach New York.

BEGGARS BANQUET

76 und 77 Beim Presseempfang im Londoner Gore Hotel, Dezember 1968, anlässlich der Veröffentlichung von Beggars Banquet wirft Mick Brian eine Torte ins Gesicht und initiiert so eine allgemeine Tortenschlacht.

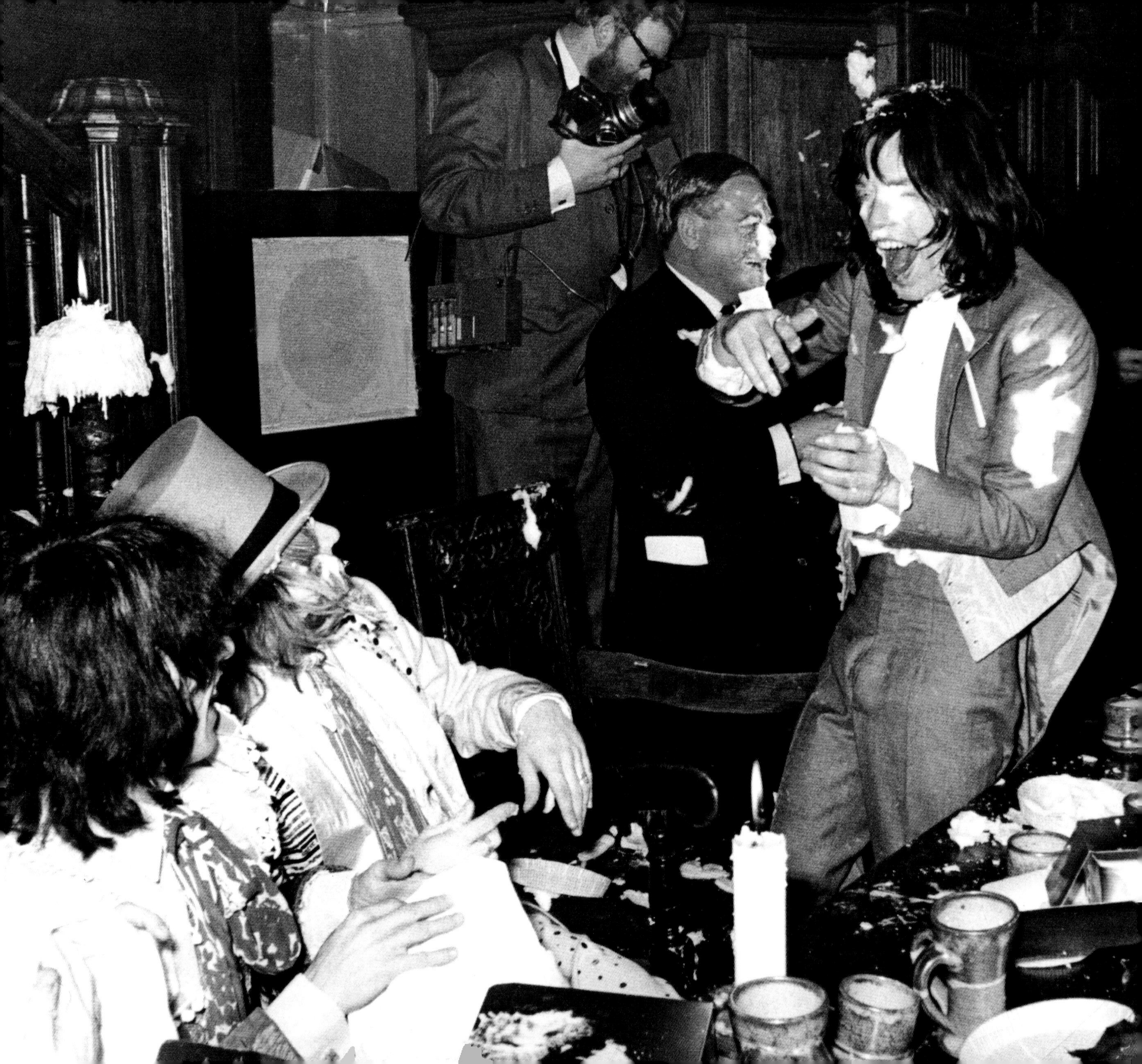

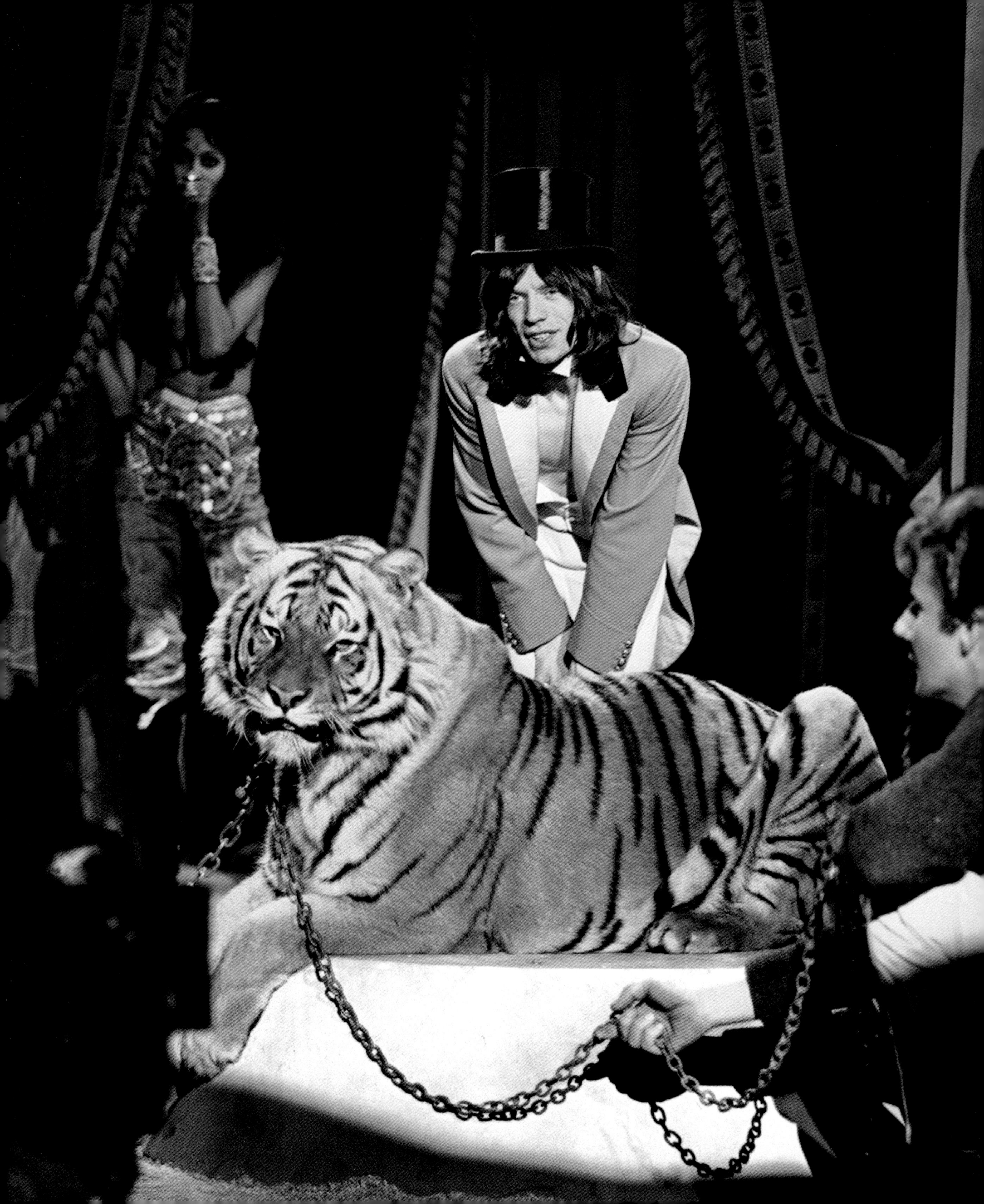

ROCK'N'ROLL CIRCUS

78 und 79 Den Tiger am Schwanz packen: Mick prüft eins der Tiere für die Vorstellung beim Rolling Stones Rock and Roll Circus, Dezember 1968.

mj

80 und 80-81 Die Londoner Bobbys hautnah und persönlich erleben: Während des Prozesses aufgrund der Redlands Razzia ist Mick in Handschellen an einen Polizisten gekettet, 1967.

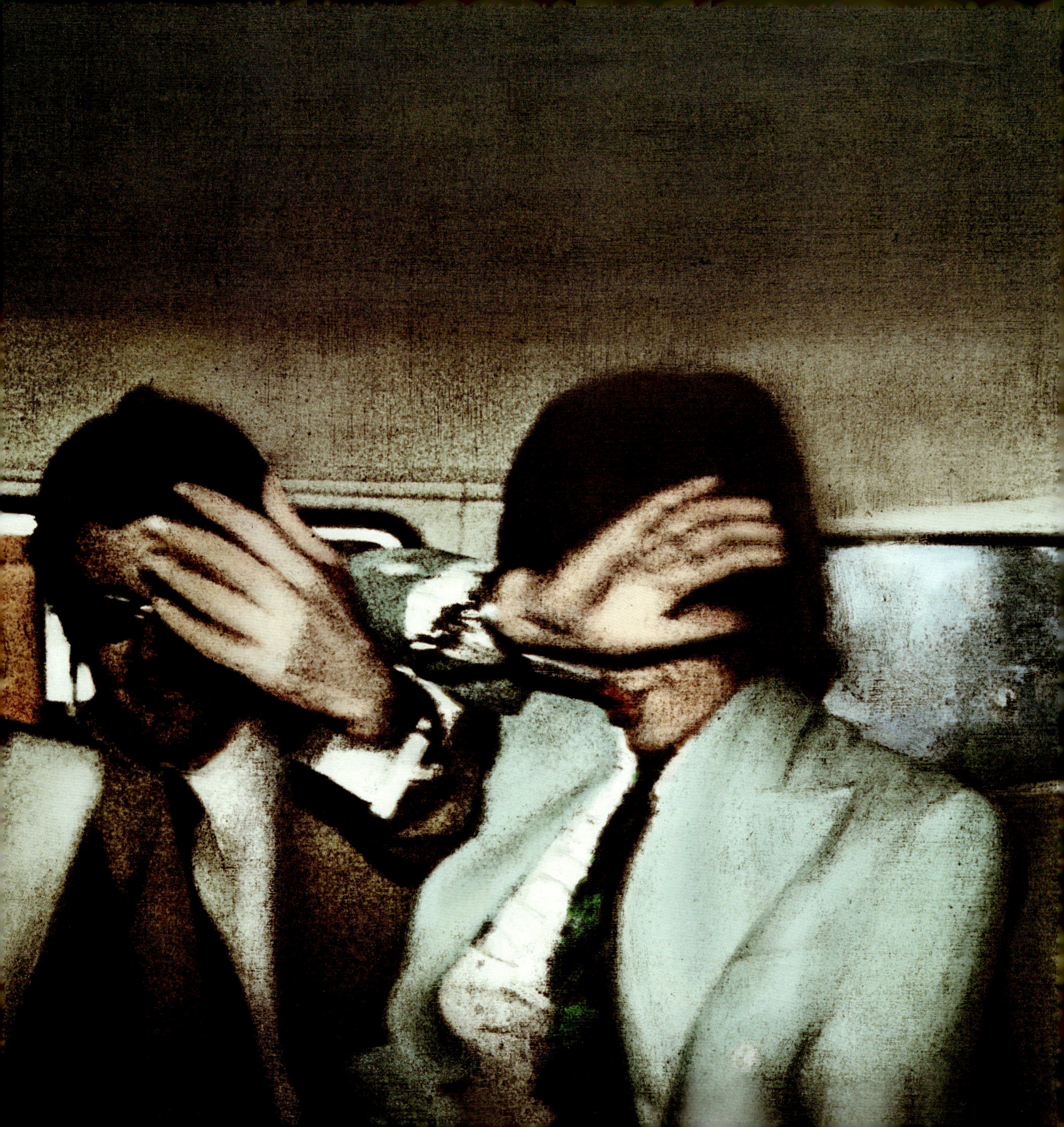

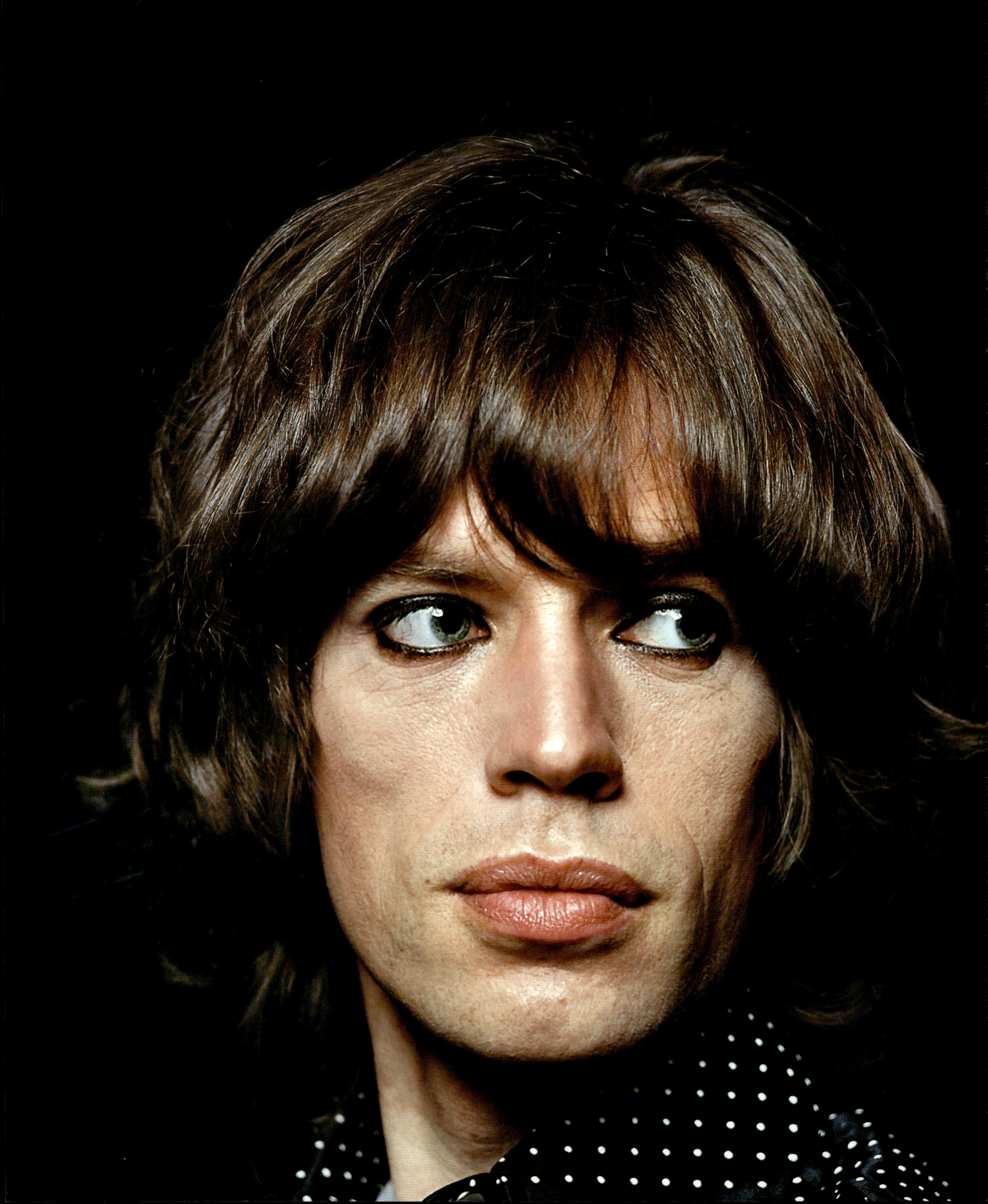

TEIL DREI: BEAST OF BURDEN

MICK JAGGER, DER JET-SETTER

Als die 70er-Jahre begannen, machte sich Mick Jagger auf zu neuen Ufern – in beruflicher wie in privater Hinsicht. Der Vertrag mit ihrem Ursprungslabel Decca Records lief aus und die Gruppe war dabei, ihr eigenes Label zu lancieren, Rolling Stones Records, das von dem amerikanischen Label Atlantic Records vertrieben werden sollte, gegründet von dem Türken Ahmet Ertegun und seinem Bruder Nesuhi. Das Tagesgeschäft des Labels wurde von einem langjährigen Freund geführt, Marshall Chess, der als Teenager bei seinem Vater in Chicago in der Poststelle von Leonards Chess Records arbeitete, und derjenige war, der damals Micks Bestellungen bearbeitet hatte. Als die Stones 1964 zu Aufnahmen in den Chess Studios waren, freundete Chess sich mit der Gruppe an. Zur gleichen Zeit beschloss die Band, ihre Beziehung zu Allen Klein zu beenden, der ihnen jahrelang Geld vorgeschossen hatte. Nun hatten die Stones Schulden bei ihm. Darüber hinaus war ein Großteil des Geldes, das sie ausgegeben hatten, nicht einmal versteuert gewesen.

Um die Angelegenheit zu richten, bat Mick einen Bekannten um Hilfe, Prinz Rupert Löwenstein, einen bayerischen Finanzier und Banker. Klein ging aus der Zusammenarbeit mit den Stones als Inhaber der Urheberrechte für ihre bestehenden Alben heraus – er würde damit Millionen machen – aber die Stones konnten noch einige Tantiemen aushandeln. Problematischer war dagegen der Steuerbescheid, da die Verbindlichkeiten der einzelnen Bandmitglieder sie in den Ruin zu treiben drohten. Löwenstein riet ihnen, für eine Weile aus England wegzugehen, so lange, bis auf der einen Seite die alten Steuerforderungen verjährt wären und zweitens um die ständig steigenden britischen Steuerabgaben für Höchstverdiener zu umgehen – zu dieser Zeit waren es über 80 Prozent. Also zogen Mick, Keith, Bill und Charlie nach Südfrankreich in Häuser an der Riviera.

Micks Privatleben nahm einige drastische Wendungen. Während ihres Rehabilitationsaufenthaltes kam Marianne Faithfull nicht von ihrer Drogenabhängigkeit weg und da sie und Mick nie monogam gelebt hatten, ging ihre Beziehung schließlich zu Ende, als Mick herausfand, dass Marsha Hunt, die er nicht mehr getroffen hatte, schwanger war. Mick fragte sie damals, ob er der Vater sei, und nachdem Hunt im November 1970 eine Tochter, Karis, geboren hatte, ließ Mick einen Vaterschaftstest machen, der ergab, dass er tatsächlich der Vater war. Im Herbst dieses Jahres besuchte Mick eine After-Show-Party in Paris und traf dort eine 25-jährige Schönheit mit Namen Bianca Perez Morena De Macias, Tochter gut betuchter Eltern aus Managua. Die ließen sich scheiden, und ihre Mutter war gezwungen, wieder zu arbeiten. Bianca erfuhr, was Klassenunterschiede bedeuten. Sie bekam ein Stipendium für ein Studium der Politikwissenschaften an einem Pariser Institut, das brachte ihr später einen Job an der nicaraguanischen Botschaft in Frankreich ein. Sie übte zahlreiche diplomatische Tätigkeiten aus und dank ihres Aussehens fiel sie dem britischen Schauspieler Michael Caine auf. Durch die Romanze mit ihm war sie bald auch in der französischen Modewelt bekannt, wo ihr durchsichtiges Outfit sie zum Gespräch der ganzen Riviera machte und letztlich die Aufmerksamkeit von Mick Jagger einbrachte, der in dem dunkelhaarigen, schmalhüftigen Mädchen etwas Faszinierendes sah: eine spiegelbildliche, weibliche Version seiner Selbst.

Mick bemühte sich sofort um sie und lud sie ein, ihn auf der letzten Station der Stones Europatournee zu begleiten. Sie begleitete ihn nach Italien und bald waren sie unzertrennlich. Im Frühjahr 1971, gerade als die Stones ihren Umzug von England nach Frankreich beendet hatten, erfuhr Bianca, dass sie schwanger war, und Mick bat Bianca, ihn zu heiraten.

Im April erschien das erste Album der Stones unter ihrem eigenen Label Rolling Stones Records mit der berühmten Zunge und dem großen roten Mund als Logo: Sticky Fingers. Das freche Cover hatte der Pop-Art Künstler Andy Warhol entworfen: ein Torso in Jeans, die mit einem Gürtel zusammengehalten wird – mit einem echten Reißverschluss, der durch Pappe von der Platte getrennt war und wenn man ihn öffnete, Unterwäsche zeigte. Das Album stürmte sofort die Top Charts sowohl in England wie in den USA, wo es das erste Nummereins-Album der Band seit 1965 war. Es enthielt Klassiker wie „Brown Sugar", „Sister Morphine", das zusammen mit Marianne Faithfull geschrieben worden war, den nicht ganz ernst gemeinten Country Song „Dead Flowers" und „Bitch" sowie „Can't You Hear Me Knocking", beide mit Mick Taylor und Letzteres mit dem amerikanischen Saxophonisten und neuem Stones Mitglied Bobby Keys.

Einige Wochen später heirateten Mick und Bianca in Saint Tropez, es war ein circusähnliches Ereignis, das weltweit für Schlagzeilen sorgte. Mick charterte ein Flugzeug, um Familie und Freunde aus London einfliegen zu lassen – eine buntgemischte Truppe, bestehend unter anderen aus seinen Eltern Joe und Eva, den Beatles Paul McCartney und Ringo Starr mit ihren Frauen, Mitgliedern von Small Faces (einschließlich des zukünftigen Stones Gitarristen Ronnie Wood), Marshall Chess, ihrem Plattenproduzenten Jimmy Miller und Toningenieur Glyn Johns, „Performance" Regisseur Donald Cammell und dem schillernden französischen Filmemacher Roger Vadim. Nach der standesamtlichen Trauung, fuhren Mick und Bianca – „strahlend, in einem atemberaubenden weißen Kostüm von Yves Saint Laurent – ohne BH" titelten die Zeitungen – im weißen Bentley zur Kirche St. Anne, in der

Bucht von Saint-Tropez, wo auf Biancas Wunsch hin Songs aus dem Film „Love Story" gespielt wurden. Danach gab es einen Empfang im nahe gelegenen Theater, dann fuhren die Frischvermählten auf der privaten Yacht in die Flitterwochen entlang der französischen und italienischen Riviera. Sie wurden jedoch so belagert, dass sie den Trip abkürzten und sich stattdessen auf ein abgelegenes Schloss am Meer zurückzogen. Nach den Flitterwochen zogen sie in ein Anwesen in Saint Tropez, das sie von einem Verwandten von Prinz Rainier von Monaco gemietet hatten – und Mick Jagger gehörte nun offiziell zum internationalen Jet-Set.

Nellcote, die weitläufige Villa aus dem 19. Jahrhundert, die Keith an der Riviera gemietet hatte, verfügte über einen riesigen Keller. Hier begannen die Stones im Sommer 1971, an neuen Songs zu arbeiten, dank eines mobilen Aufnahmestudios. Als die Band mit den Aufnahmen begann, war es für alle das Beste, einfach in Keith' Haus zu bleiben. Bald hatten die Stones und ihre Begleitungen Nellcote in einen veritablen Vergnügungspalast für Sex, Drugs und Rock 'n' Roll verwandelt. Zu diesem Zeitpunkt nahmen Keith und Anita, ebenso wie Keith' Musikerfreund Gram Parsons Heroin, und während Mick, der nie harte Drogen genommen hatte, das tolerieren konnte, lehnte Bianca es ab. Sie erwartete das Baby im Herbst und wollte mit den anderen nichts zu tun haben, obwohl auch Anita schwanger war. So sonderten sich die beiden ganz offensichtlich ab. „Wenn sie in Nellcote war, kam Mick nicht zum Abendessen herunter, weil sie nicht mit uns zusammen sein wollte", sagte Anita. Und bald verbrachte Mrs. Jagger die meiste Zeit wieder in Paris.

So ohne Bianca um sich fühlte Mick sich ein bisschen verloren, vor allem, seit Keith und Parsons eine so enge Freundschaft hatten. „Im Rückblick habe ich keinen Zweifel daran, dass Mick sehr eifersüchtig auf mich war, weil ich andere männliche Freunde hatte", schrieb Keith später. „Und ich zweifle auch nicht daran, dass ihm das größere Schwierigkeiten bereitete als Frauen oder etwas anderes. Er war so ungeheuer besitzergreifend; ich hatte nur eine vage Vermutung davon, aber andere haben mich daraufhingewiesen. Vielleicht wollte er mich beschützen." Schließlich verließ Parsons Nellcote und von da an konzentrierten sich Keith und Mick auf die neuen Songs für das kommende Album „Exile on Main Street". Vielleicht aufgrund der Tatsache, dass die Musik nicht in einem richtigen Studio aufgenommen worden war und daher etwas „unprofessionell" klang: Mick konnte sich nie richtig mit dieser Zusammenstellung anfreunden. „Keins meiner Lieblingsalben", sagte er Jahre später. Ein Grund seines Missfallens an dieser Arbeit war, dass neben Liedern wie „Tumbling' Dice", „All Down the Line" und Keith Solo „Happy" sich einige der über 20 Minuten Lieder an Live-Auftritte anlehnten.

Ende Oktober brachte Bianca in Paris ein Mädchen zur Welt, das sie Jade nannten, aber Mick hatte nicht sehr viel Zeit, seine neue Vaterrolle zu genießen, denn ab dem Frühjahr 1972 arbeitete er in Los Angeles an der Fertigstellung der Doppel-LP „Exile on Main Street". Keith' Heroinkonsum war zu einem Problem geworden, sodass er in eine Schweizer Klinik ging, um davon loszukommen. Im Frühjahr und mit der Geburt seiner und Anitas Tochter Dandelion (bekannt als Angela) fühlte sich Richards gut genug, um Mick in Montreux zu treffen, wo sie begannen, sich auf eine umfangreiche Nordamerika-Tournee vorzubereiten, die Ende Mai 1972 begann. Sie starteten in Vancouver Anfang Juni und beendeten die Tour mit drei Terminen im Madison Square Garden in New York Ende Juli. Die Stones hatten insgesamt 51 Auftritte und nahmen mehr als vier Millionen US-Dollar ein, die größte Tournee der Rockgeschichte. Mick trug hautenge Overalls mit Schals, Schärpen und Armreifen, die Augen waren geschminkt und Glitter war in die Haare gestreut: Er spielte

m j

82 Die Lippen, die Ohnmachten auslösten: Mick Anfang 1971, vor der Veröffentlichung von „Sticky Fingers", das erste Album der Stones bei Atlantic Records.

85 Mit Bianca bei einer Party im Blenheim Palace, nahe Oxford in England. Anlass ist der Beginn der Stones Tour durch England, September 1973.

87 Hinunter auf die Straße: Um Publicity für ihre USA-Tour zu machen, spielen die Stones in den Straßen von New York von einem LKW.

seine Rolle als Jumpin' Jack Flash aufs Perfekteste. „Neckend, stichelnd, aufreizend" – schrieben die Journalisten.

So intensiv wie die Auftritte selbst waren, so ging doch die 72er-Tour in die Geschichte am meisten durch die chaotischen Zustände außerhalb des Bühnengeschehens ein. Die Stones Touring Party – STP abgekürzt – ließ die Band von Stadt zu Stadt in einem gemieteten Privatflugzeug fliegen, auf das ihr unvergleichliches Logo gemalt war. Ebenfalls bei der Tour dabei waren der Fotograf und Filmemacher Robert Frank (er hat das Cover von Exile on Main Street entworfen), die Journalisten Stanley Booth und Robert Greenfield, die Schriftsteller und Drehbuchautoren Terry Southern und Truman Capote sowie Prinzessin Lee Radziwill, die Schwester der früheren First Lady der USA, Jacqueline Kennedy Onassis. Last but not least war noch ein Arzt rund um die Uhr dabei, der sich um die medizinischen Belange kümmerte. „Er hatte einen Koffer mit jeder Art von Substanz und konnte in jeder Stadt Rezepte ausstellen", erinnert sich Keith. Der gute Doktor hatte es auch übernommen, nach jeder Show Mädchen aus den Zuhörern auszusuchen und den schönsten von ihnen Karten mit Hotelname und Zimmernummer auszuteilen. Typisch für die exzentrischen Ausschweifungen war der Aufenthalt der Gruppe in Chicago, wo Verleger Hugh Hefner die Band mit in seine Playboy Villa nahm und sie mit einer Schar vollbusiger Bunnies unterhielt. Als Bianca Fotos der ungeplanten Abenteuer zu Gesicht bekam, kam sie angeflogen und verbrachte zehn Tage damit, Mick etwas zurückzuhalten. Sie kam zurück, als die Tour in New York ankam und verbachte die Zeit mit ihm in Ladziwills Haus im mondänen Southampton, Long Island. Sie war auch dabei, als Micks 29. Geburtstag in New York gefeiert wurde. Nach dem letzten Konzert fand eine Party statt, die Ahmet Ertegun im Ballsaal eines Fifth Avenue Hotels ausrichtete, bei der Mick, Bianca, die gesamte Stones Familie sowie Freunde wie Bob Dylan, Woody Allen, Zsa Zsa Gábor, Bette Midler und Andy Warhol feierten. Während die zweimonatige Tollerei einigermaßen kultiviert endete, haben die Stones bei ihrer 72er Tour ein unglaubliches Bad-Boy-Verhalten von Rock Stars auf Tour vorgelegt. Stanley Booth schrieb später in „Standing in the Shadows", es war angefüllt mit „öffentlichen Entweihungen und Orgien … Fettuccine auf geflocktem Samt, warmem Urin, konzentriert auf dicken Teppichen, und Flutwellen speienden Geschlechtsorganen."

Als die Stones nach Frankreich zurückkamen, erwarteten sie weitere Anklagen wegen Drogenbesitzes, weil die Polizei inzwischen Keiths' Villa Nellcote durchsucht hatte. Während sie alle bis auf Keith (und Anita) ihre Anklagen zurückweisen konnten, schien es, als ob Richards nicht nach Hause zurückkehren könnte. Daher zogen er, Anita und ihre beiden Kinder in ein Chalet nach Montreux in der Schweiz. Von den Vorgängen des vergangenen Jahres reichlich mitgenommen, beschlossen Mick und Keith, das nächste Stones Album in Kingston, Jamaica, aufzunehmen, wo sie sich entspannen konnten. Durch die Musik von Jimmy Cliff und Bob Marley and his Wailers war die Reggae Music gerade dabei, weltweit für Aufmerksamkeit zu sorgen. Die Arbeit an dem, was einmal das Album „Goats Head Soup" werden sollte, ging nur schleppend voran. Gerade als sie ins Studio gehen wollten, veröffentlichte die aufstrebende amerikanische Singer/Songwriterin Carly Simon ihre Single „You're So Vain", bei der unzweifelhaft Mick als Backgroundstimme zu hören war, was ihm nie honoriert worden war. Gerüchte kamen in Unlauf, dass die beiden eine Affäre hatten, und dass das Lied von Mick selbst handelte. Simon und Jagger äußerten sich nicht dazu, obwohl sie keine Romanze hatten; der tatsächlich Gemeinte war der Schauspieler Warren Beatty.

Gegen Ende des Jahres gab es ein Erdbeben in Biancas Heimatstadt Managua, bei dem etwa 20 000 Menschen starben. So schnell sie konnten, flogen Mick und sie hin, um sich um Biancas glücklicherweise unverletzte Mutter zu kümmern. Nachdem Mick kurzfristig Geld für dringend notwendige medizinische Hilfe gespendet hatte, arrangierte er ein Benefizkonzert in Los Angeles, bei dem 350 000 Dollar für Hilfsmaßnahmen zusammenkamen. Einige Monate später wurden Keith und Anita während eines kurzen Aufenthaltes in London erneut wegen Drogenmissbrauchs verhaftet. Irgendwann war trotz alledem das neue Album fertiggestellt und nachdem es im Sommer 1973 erschienen war, kletterte es rasant an die Spitze der Charts in England und USA, getragen von dem aufrüttelnden und unorthodoxen Song „Angie", der gleichzeitig Nummer-eins-Single wurde, in der Hauptsache von Keith geschrieben und stark inspiriert von seiner anderen großen Ballade „Wild Horses".

Nach „Goats Head Soup" begann eine Zeit des kreativen Stillstands, der einige Jahre andauerte. Vielleicht lag es daran, dass 1973 sowohl Mick als auch Keith 30 wurden, beide waren nun Väter und keine aufmüpfigen Teenager mehr. „Rock 'n' Roll ist ein Medium für Heranwachsende", sagte Mick. „Wenn man sich nicht mehr als Jugendlicher fühlt, hört man damit auf. Ich fühle mich wie einer an drei Tagen in der Woche." Der Titelsong ihres Albums, das 1974 erschien, bestätigte seine Gedanken. „It's Only Rock 'n' Roll". Produzent Jimmy Miller war abgesprungen; „It's Only Rock 'n' Roll" war das erste Stones Album, das Keith und Mick unter ihren selbst erdachten neuen Spitznamen „Glimmer Twins" herausbrachten. Ende 1974 teilte Mick Taylor der Gruppe mit, dass er aufhören werde; nach etwas mehr als fünf Jahren mit den Stones war er um zehn Jahre gealtert. Auf der Suche nach Ersatz lud die Band, allen voran Keith, eine Reihe von Gitarristen ein, nach München für ein Studio-Casting zu kommen. Unter den Kandidaten für die offene Stelle waren Jeff Beck, Mick Ronson, Rory Gallagher sowie die Amerikaner Ry Cooder und Wayne Perkins, aber am Ende bekam keiner von ihnen den Job. Stattdessen war es ihr alter Freund Ronnie Wood, der viele Jahre in der englischen Gruppe The Faces zusammen mit Rod Stewart ein Duo wie Keith Richards und Mick Jagger bildete, den sie fragten. Wood wurde in den Way of Life der Stones während der ausgedehnten 45 Showtour im Sommer 1975 eingeführt – eine Tournee, die nur erfolgreich war, weil Mick, der durch Bianca freundschaftliche Beziehungen zur amerikanischen Botschaft in England hatte, ein Visum für Keith bekommen konnte, unter der Bedingung, dass dieser klinisch bestätigt drogenfrei sei. Nach einem erneuten Entzugsaufenthalt in der Schweiz bekam Keith sein Visum. Im Verlauf der Tour wurden er und Wood im tiefen Süden Amerikas kurzfristig eingesperrt, als die Polizei das Auto anhielt, in dem sie saßen, und darin Drogen und ein Messer fand. Mick seinerseits gestaltete viele der Shows, als ob er sich in einem Themenpark verirrt hätte: Er ließ auf der Bühne Requisiten aufbauen, zum Beispiel eine mechanische Lotusblüte, die ihre Blätter öffnete und schloss, eine Vorrichtung mit einem Seil, mit der er wie Tarzan über die Zuhörer fliegen konnte und zuletzt schließlich einen riesigen aufblasbaren Penis für sich, mit dem er sich lasziv breitbeinig präsentierte.

Das im April 1976 erschienene Album „Black and Blue" erhielt mäßige Kritiken und erreichte mit „Fool to Cry" nur eine Hit-Single, die neben „Angie" im Herbst 1973 unter die ersten Top Ten kam. Im Verlauf des nächsten Jahres vergrößerte sich die Distanz zwischen Mick und Keith, da sie sich außerhalb der Musik in unterschiedlichen Kreisen aufhielten. Es war eine schwierige Zeit für Richards: Zuerst starb seiner und Anitas Sohn Tara nur wenige Monate nach seiner Geburt an einem Virus und dann, kurz vor einem groß angekündigten Auftritt in einem Club in Toronto, Kanada, wurden er und Anita wieder einmal verhaftet, weil man Drogen in ihrem Hotelzimmer gefunden hatte. Diesmal wurde Keith nicht nur wegen Drogenbesitzes angeklagt, sondern auch wegen Drogenhandels, ein Vergehen, auf

89 Mit Keith und Anita Pallenberg und deren Sohn Marlon bei einem Bummel am Yachthafen, frühe 1970er.

90 Watts beobachtet, wie Mick gestikuliert und Ron Wood sich in Pose wirft bei einem Club Gig der Stones.

dem eine lebenslange Freiheitsstrafe stand. Das Timing hätte nicht schlechter sein können, denn Mick war gerade dabei, die Verhandlungen über einen neuen Plattenvertrag der Stones mit Atlantic Records abzuschließen, die die Rechte für die USA und den kanadischen Raum erhielten und den Rest der Welt deckte Deccas langjähriger britischer Rivale EMI (das alte Label der Beatles) ab. Das erste war eine Doppel-LP mit einer Auswahl von Auftritten der vergangenen Jahre, ebenso wie dem für Toronto vorgesehenen. Daher mussten sie alles tun, um Keith für das Club Date in Toronto freizubekommen.

Die Idee war, dass die Stones ihre Arbeit in Kanada so unauffällig wie möglich machen wollten, doch mit Keith' Verhaftung hatten sich diese Pläne in Luft aufgelöst. Der Medienrummel wurde dadurch angestachelt, dass Margaret Trudeau, die sich gerade von ihrem Ehemann, dem Premierminister Pierre Trudeau, trennte, im Hotel der Stones eincheckte und sich öfter bei der Band aufhielt. Fotos von ihr, wie sie in Micks Limousine bei den Club-Auftritten der Band ankam, schmückten die Zeitungen. In New York kamen die Neuigkeiten, dass Mick vermutlich für das Scheitern der Ehe einer Person der Weltpolitik verantwortlich war, bei Bianca gar nicht gut an, die auch nicht zu Hause saß und Trübsal blies. Sie zog umher mit Andy Warhol, Truman Capote und anderen, die zu dieser Zeit die mit Spiegelbällen bestückte New Yorker Disco Studio 54 fast jede Nacht besuchten. Die Zeitungen waren voll von Biancas vermuteten Liebeleien. „Vielleicht bin ich nicht mehr anziehend für Mick", erzählte sie. „Aber sie sollten sich nicht über mich ärgern, denn ich bin keine typische Frau. Meine Nächte sind niemals einsam und was ist falsch daran? Ich liebe die Gesellschaft von Männern, und Mick ist nicht immer bei mir. Ich genieße die Macht, eine Frau zu sein." Im Sommer 1977 hatten sich die beiden auseinandergelebt und mit ihren bissigen Bemerkungen riss Bianca Mick jedes Mal in Fetzen: „Als ich Mick zum ersten Mal traf, gab er zu, einen Schock zu haben. Er hatte den Eindruck, als schaue er sich selbst an", sagte sie über ihre physische Ähnlichkeit. „Ich weiß, dass die Leute spekulieren, dass es Mick amüsiert haben muss, seinen Zwilling zu heiraten. Aber letztendlich war es so, dass er die höchste sexuelle Erfahrung machen wollte, nämlich Sex mit sich selbst zu haben." Autsch.

Im Mai 1977 besuchte Mick eine Dinnerparty in New York, die der berühmte Modefotograf Francesco Scavullo gab, und begegnete Jerry Hall. Hall war eine langbeinige Blondine aus Texas, deren fantastisches Aussehen ihr zu einer erfolgreichen Modelkarriere verholfen hatte und dadurch zur Gesellschaft von Englands lässigstem Musiker, dem Roxy Music Frontman Bryan Ferry. Nachdem er sie gebeten hatte, für das Cover des Albums seiner Gruppe von 1975, „Siren", zu posieren, warb Ferry um sie und bald lebten die beiden zusammen. Er nahm sie 1976 mit nach London, um die Stones zu sehen, und Hall, die nie vorher auf einem Stones Konzert gewesen war, erinnerte sich, dass sie hypnotisiert war von Jaggers Vorstellung und dann, als sie ihn Backstage traf, gefesselt davon, „wie androgyn er war und dass er beides war, verletzlich und interessant". Im nächsten Jahr, als Ferry

93 Mick und Jerry Hall reflektieren an einem idyllischen Plätzchen über das Leben, Dezember 1983.

auf Tour in Asien war, erfuhr Hall von Bryans Affäre mit einem japanischen Model. In diesem Zustand traf sie bei Scavullos Party ein. Sie begann, sich mit Mick zu unterhalten. Es folgte ein Abend mit verschiedenen Clubbesuchen in der Stadt, nach denen Mick, der nun getrennt von Bianca lebte, sie einlud, die Nacht bei ihm zu verbringen. In kürzester Zeit wurden die beiden in der Stadt zusammen fotografiert und zum Jahresende verbrachte Mick Weihnachten mit Jerry in London, während Bianca alleine in New York war.

Nach Keiths eigener Einschätzung waren er und Mick in ihren Privatleben einige Zeit „die perfekten 180er", und das in erster Linie wegen Keiths Heroinmissbrauch. Doch nachdem sie beschlossen hatten, ihr nächstes Album in einem Pariser Studio aufzunehmen, mit dem Toningenieur Chris Kimsey, schafften es die Glimmer Twins, zügig an ihrem nächsten Album zu arbeiten. Mick und Keith standen unter dem Druck, etwas Besseres zu produzieren als ihre letzten Studioaufnahmen. Während der 76er- und 77er-Jahre war der Punkrock explodiert und freche junge Gruppen wie die Sex Pistols und The Clash in England sowie die Ramones in USA nahmen für sich in Anspruch, die Stimmen der neuen Generation zu sein, die das Establishment herausfordert. Der musikalische Fehdehandschuh wurde den Stones vor die gut betuchten Füße geworfen. Konnten sie noch Platten produzieren, die angesagt waren? Wenn ja, mussten sie es beweisen. Es war ganz einfach Zeit, entweder es wieder nach oben zu schaffen oder den Mund zu halten. Natürlich schafften sie es, eine große Zeit, mit dem 1978 auf allen Gebieten verjüngten Album „Some Girls". Genau wie zehn Jahre zuvor, als die Stones mit „Beggars Banquet" tief bei sich selbst ankamen und ihren Sound schmucklos enthüllten. Es war ein echter Vergeltungsschlag. Um jedermanns Erwartungen zunichte zu machen, wurde vor Ver-

öffentlichung des Albums im Mai ausgerechnet eine Disco Single mit dem Titel „Miss You" auf den Markt gebracht, die beides war, zum Tanzen und bluesig. Vor allem in Amerika, wo die Discoszene auf ihrem Höhepunkt war, wurde der Song ein Riesenhit, erreichte Platz eins der Charts und hielt sich dort fünf Monate lang. Und als das Album im Juni folgte, wurden die Hörer von einer Killer-Kombination von Four-on-the-Floor Rockern überwältigt („When the Whip Comes Down", „Shattered"), Soul Scharfmachern („Beast of Burden", der Motown Temptations Klassiker „Just My Imagination") und knackigen Countryballaden („Far Away Eyes").

Um ihrer Wiederauferstehung die Krone aufzusetzen, beschlossen die Stones auf Tournee zu gehen und an unterschiedlich großen Orten aufzutreten. Einige Auftritte sollten bewusst auf kleinen Bühnen stattfinden, um das Argument zu widerlegen, sie seien zu abgehoben, um noch in Verbindung mit dem durchschnittlichen Rockfan zu sein. Man arrangierte, dass die Band für die Tour mit Proben im Musikhimmel von Woodstock nahe New York werben würde. Keith, dem klar geworden war, dass seine Drogenabhängigkeit zwar nicht seins aber das Wohlbefinden aller seiner Freunde bedrohte, kündigte an, er werde versuchen, von seinem Drogengebrauch endgültig wegzukommen. Mit Jerry Hall an seiner Seite als Hilfe, nahm es Mick auf sich, mehrere grauenvolle Tage mit Keith zu verbringen, als sein Freund durch den körperlichen Entzug ging. „Wir fütterten ihn und deckten ihn nachts mit Decken zu", erzählte Jerry später. „Mick sprach viel mit ihm, es war so süß, das mitanzusehen. Es gab Mick ein gutes Gefühl, seinem Freund helfen zu können, wieder zu sich zu kommen." Als Keith von seinem kalten Entzug genesen war, war die ganze Band um ihn versammelt. Die Sommertour 1978 war ein riesiger Triumph – die Rolling Stones waren in der Tat noch angesagt.

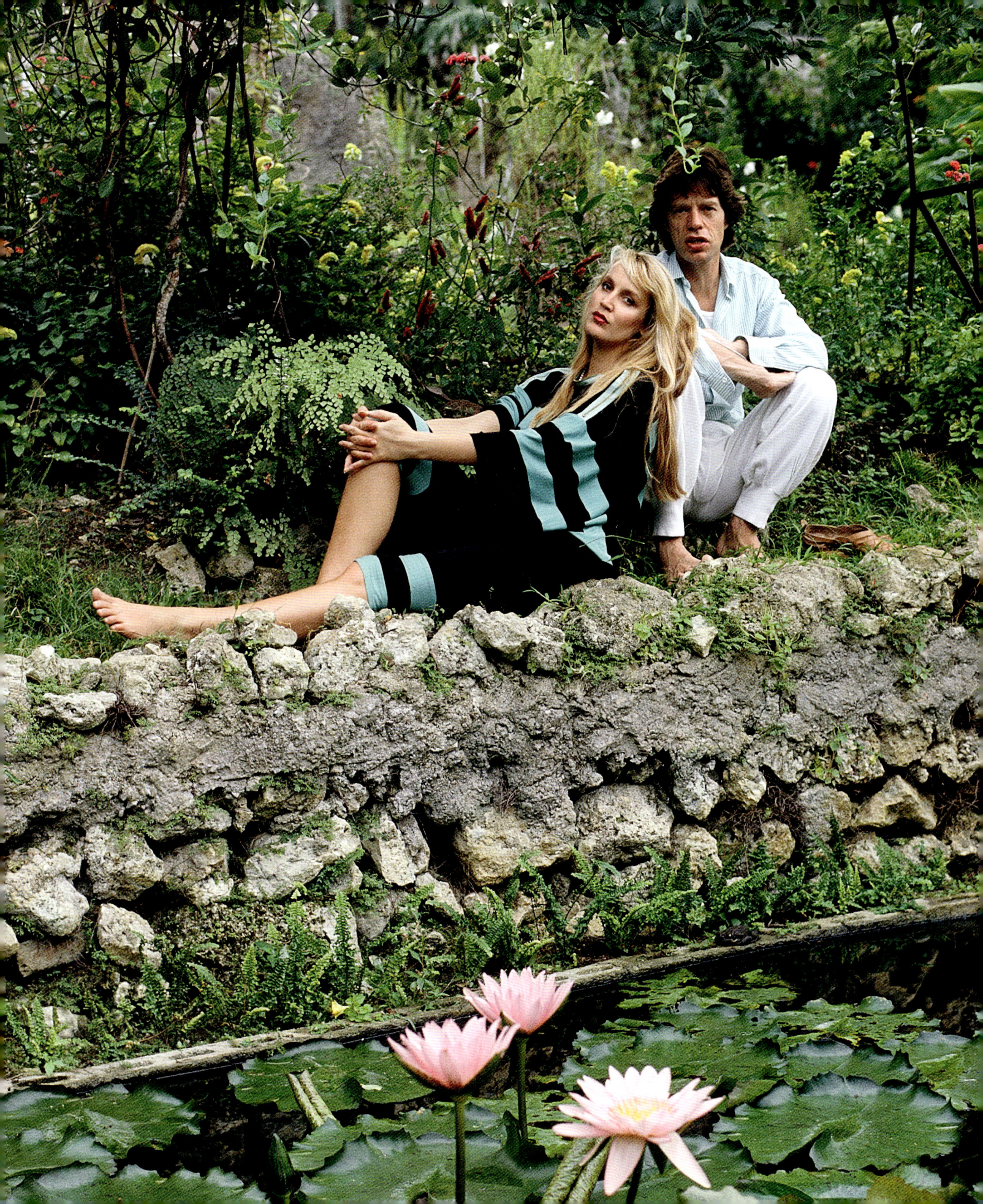

mj

94 und 95 In einem Hotelzimmer in Dänemark während einer Europatournee im Herbst 1970: Mick versucht zu relaxen.

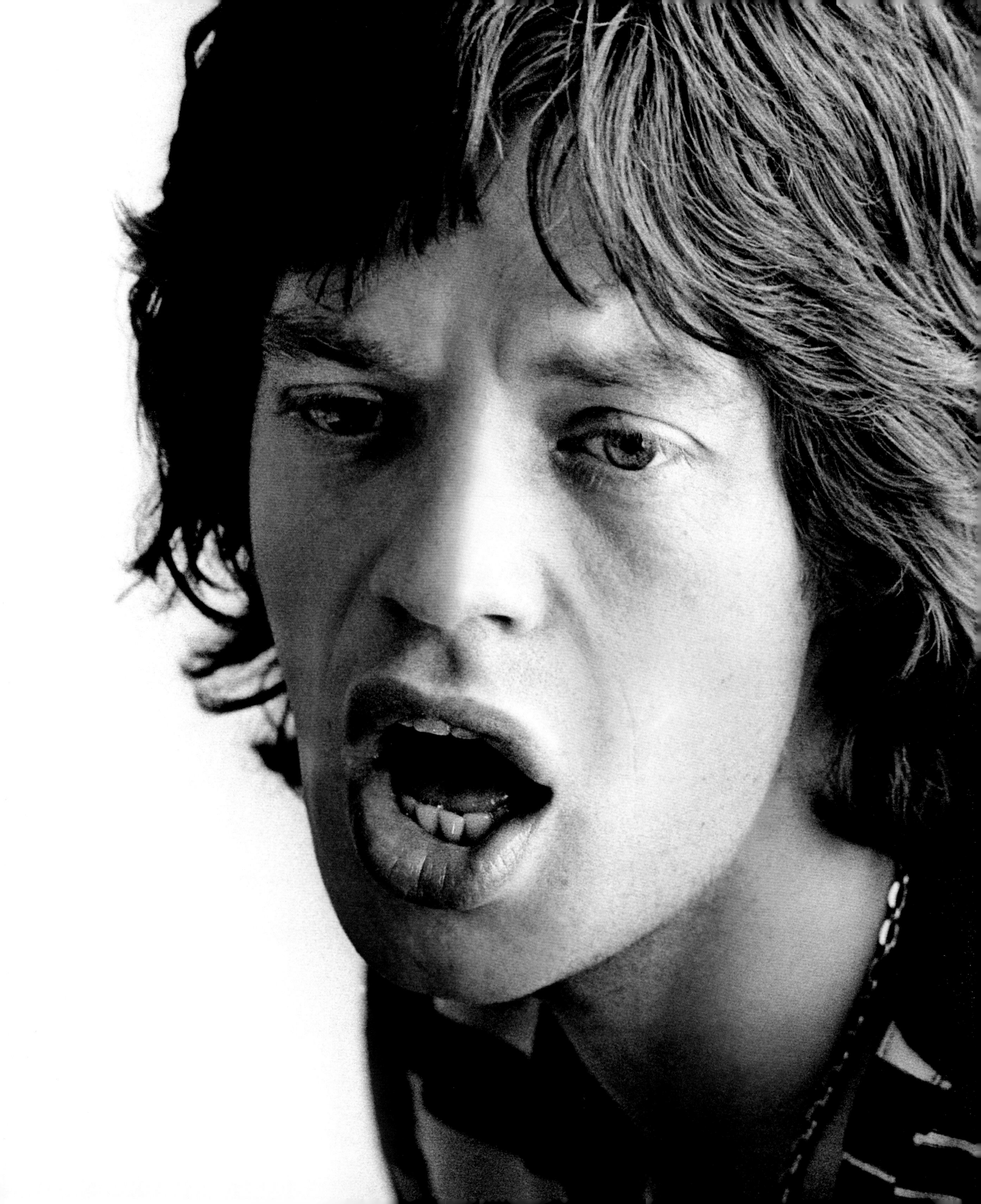

96 und 97 Fertig für das Close-up: Mick mit schwarz gefärbten Haaren am Set des Films "Performance", 1970.

98-99 Ihr feinen Leute, ja, ihr alle arbeitet für mich: Mick wartet auf Regieanweisungen am Set von "Performance".

PERFORMANCE

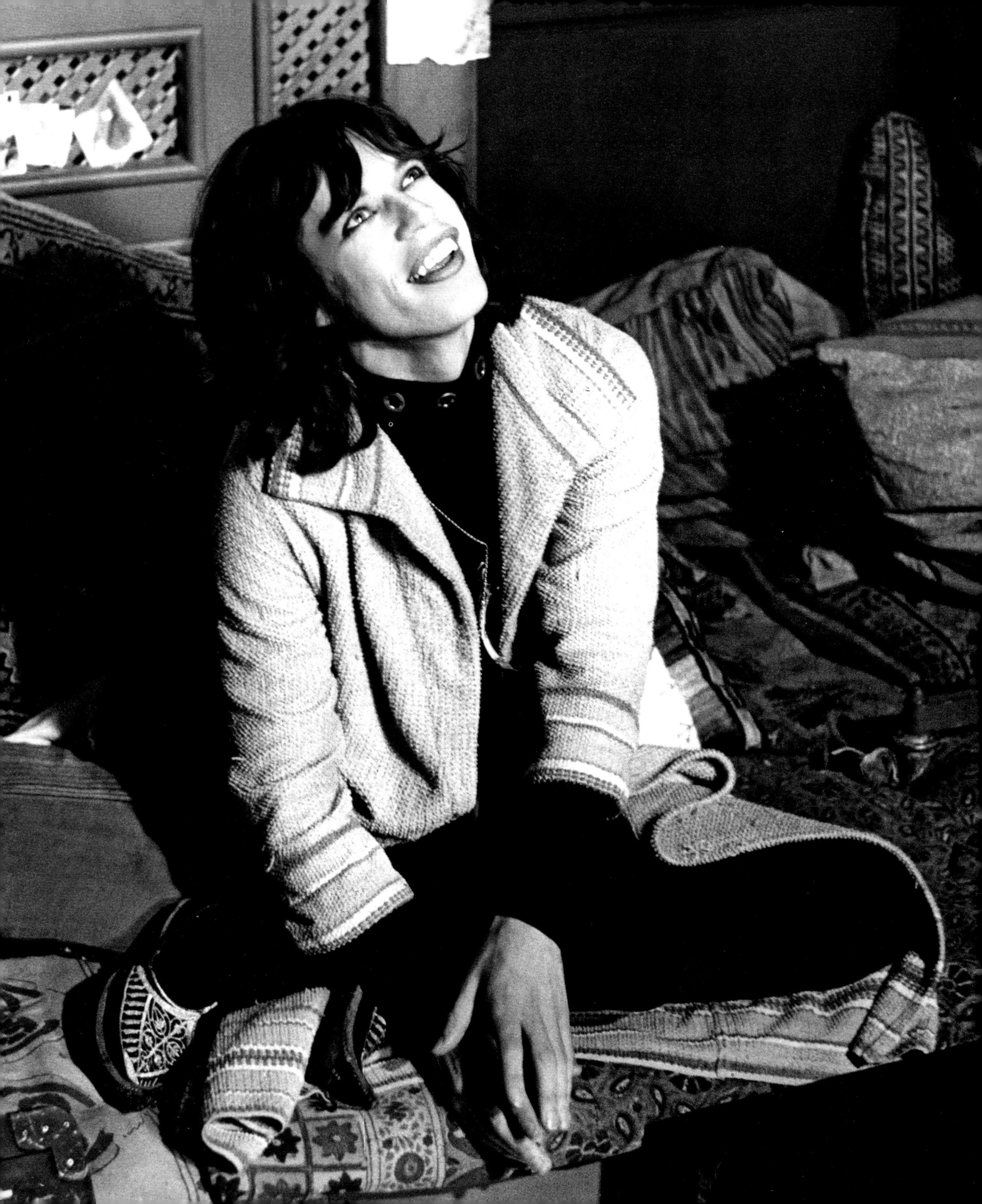

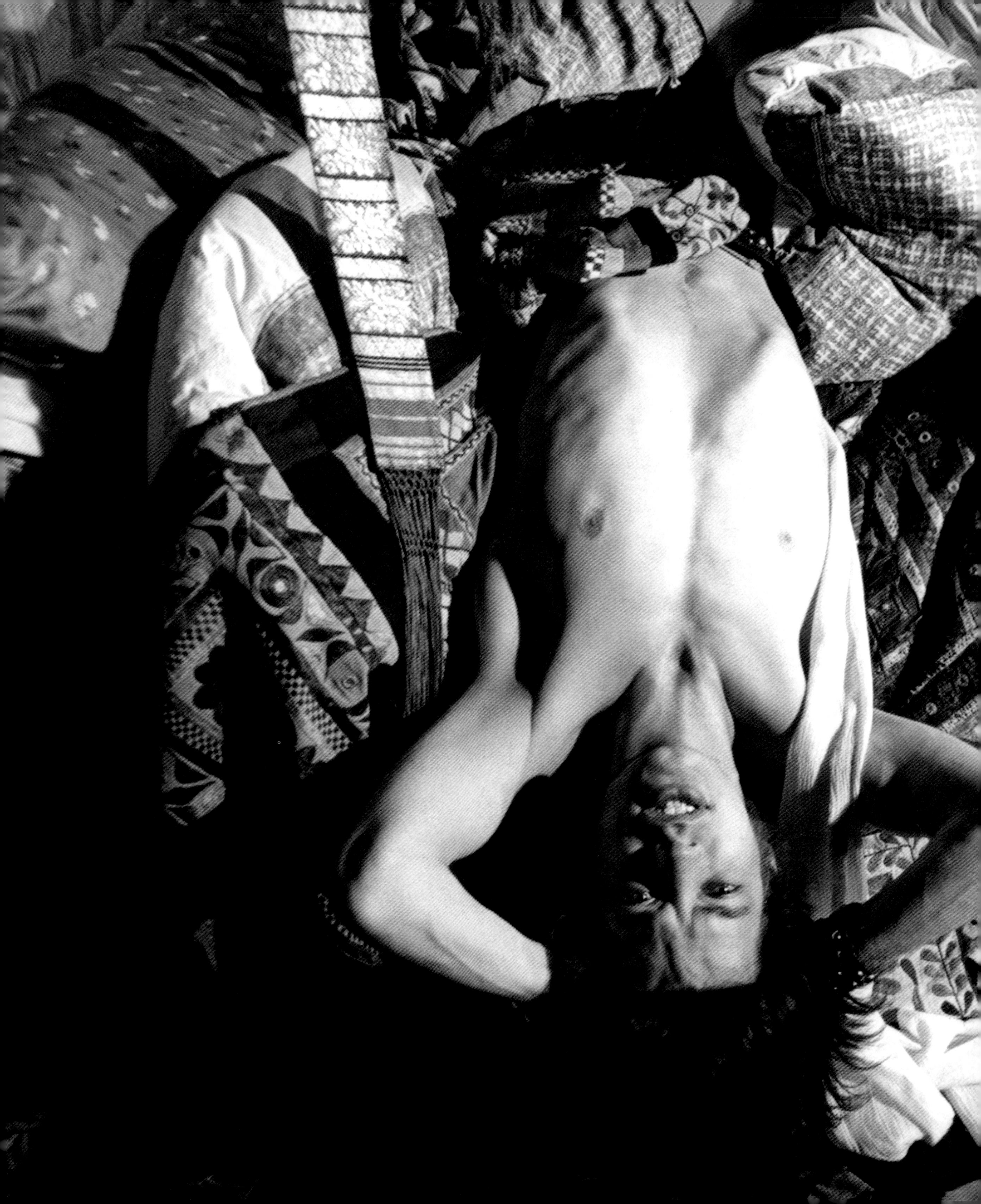

JAGGER

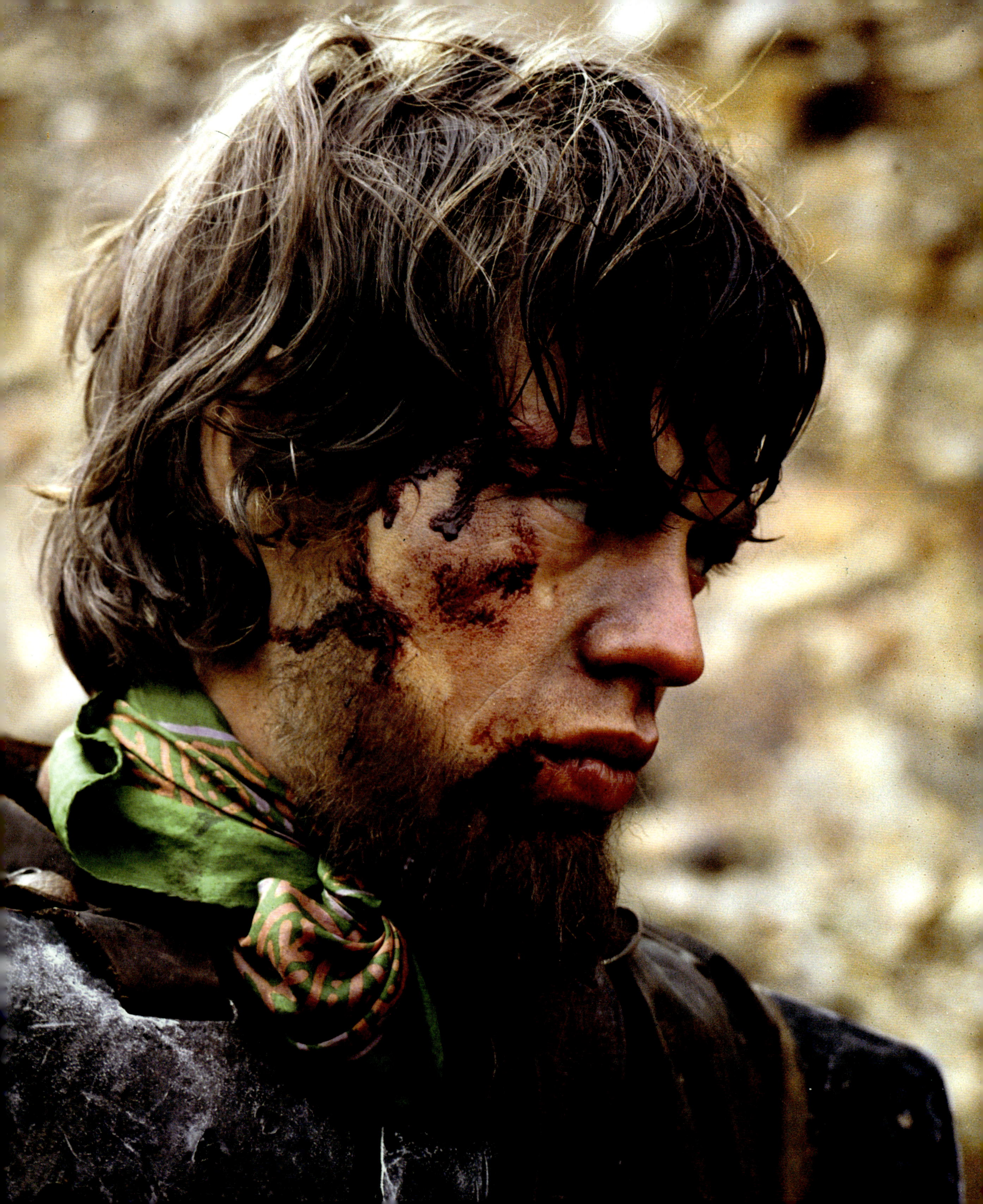

100 und 101 Wilde Pferde werden wegschleppen: Mick in seiner Rolle australischer Bandit Ned Kelly, 1969

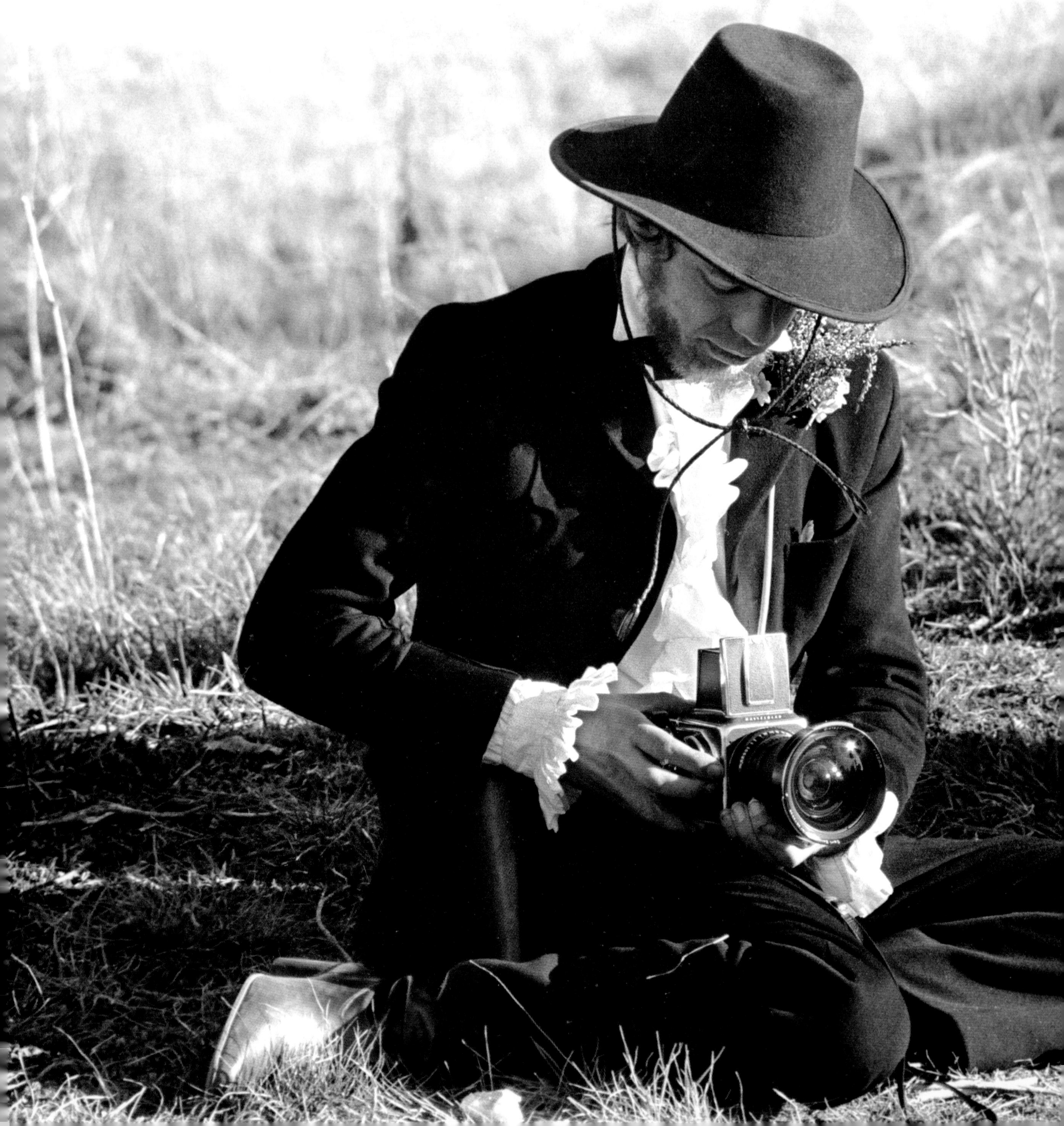

102-103 Mick versucht sich als Fotograf während der Filmaufnahmen von Ned Kelly in Bugendore, Australien.

103 Wer will die Zeitungen von gestern? Beim Gespräch mit Kollege Ronald Golding, dem Ned Kelly Darsteller, überfliegt er die Neuigkeiten in der Zeitung.

104-105 und 105 Auf dem Weg zur Trauung müssen Mick und Bianca durch die Menge neugieriger Zuschauer.

104

105

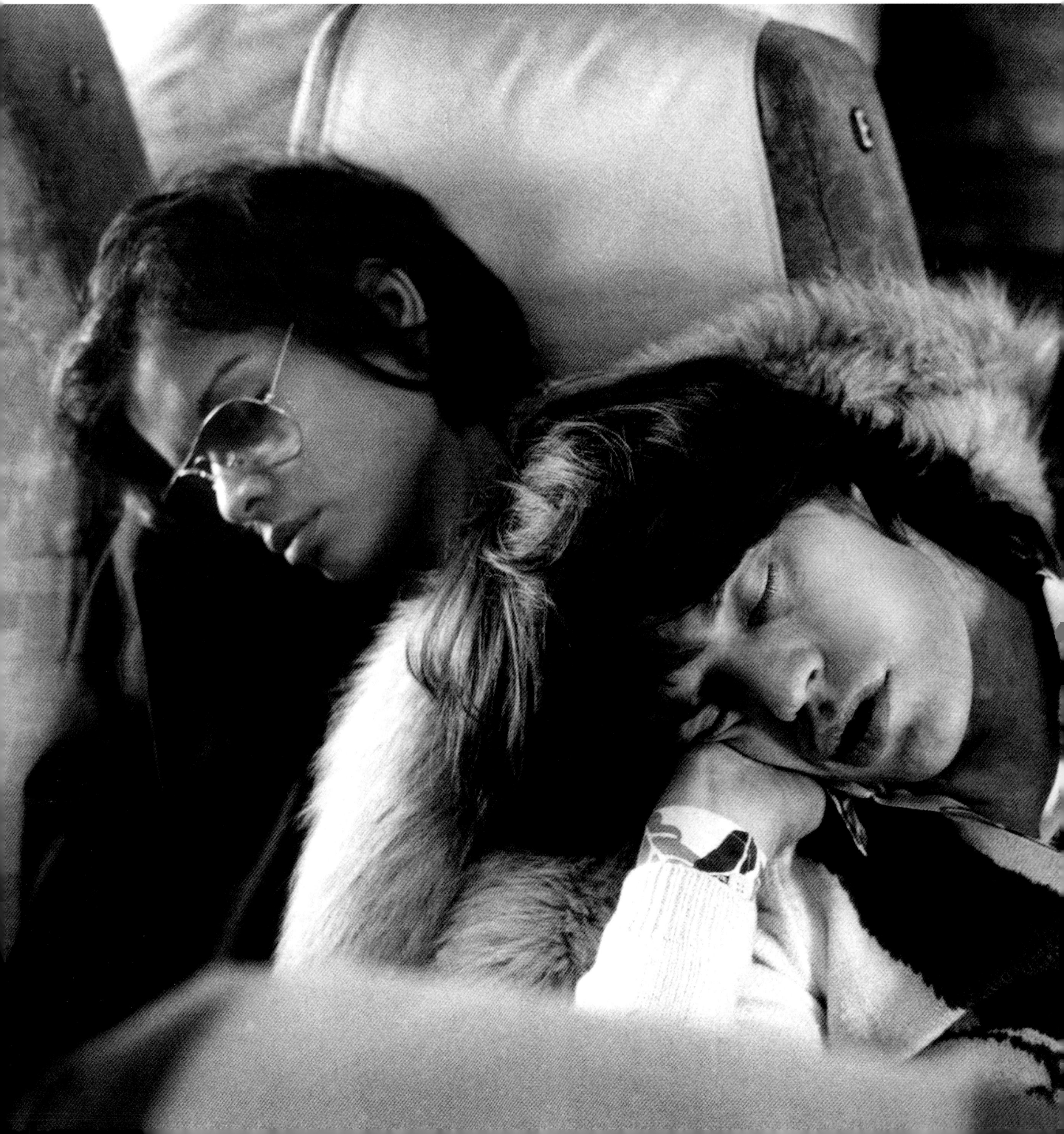

BIANCA JAGGER

106-107 Auf dem Rückflug nach Frankreich nach Auftritt und Party in Berlin, dem letzten der Stones Europa und England Tour 1973: Endlich haben Mick und Bianca etwas Ruhe gefunden.

107 Mick und Bianca bei einer Gondelfahrt auf dem Canal Grande in Venedig während ihrer Hochzeitsreise im Mai 1971: ein Versuch, den Paparazzi zu entkommen, die sie überallhin verfolgten.

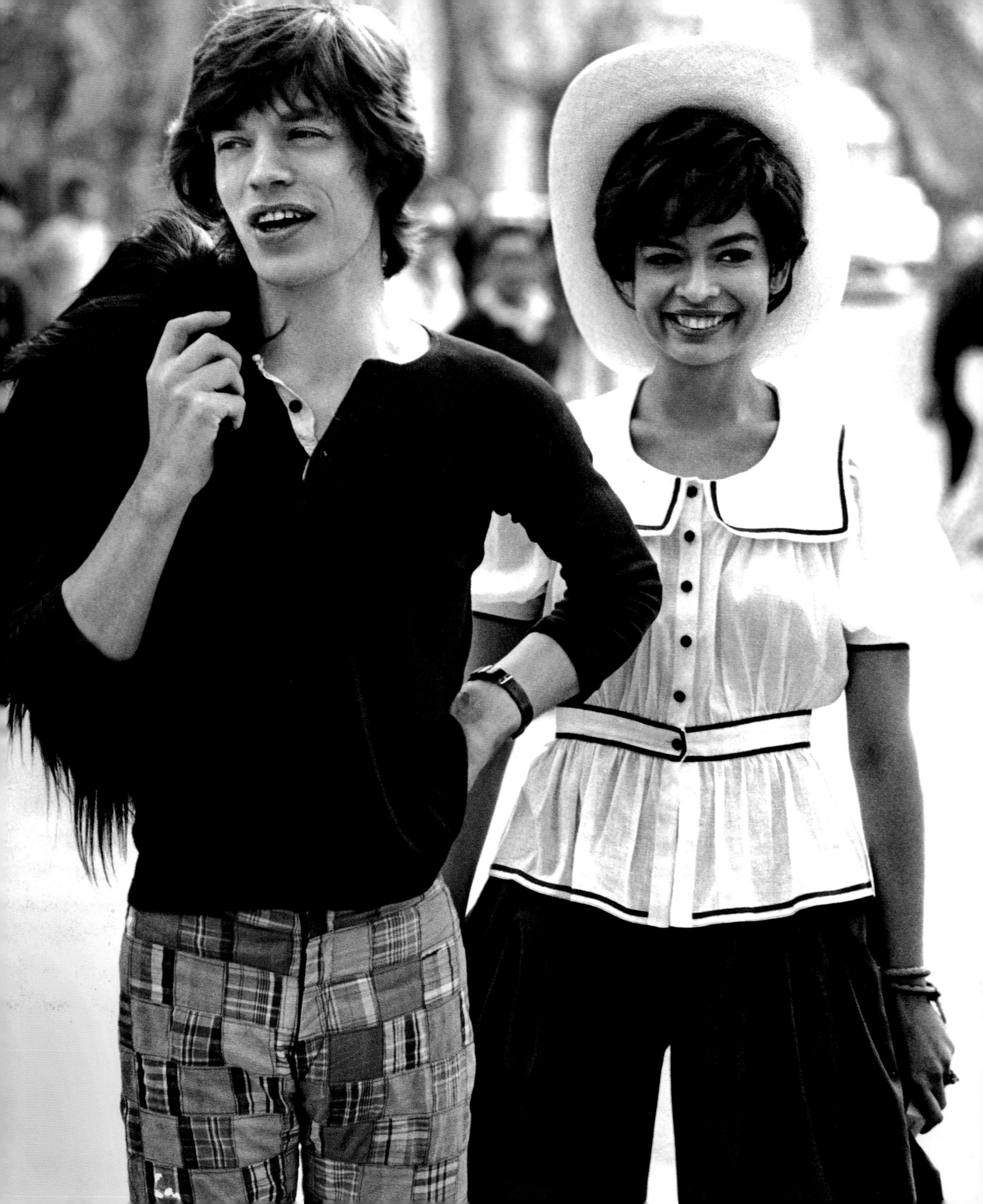

108 und 109 Links: Mick und Bianca, schick gekleidet, bei einem Nachmittagsspaziergang in Saint-Tropez. Rechts: Und im Mantel für den Abend draußen auf dem Bahnhof, 1971.

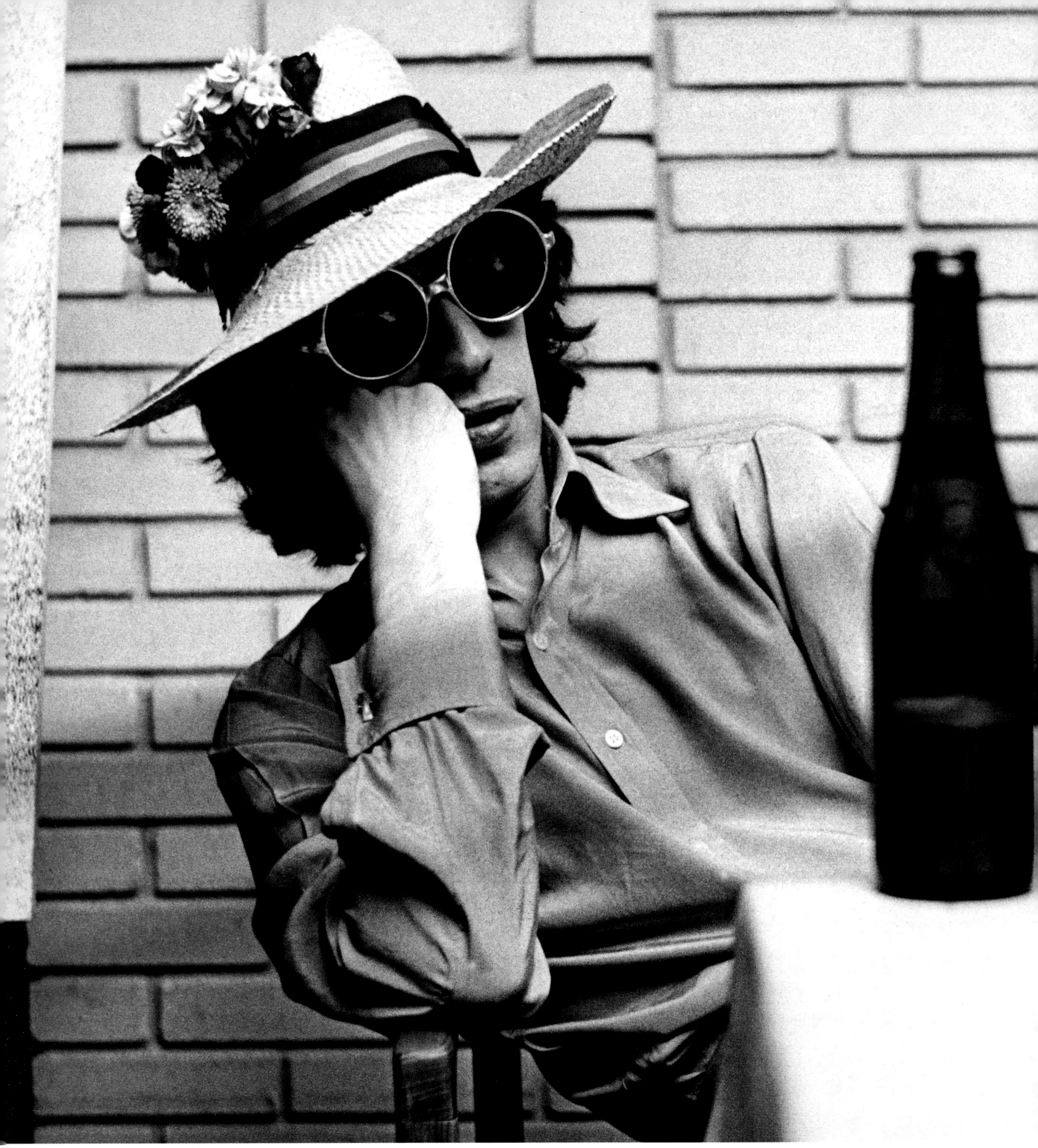

AM ENDE WERDE ICH WAHRSCHEINLICH WIE CARY GRANT SEIN, MIT EINER MENGE ALTER LADYS, DIE MIR BRIEFE SCHREIBEN.

110-111 Beim Start der Europa Tour der Stones im Sommer 1970 sitzt Mick in einer Bar in Kopenhagen. Mit der riesigen Sonnenbrille und dem dekorativen Hut ist er nicht gerade inkognito unterwegs.

PRAVDA
IS FREE,
PRAVDA
IS A LONER,
PRAVDA
IS QUIET,
BUT PRAVDA
ACTS

112 Mit dem Poster der Filmikone James Dean über sich, sinniert Mick über seine aufknospende Filmkarriere, 1970.

m

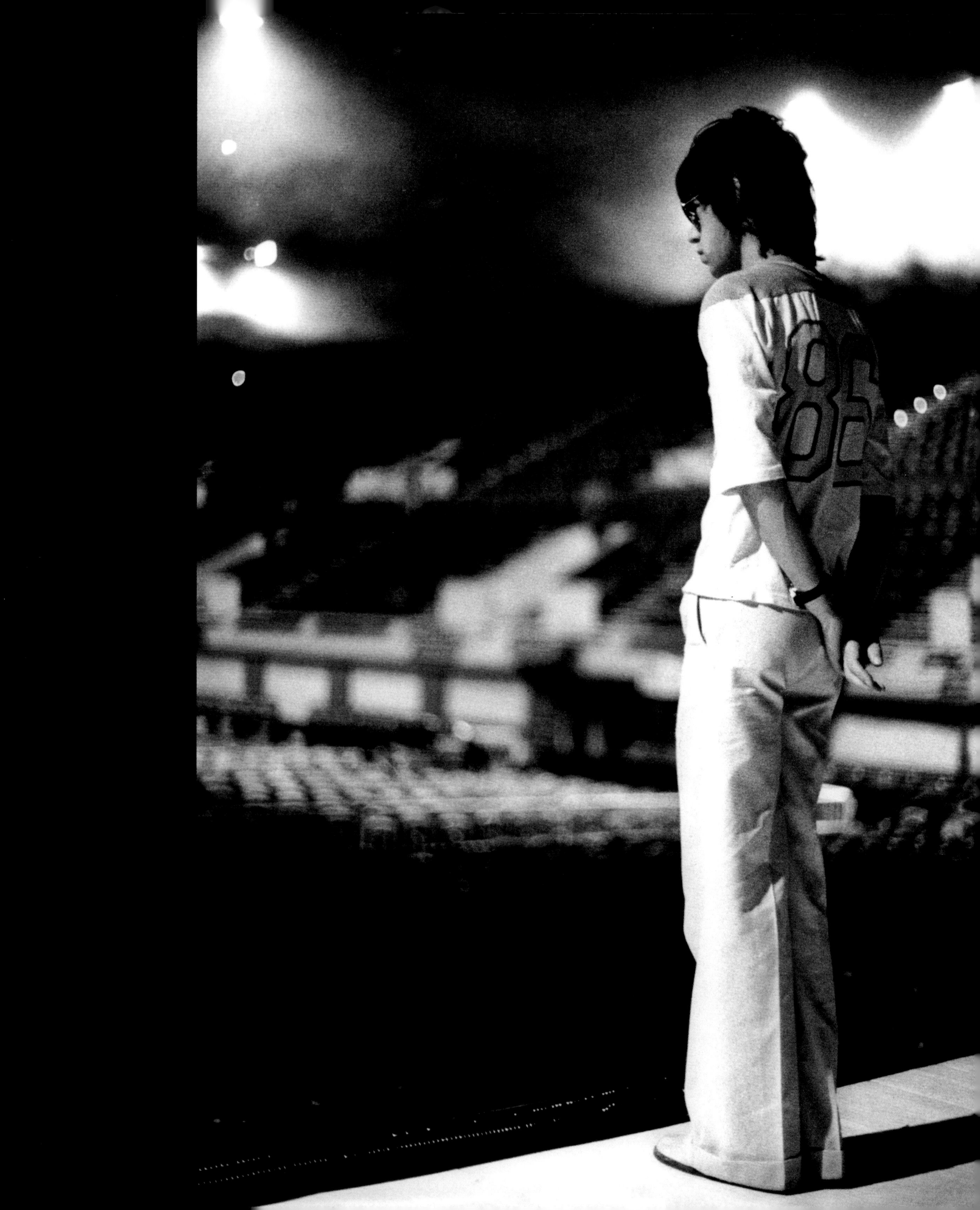
85

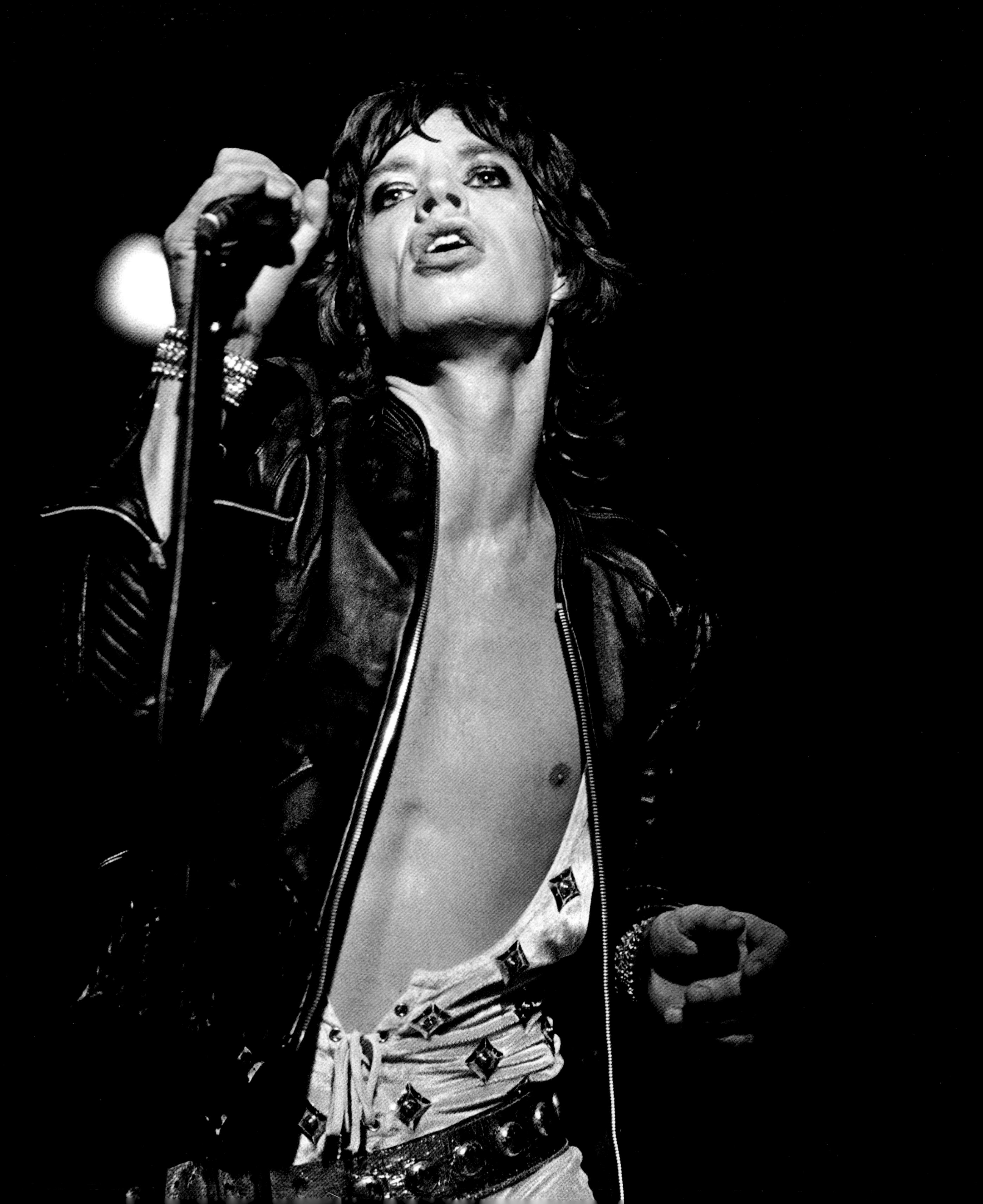

116 Beweg deine Hüften, Baby: Mick kommt in Stimmung, in Kings Hall Belle Vue in Manchester, Herbst 1973.

117 Zur Feier seines 29. Geburtstags bläst Mick die Kerzen auf der Bühne im New Yorker Madison Square Garden aus, der letzten Station der Nordamerika Tour der Stones, 27. Juli 1972.

118 und 118-119 Haben Sie auch vom midnight rambler gehört: Mick auf der Bühne in der Sporthalle in Köln (links) und beim Heranpirschen an die Beute in der Wembley Arena, Londons Empire Pool (rechts), September 1973.

120 Im Apollo Theater in Glasgow, Schottland, im September 1973.

121 Am letzten Abend der Herbsttournee 1973 durch England und Europa in der Deutschlandhalle, Berlin, wird Mick pudelnass.

123 Really, dahhhling: Mick in äußerst theatralischer Pose auf der Bühne des Cow Palace in San Francisco im Juli 1975.

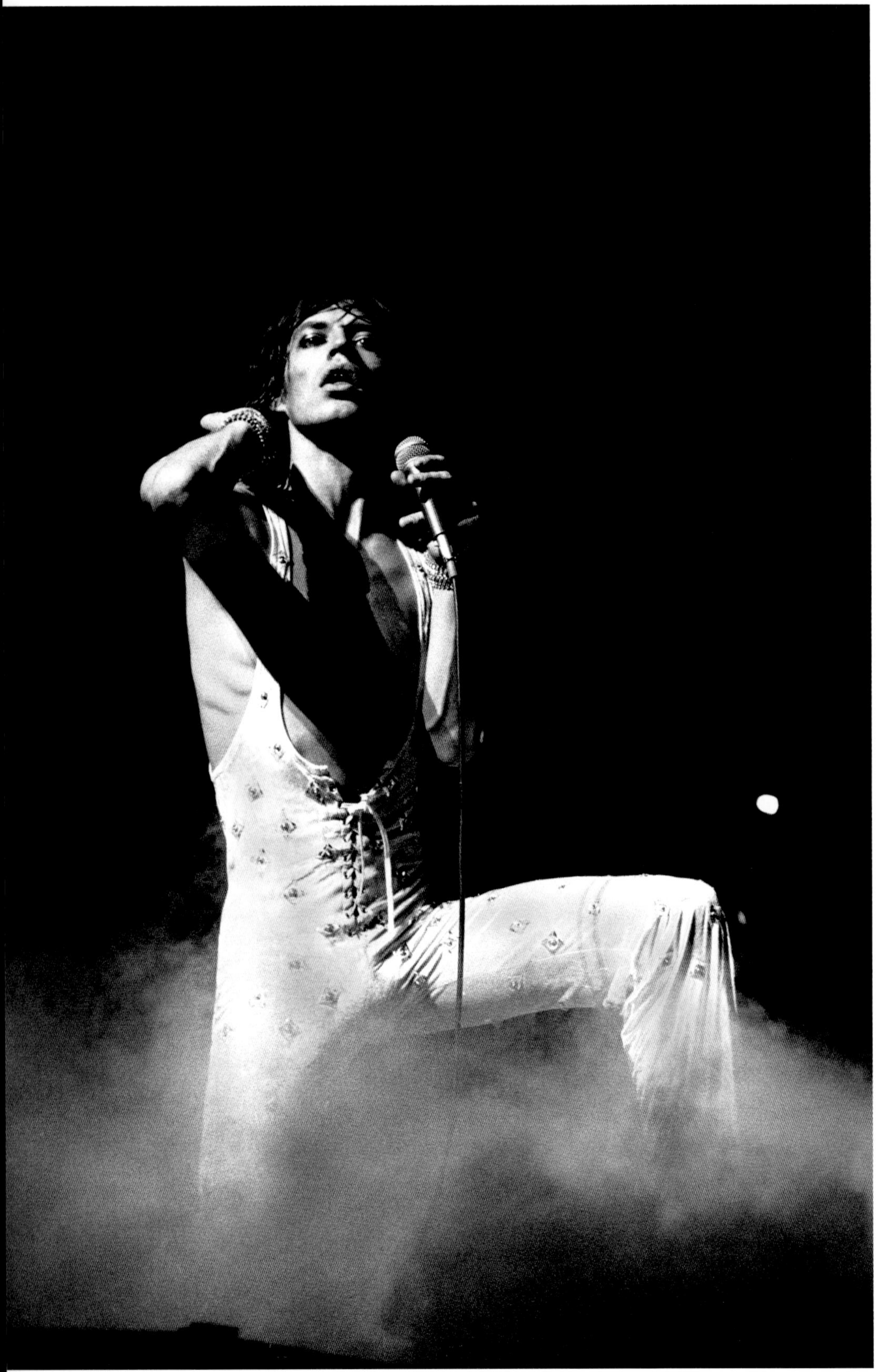

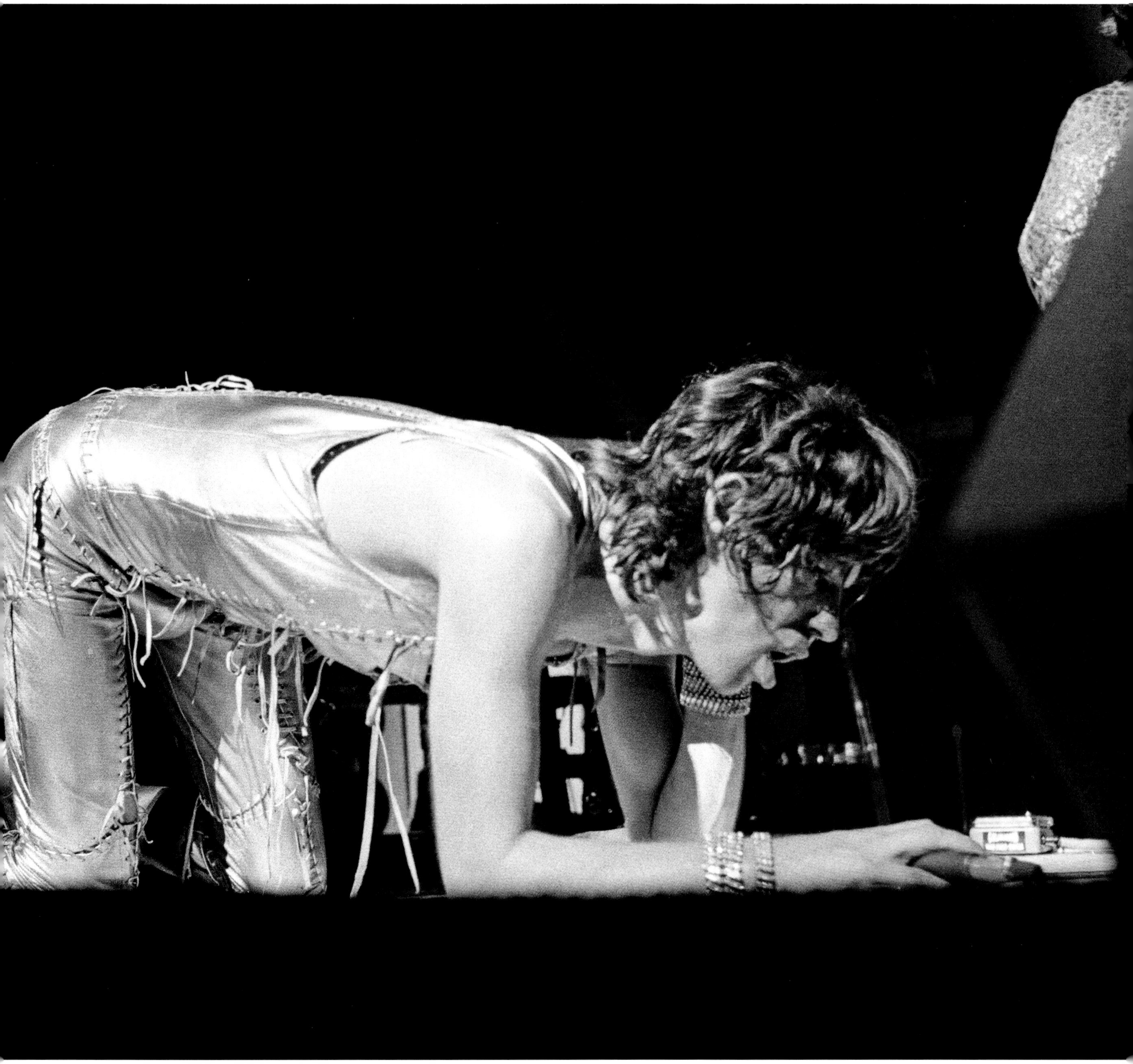

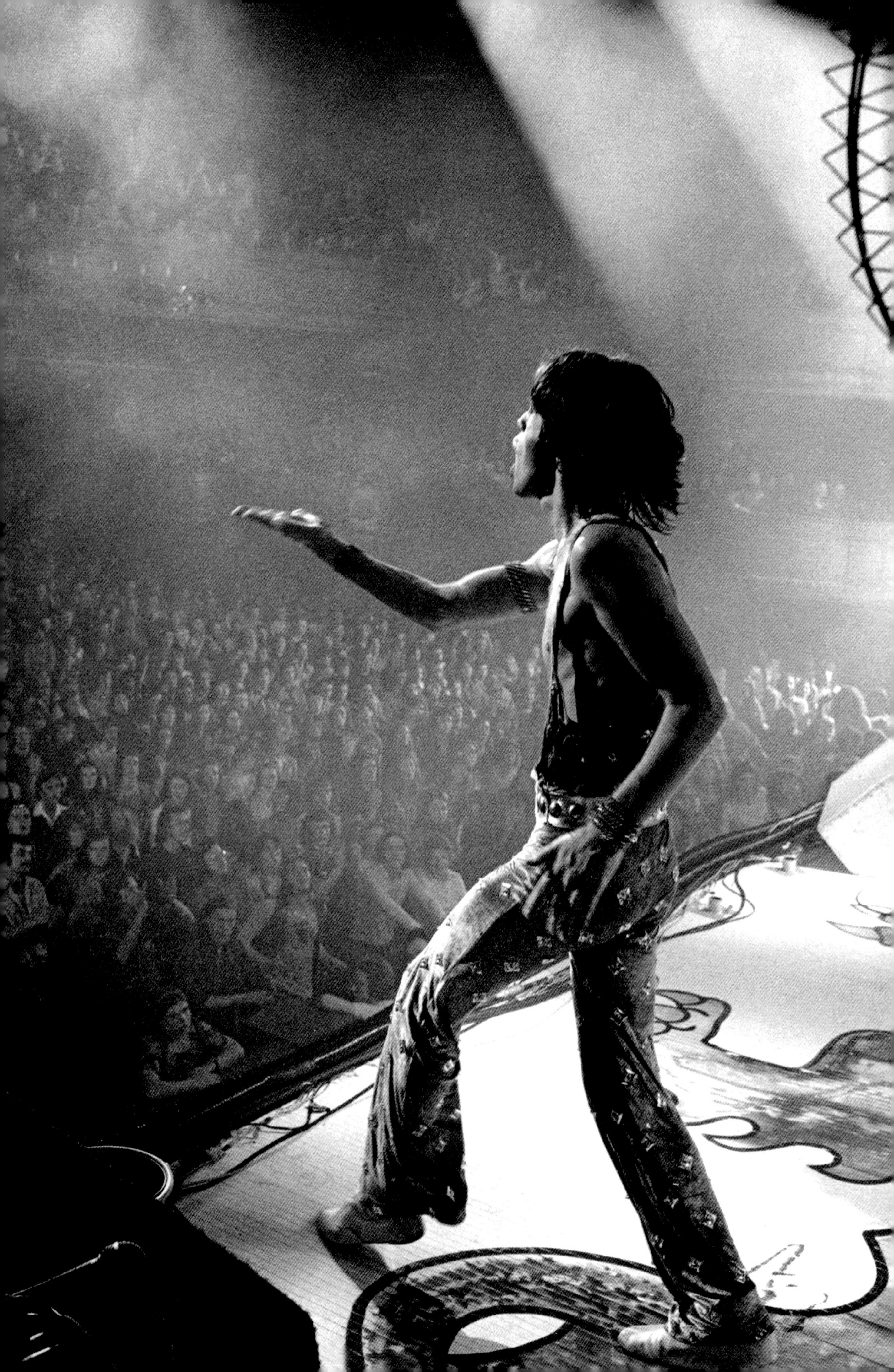

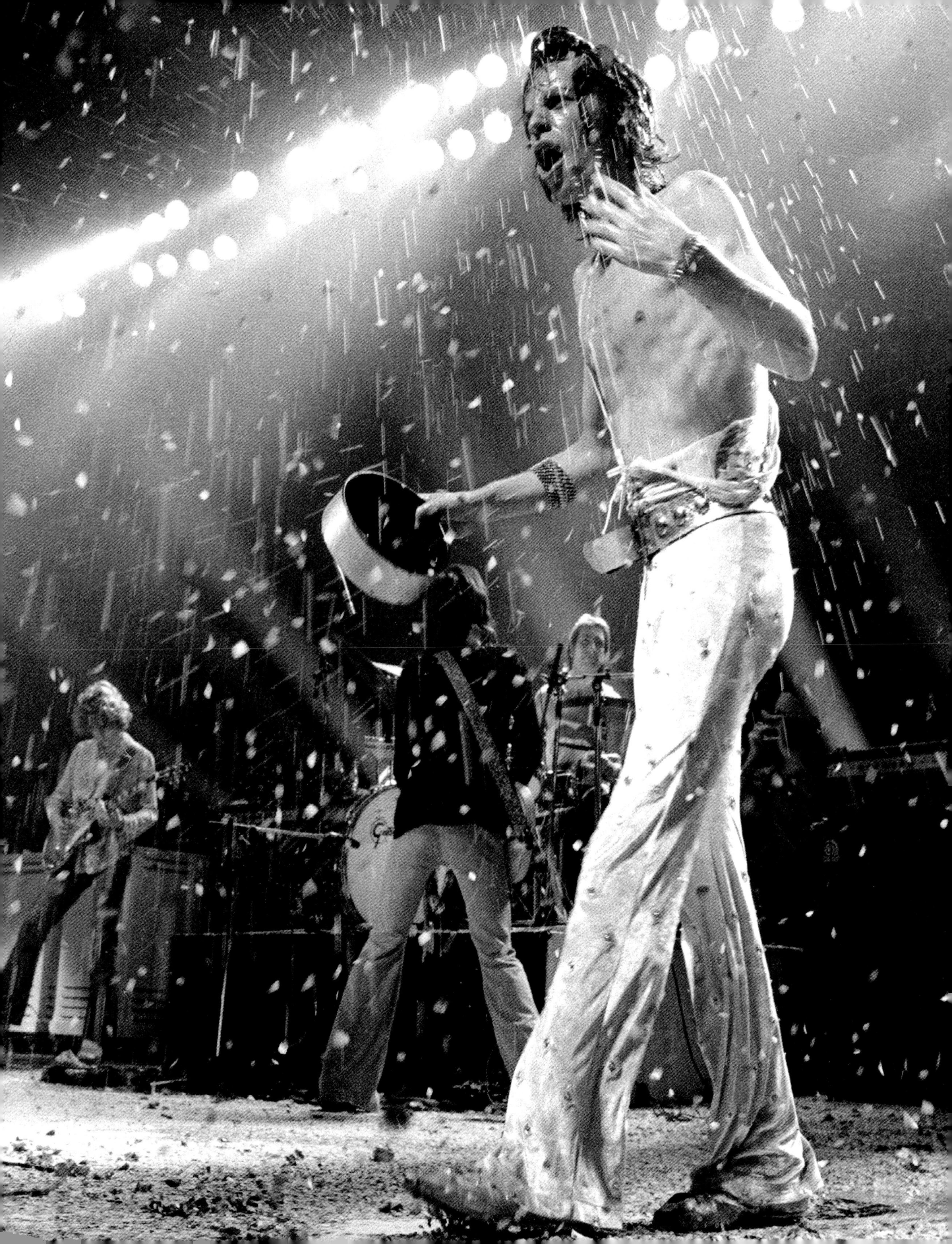

MICK HATTE NIE EIN PROBLEM,
VOR PUBLIKUM ZU STEHEN.
ER IST EINE SEHR PRIVATE
PERSON, ABER ER IST NICHT
SCHÜCHTERN UND ER IST VON
NATUR AUS EIN ENTERTAINER.
ER IST DER BESTE FRONTMAN
DER WELT – UND DAS HEISST
ETWAS.

Charlie Watts

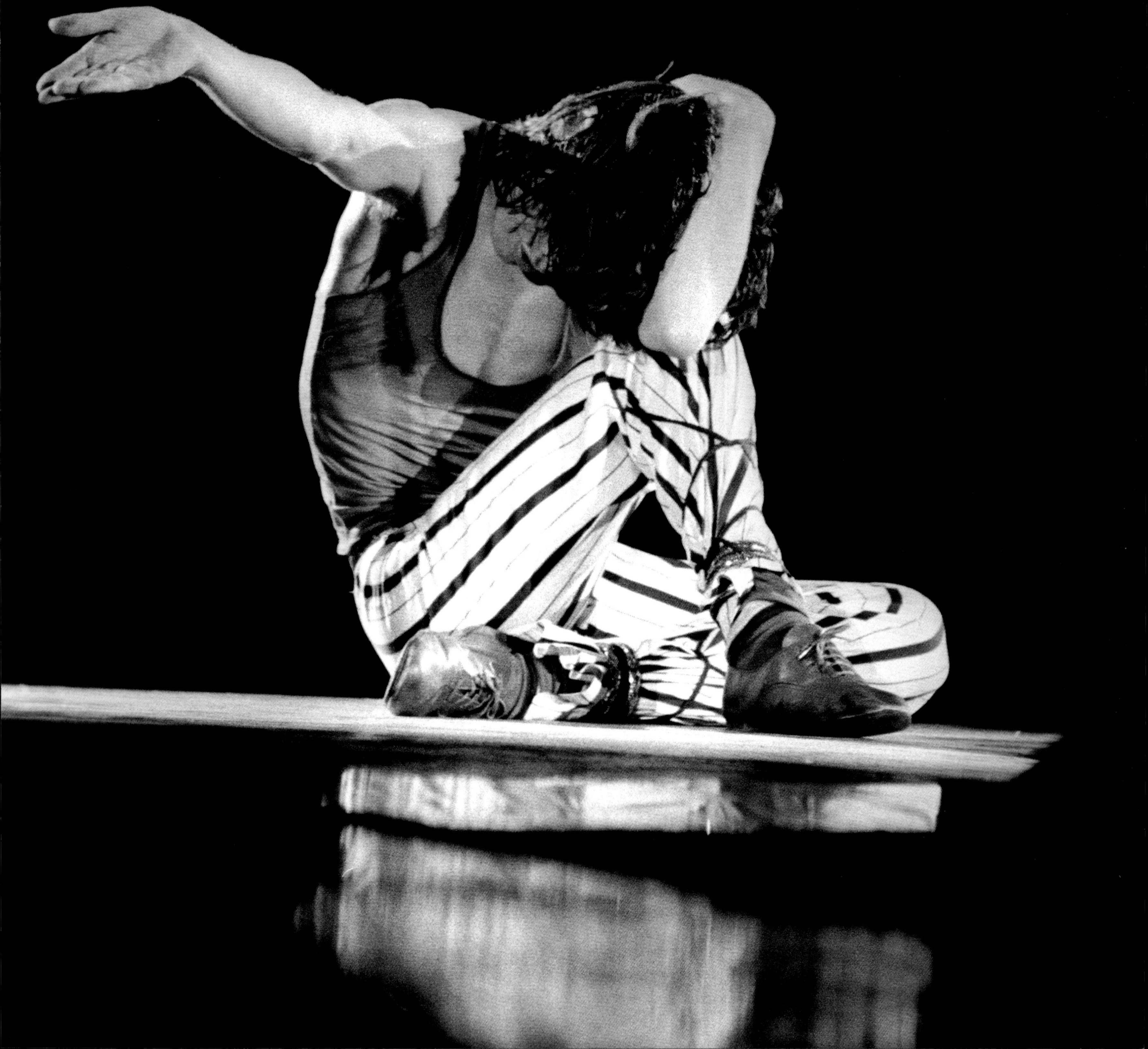

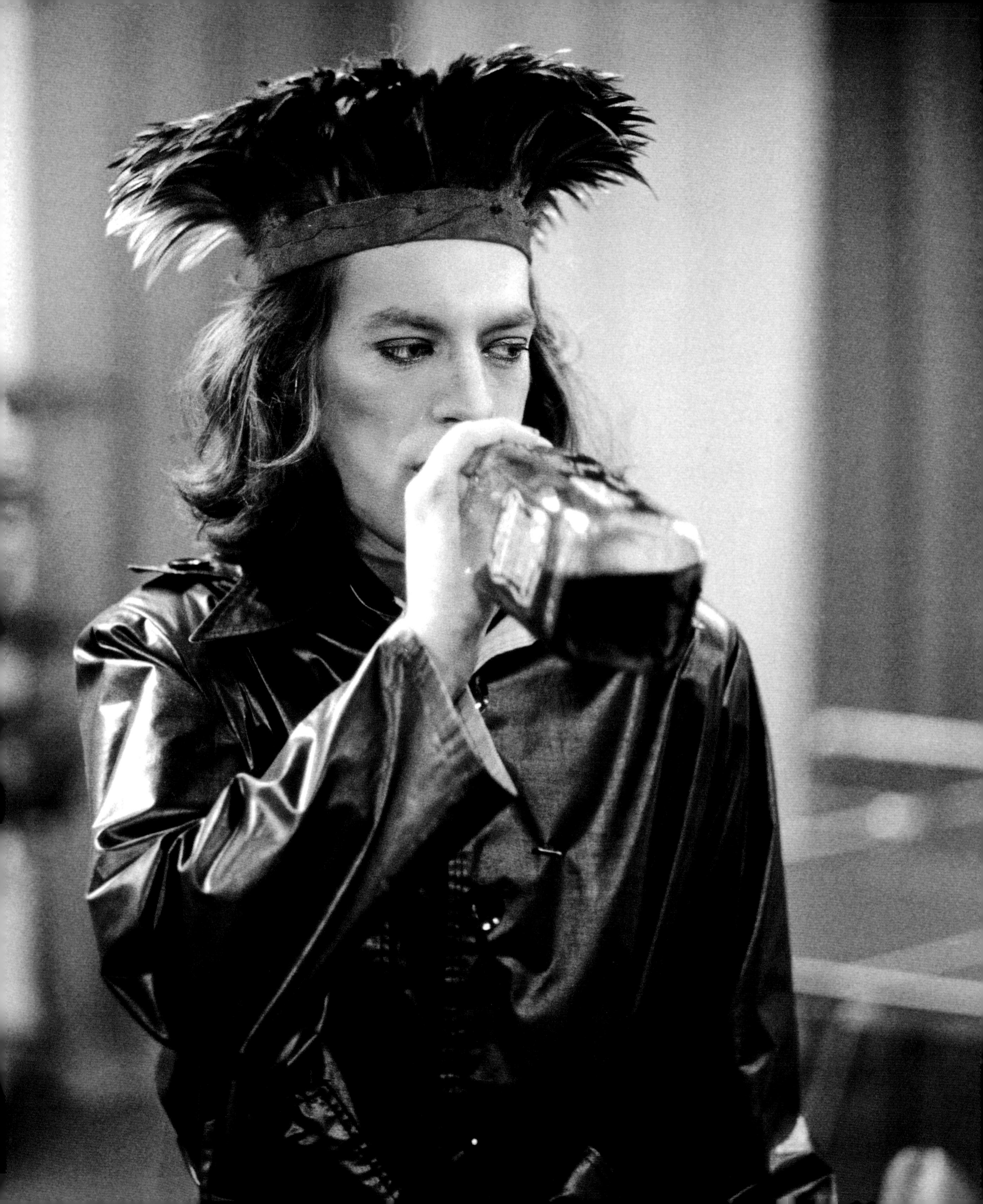

124 Alles aufgegelt: In einem Plastikregenmantel und mit Federhaarschmuck nimmt Mick einen Schluck Bourbon hinter der Bühne. Sommertour durch Nordamerika 1975.

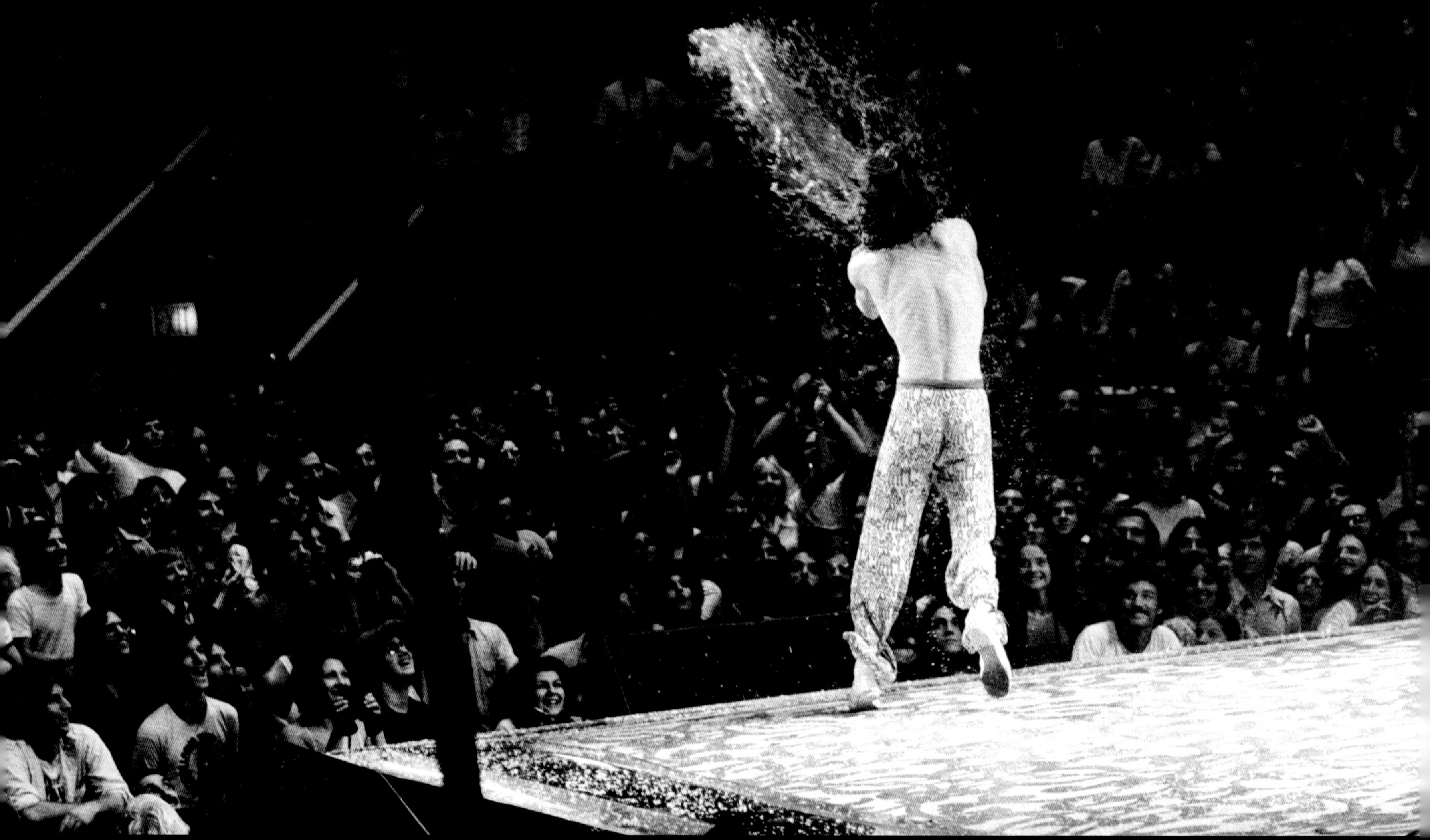

126 und 127 Cool it down: Mick verpasst den Leuten in der ersten Reihe eine erfrischende Dusche. Six-Night-Stand in Madison Square Garden, New York, Juni 1975.

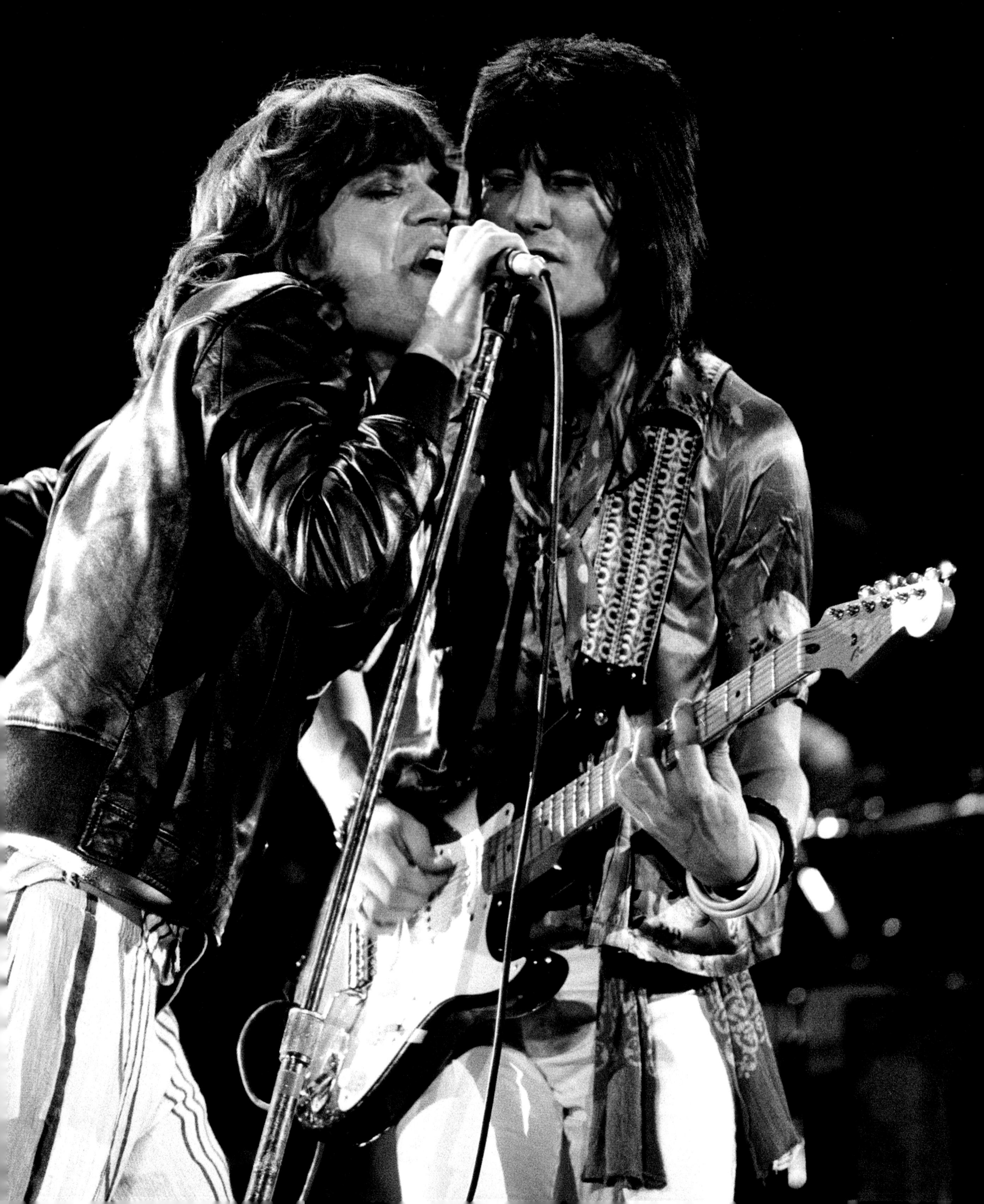

128 und 129 Aller Augen sind auf dich gerichtet: Mick und der neue Stones-Gitarrist Ron Wood in der Hemisfair Plaza Arena in San Antonio, Texas, 1975.

MICKJAGGER

130 Ich bin ein Affe: Mick schwingt sich mit dem Seil auf die Bühne in Kanadas

131 Hey du, geh mir aus der Sonne: Mick weicht vom Mikro zurück im Hughes Stadi-

133 Abwarten: Mick auf dem Sprung zum Abendessen in der Festhalle

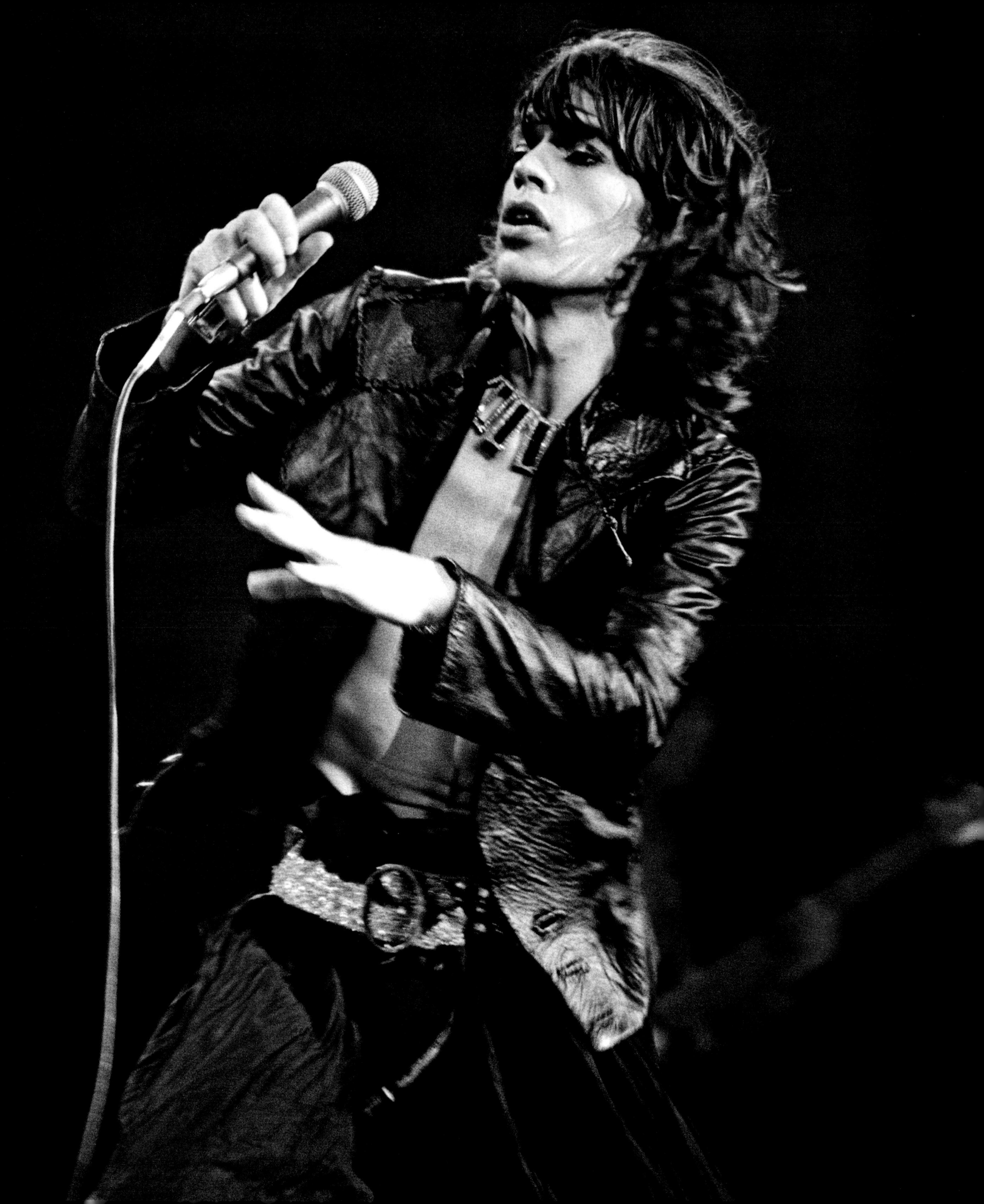

ICH GLAUBE, MEINE MORALISCHEN WERTE SIND ZIEMLICH VERSCHWOMMEN, WIE BEI DEN MEISTEN MENSCHEN.

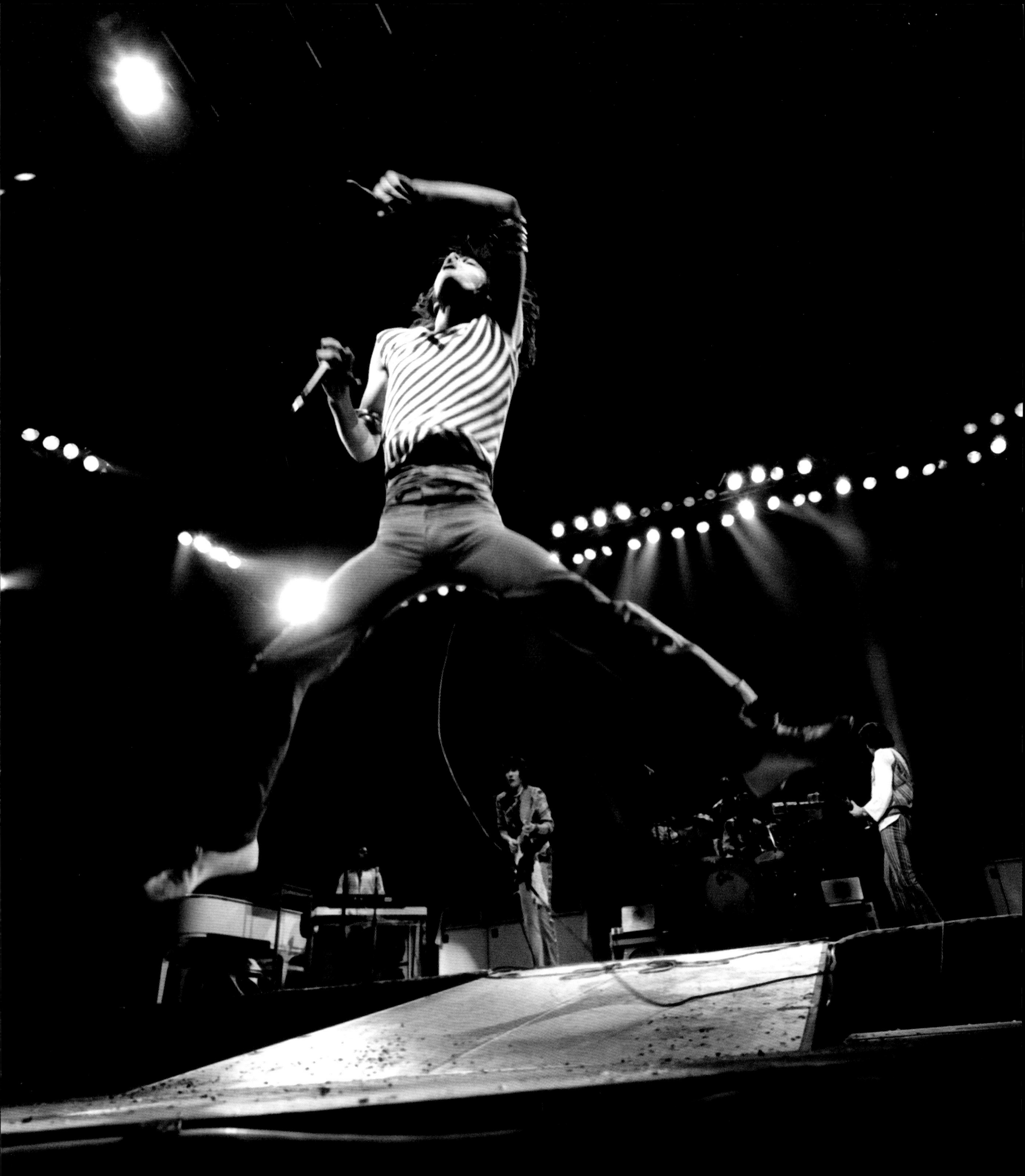

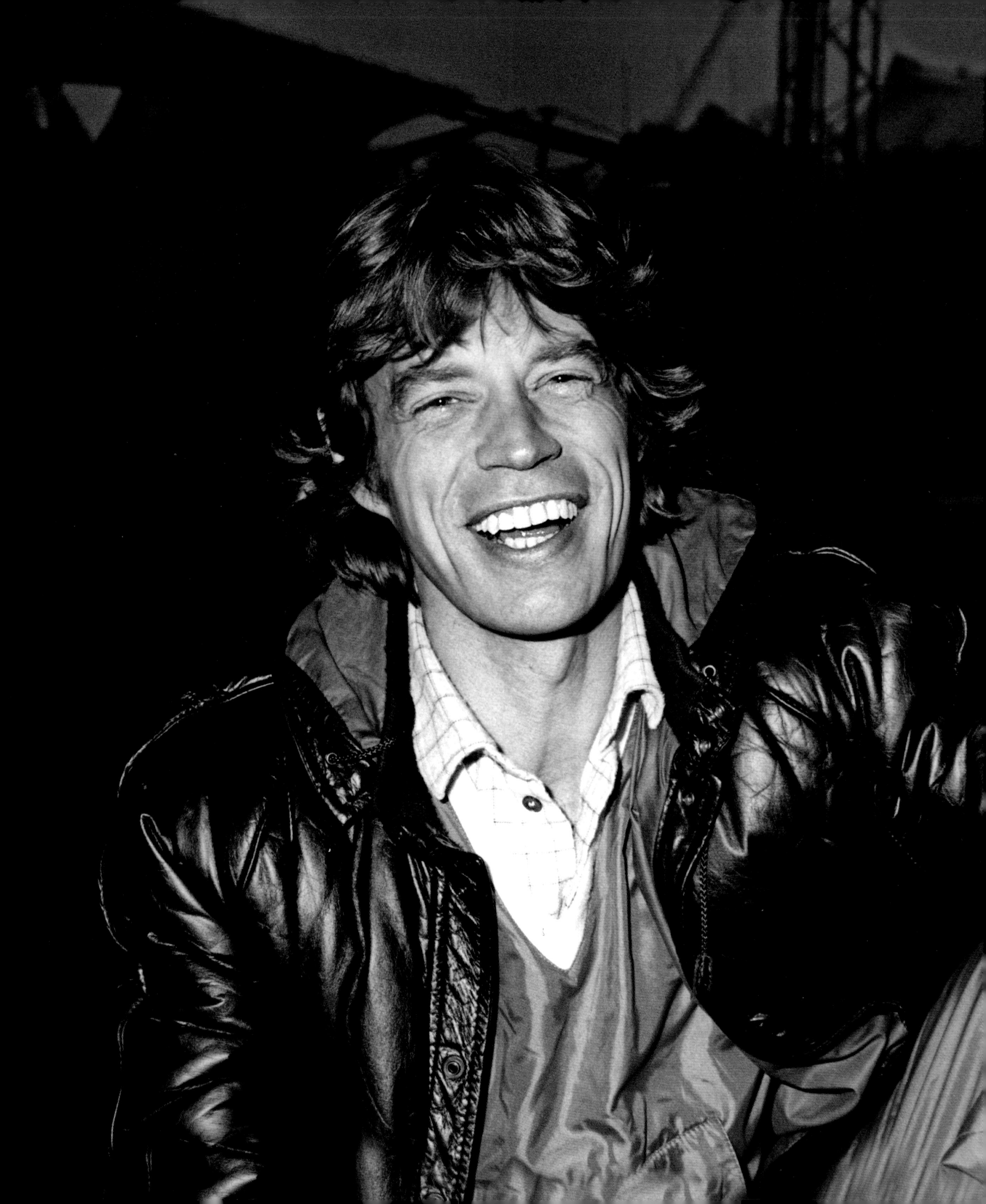

134-135 Auf der ganzen Linie: Entspannt und unbeschwert lacht Mick in die Kamera vor einem Auftritt im Münchner Olympiastadion 1982.

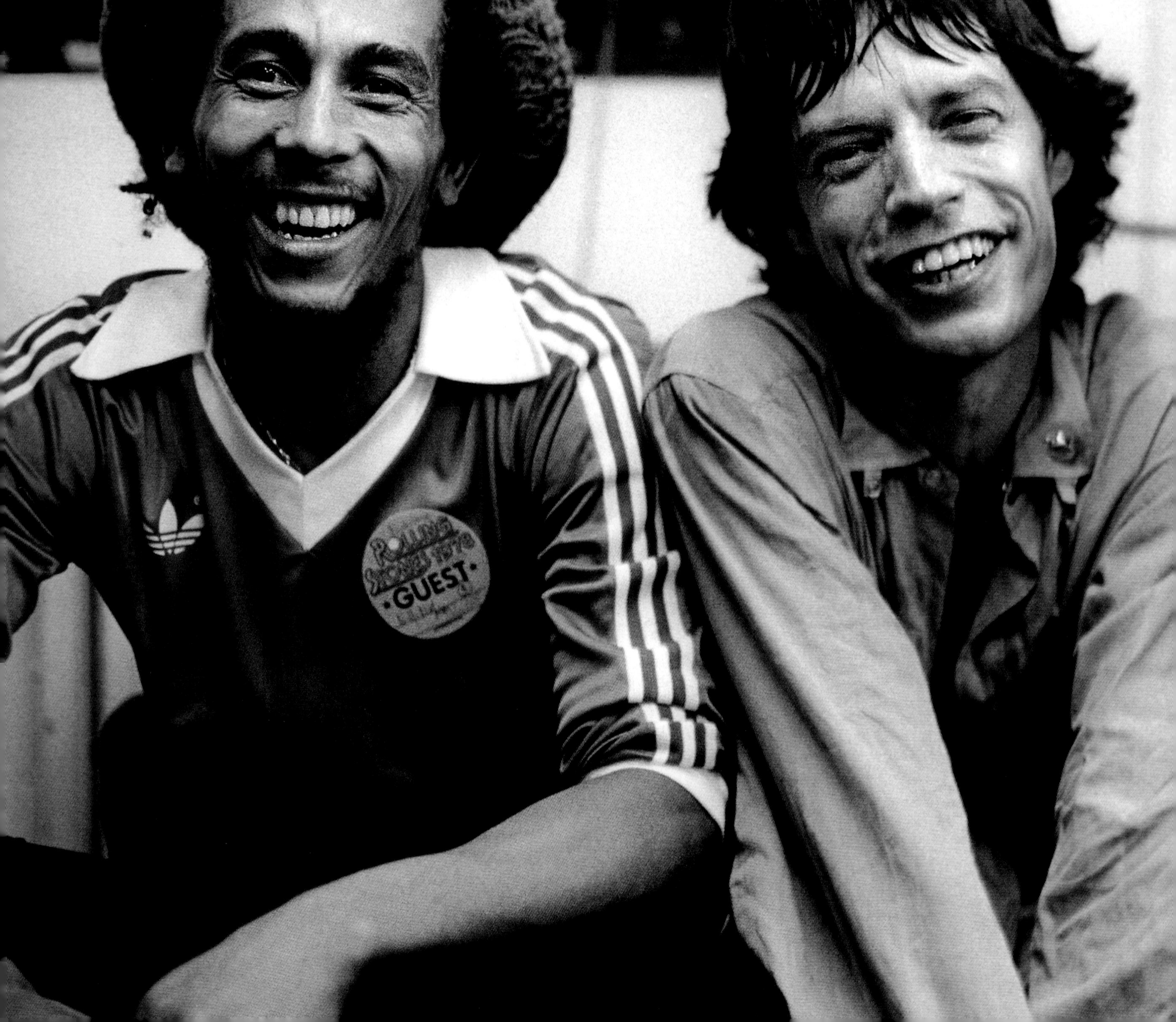
GUEST

BOB MARLEY
MICK JAGGER
PETER TOSH

136-137 Rastaman Vibrations: Mick mit den jamaikanischen Reggaestars Bob Marley (links) und Peter Tosh (rechts), New York 1978.

KEITH RICHARDS

138 und 139 Mick (auf dem Boden) und Keith (auf dem Bett) lachen über einen Witz während der Aufnahmen für ein Video in New York, 1978.

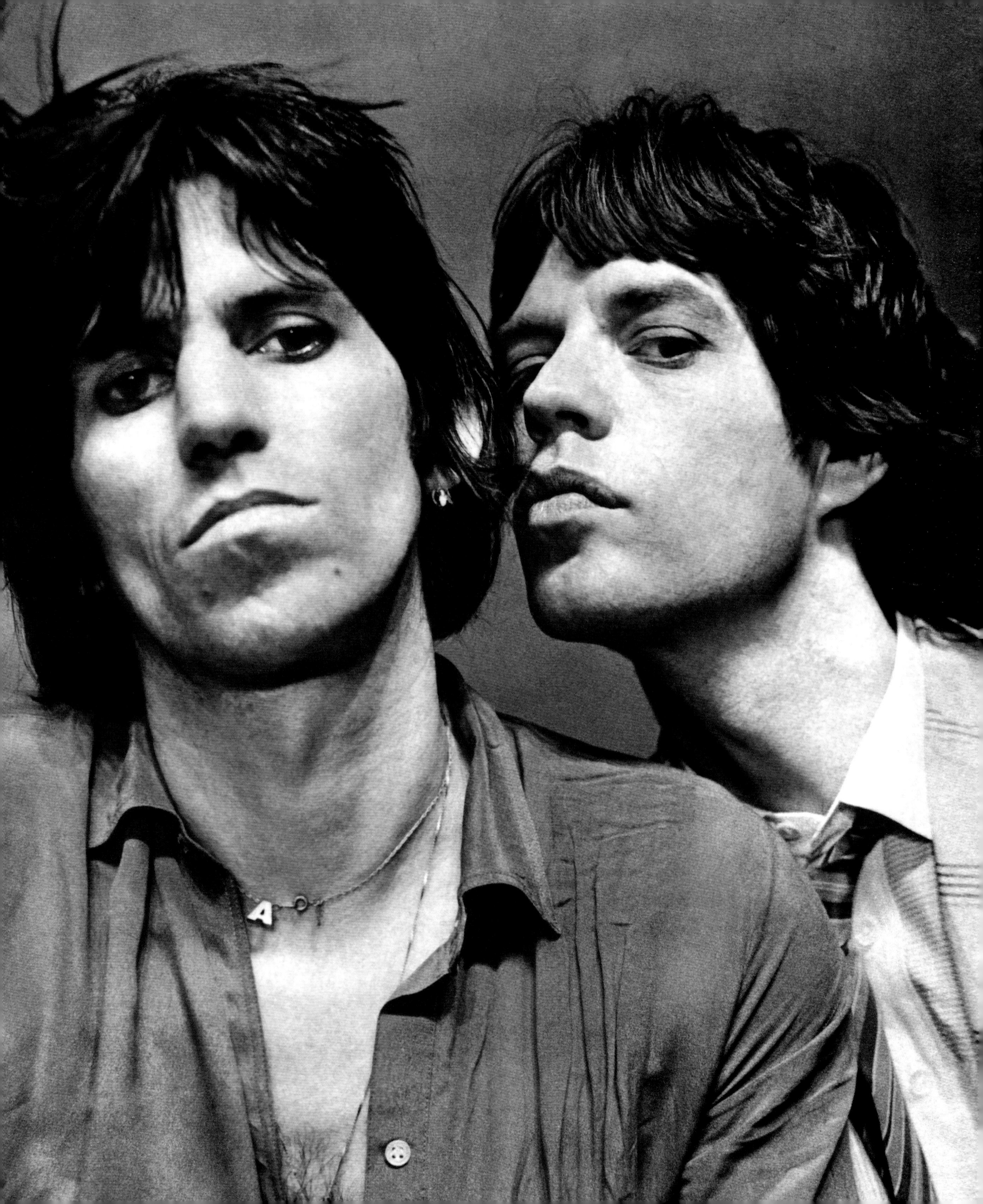

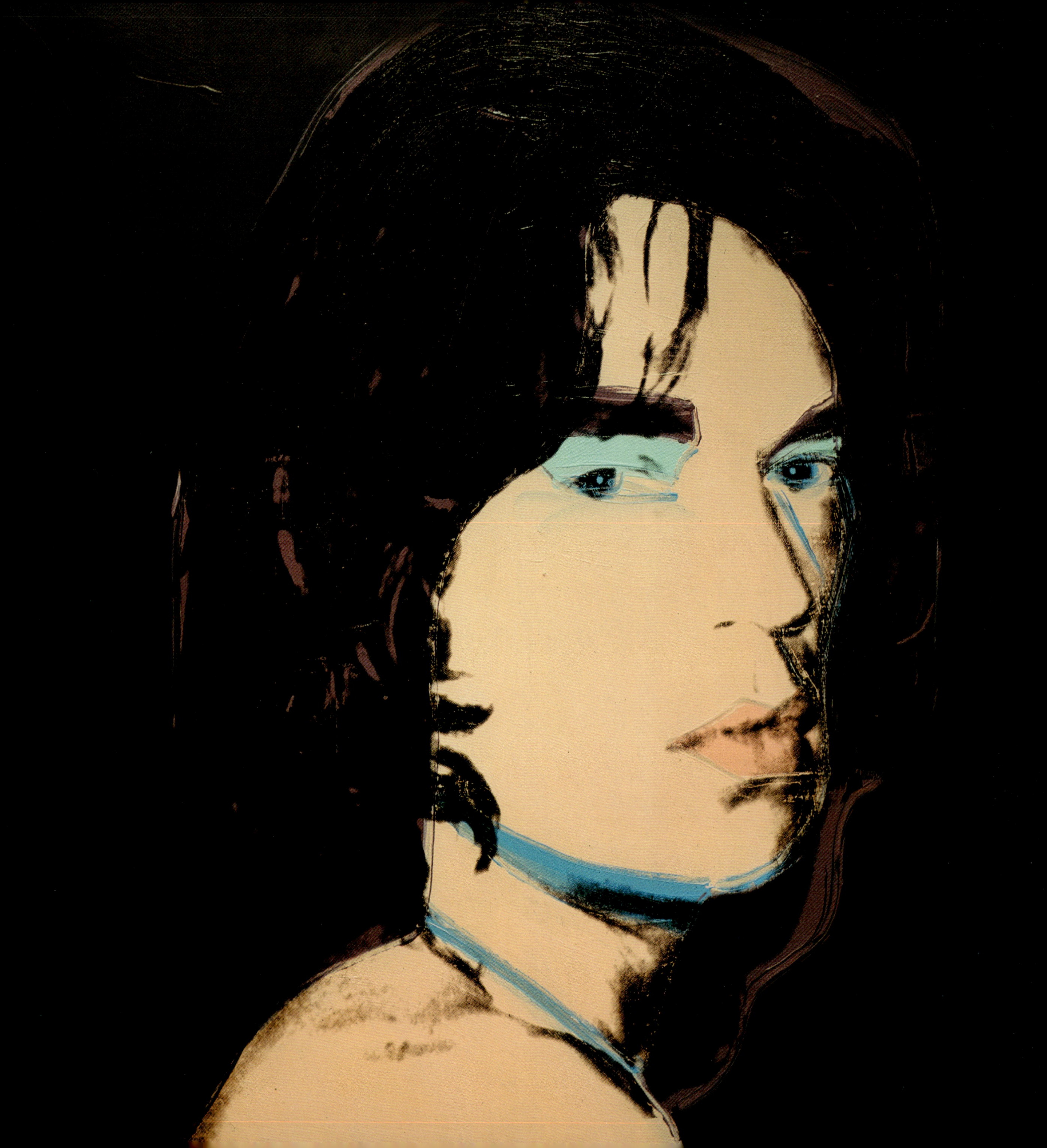

mj

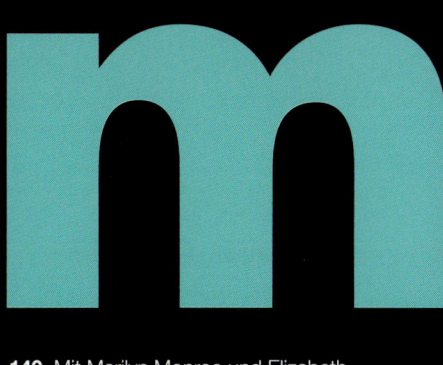

140 Mit Marilyn Monroe und Elizabeth Taylor in einer Reihe: Andy Warhols Porträt von Mick Jagger, Tinte und Acryl.

142-143 Er hat es geschafft: Mick strahlt über das ganze Gesicht bei der Veröffentlichung seines ersten Soloalbums „She's the Boss", 1985.

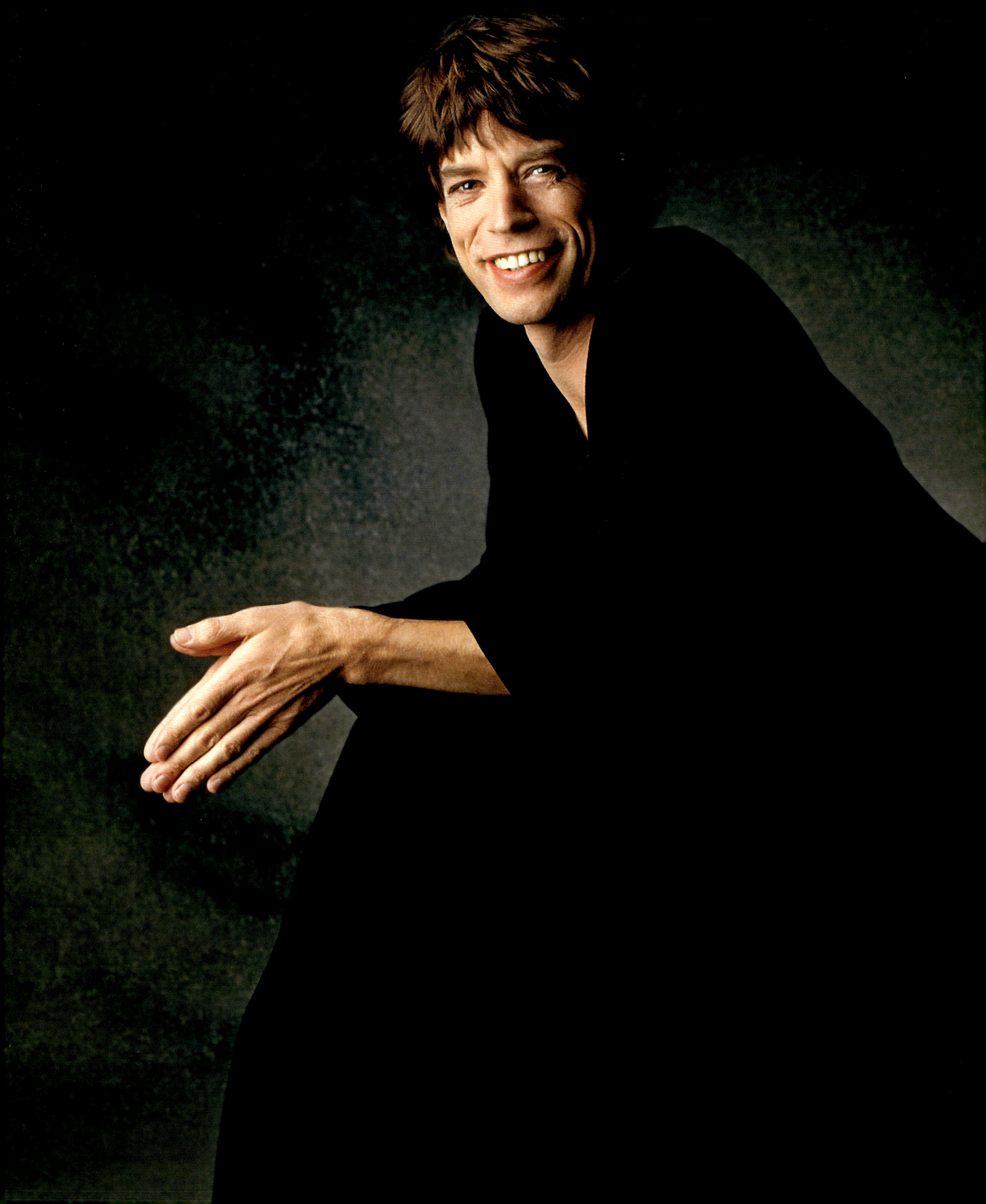

OFFENBAR BEDEUTET, IN EINER ROCK AND ROLL BAND ZU SEIN, DASS MAN JUGENDLICHER IST, ALS WENN MAN IN EINER FIRMA ARBEITET, IN DER MAN SICH SORGEN UM DIE ZUKUNFT MACHEN MUSS. ICH SORGE MICH NICHT UM MEINE ZUKUNFT. ICH LEBE MEINE JUGENDTRÄUME STÄNDIG.

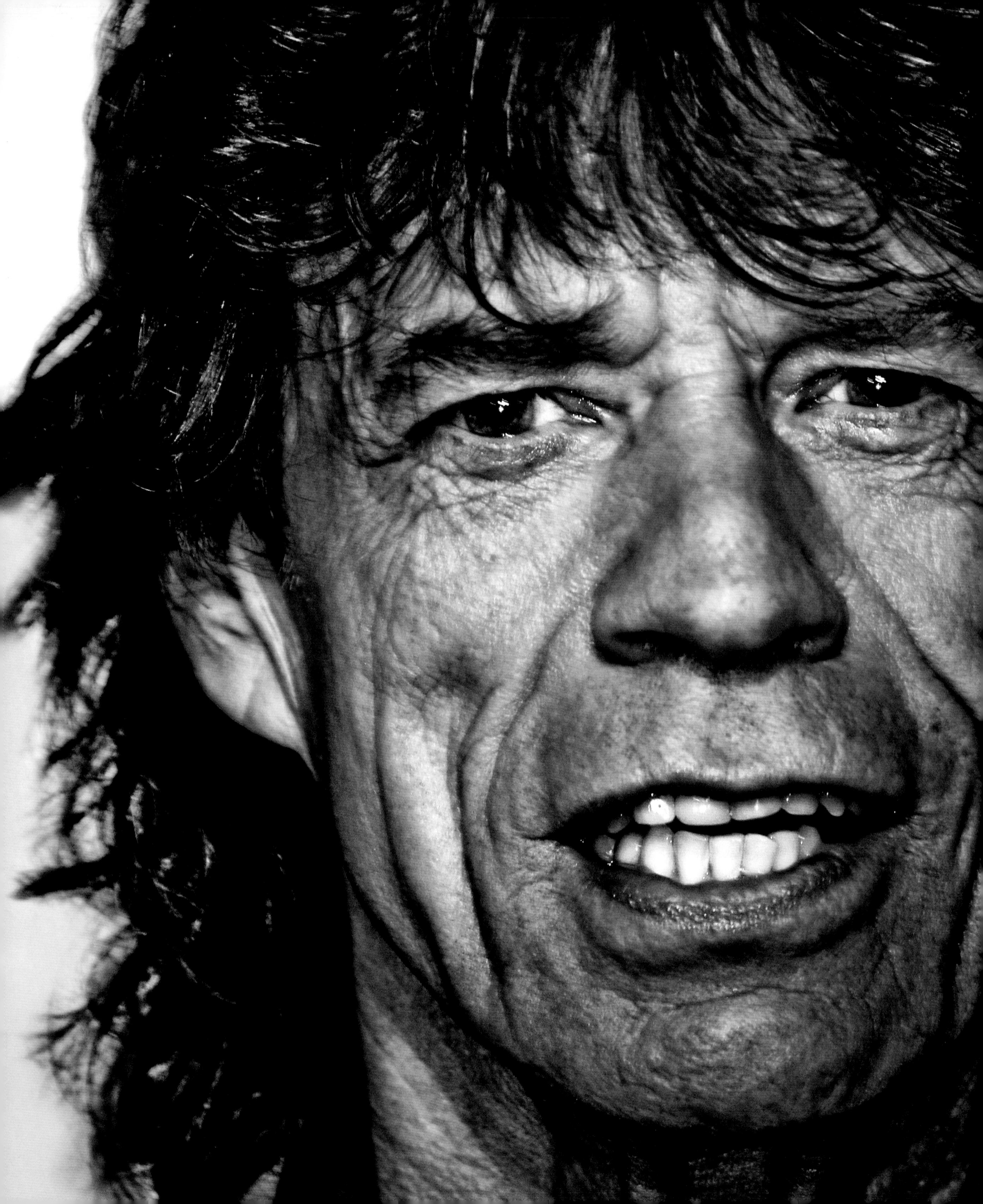

TEIL VIER: HOW CAN I STOP?

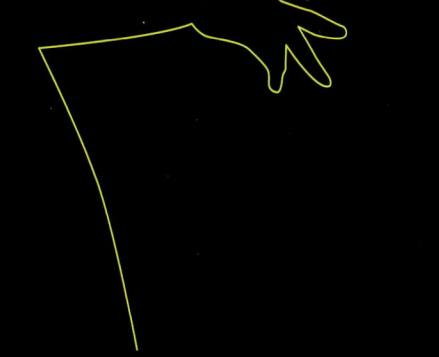

EIN RITTER, EIN ÄLTERER POLITIKER – UND IMMER NOCH EIN FILOU

1981 veröffentlichten die Stones ihr 22. Album in England, das 26. in den USA: „Tattoo You". Ausgekoppelt worden war die Single „Start Me Up" mit einem Riff von Keith, sie brachte die LP für neun Wochen auf Platz eins in Amerika – länger war nie ein Album in der Geschichte der Stones auf Platz eins. Ironischerweise war eine große Zahl der Tracks Übernahmen aus Sessions für das vorherige Album von 1980, „Emotional Rescue", das eingespielt wurde, als die Band auf positive Energie zurückgreifen konnte, die ihnen die Rezeption von „Some Girls" gebracht hatte. Innerhalb der nächsten zwei Jahre unternahm die Band zwei große Tourneen, die erste durch die USA und Kanada, die zweite ging durch England und Rest-Europa. Immer der clevere Geschäftsmann, schaffte es Mick dank des kommerziellen Erfolges der letzten beiden Studioalben und der Tourneen, einen neuen Plattenvertrag mit Sony Music auszuhandeln. Außerdem schloss er einen separaten Vertrag über Veröffentlichungen als Solokünstler ab. Ende 1983 waren Jagger und Richards 40 geworden und hatten im Privatleben neue Wege beschritten: Mick hatte einen sicheren Abstand gewonnen zu seiner einschneidenden Scheidung von Bianca. Obwohl man keine genauen Zahlen kennt, wurde von einem „breiten Lächeln" berichtet, das Bianca anlässlich der finanziellen

144 Mannish Boy: Trotz Falten im Gesicht umgibt Mick noch immer eine jugendliche Aura, wie die Aufnahmen von 2008 zeigen.

146 Mick zwischen Ron und Keith bei einem Presseempfang im New Yorker Danceteria Club anlässlich des Erscheinens von „Emotional Rescue", Juni 1980.

147 Micks Eltern Joe und Eva Jagger (links) zusammen mit Jerry Halls Mutter (rechts) bei der Taufe von Jaggers Tochter Elizabeth, Juni 1994.

Absicherung, die ihr die im November 1980 ausgesprochene Scheidung einbrachte, im Gesicht hatte. Er und Jerry Hall lebten schon seit Jahren zusammen und erwarteten die Geburt ihres ersten Kindes. Und Keith, der endlich „das Laboratorium" seiner Heroinabhängigkeit „geschlossen hatte" und mit ihm seine Beziehung zu Anita Pallenberg, hatte seine neue Liebe geheiratet, Jerry Halls Freundin und Model Patti Hansen, eine geborene New Yorkerin.

Die Dinge schienen sich für Mick und Keith außerhalb der Bühne gut zu entwickeln – Mick war Trauzeuge bei Keith und Pattis Hochzeit in Mexiko – doch auf musikalischem Gebiet bewegten sie sich in verschiedene Richtungen. Keith hatte nebenbei an einigen Projekten mit Ron Wood gearbeitet, die sich an seinen Four-on-the-Floor Rock 'n' Roll anlehnten, während Mick sich immer mehr für die Art von tanzbarem Rock interessierte, die gerade bei dem neuen Sender MTV favorisiert wurde. Im März 1984 brachte Jerry Hall ein Mädchen, Elisabeth, zur Welt. Mick hielt sich gegen Ende des Jahres in Nassau auf den Bahamas für Aufnahmen für sein Soloalbum auf. Er spielte ein Duett mit Michael Jackson („State of Shock") ein, das sich zu einem Hit entwickelte, aber zwischen ihn und den Rest der Stones einen Keil trieb. Das Ausmaß der Spannungen zeigte sich in Amsterdam,

148 Brown Sugar, wie machst du es, so gut zu tanzen? Tina Turner mit Mick beim Live Aid Konzert „We Are the World" in Philadelphia, Pennsylvania, Juli 1985.

als Mick Charlie Watts um fünf Uhr morgens im Hotel anrief und fragte: „Wo ist mein Schlagzeuger?" Einige Minuten später klopfte Watts an die Tür von Jaggers Zimmer und schlug ihm auf die Nase. „Nenn mich nie wieder deinen Schlagzeuger. Du bist mein verdammter Sänger!", schnauzte er.

Im Jahr 1985 wurde Jaggers Soloalbum „She's the Boss" veröffentlicht. Unterstützt von einem ansprechenden Video wurde die ausgekoppelte Single der LP, „Just Another Night", ein beachteter Hit und die Aufnahme erhielt Platin. In diesem Sommer nahmen Mick und Bowie mit dem alten Hit von Martha and the Vandellas Motown „Dancin' in the Street" am Benefizkonzert Live Aid zur Unterstützung der Hungernden in Afrika teil. Und wieder mit Hilfe eines ausgestrahlten Videos wurde die Aufnahme ein Hit. Dann trat Mick mit einem Solo Act beim Live Aid Konzert auf, dort sang er mit Tina Turner zusammen „Honky Tonk Woman", während Keith und Ron Bob Dylan bei seinem Auftritt unterstützten. Der Sommer 1985 endete mit der Geburt von Micks zweitem Kind, Micks erstem Sohn James – eigentlich hatte Jerry Zwillinge erwartet, doch einer war in den ersten Schwangerschaftsmonaten gestorben – und irgendwie rauften sich die Stones wieder zusammen und sammelten genügend neue Lieder für ihr nächstes Album, „Dirty Work".

Kurze Zeit später erfuhr die gesamte Band einen Verlust, als ihr „sechstes Mitglied", Keyboarder und Road Manager Ian Stewart, nachdem er sich wegen Atemproblemen entschlossen hatte, einen Herzspezialisten aufzusuchen, zusammenbrach und noch in der Arztpraxis an einem Herzschlag starb. Er war gerade mal 47 Jahre alt. „Ich dachte, er sei derjenige, der die Grabschaufel halten würde, derjenige, der uns alle beerdigen würde", sagte Keith. „Wer sagt uns nun, wann wir uns schlecht benehmen?"

„Dirty Work" erschien im Frühjahr 1986. Der einzige Hit war noch kein Original, sondern eine Coverversion des Rock 'n' Roll Titels aus den frühen 60ern „Harlem Shuffle". Die Platte kam mit Verzögerungen auf den Markt, weil die Gruppe es versäumte, damit auf Promotiontour zu gehen, denn Mick wollte sich auf seine Solokarriere konzentrieren. Vor allem Keith war verletzt und begann in Interviews, Mick als „Brenda Jagger" zu bezeichnen und als „Opfer von LVS: lead vocalist syndrom". Dann war Keith selbst dabei, an einem Soloalbum zu arbeiten. Als er seine zweite Solo-LP „Primitive Cool" beendet hatte, stellte Mick eine Band zusammen und ging auf Tournee durch Australien und trat in Japan auf. Doch trotz alledem, Mick tat sein Bestes, um Kontroversen zu vermeiden. „Die anderen Stones denken wahrscheinlich, dass es möglicherweise das Ende der Stones bedeutet, wenn die Soloalben gut laufen. Es ist etwa so, als ob man eine Ehefrau und eine Geliebte hat. Die Geschichte der Stones ist eine lange Ehe."

Endlich entschlossen sich Mick und Keith im Januar 1989 zu einem Treffen auf Barbados, um einige Dinge zu klären. Und schnell wurde klar: Am Anfang gab es nur sie und niemanden sonst.

Bei dieser Aussprache wurde ihnen bewusst, dass das Band, das sie zusammenhielt, noch intakt war. Danach flogen sie nach New York, um an der Zeremonie, bei der die Stones in die Rock 'n' Roll Hall of Fame aufgenommen wurden, teilzunehmen. Neu aufgeladen, begannen sie die Arbeit an einem neuen Studioalbum in Montserrat. Herzstücke des Albums „Steel Wheels", das im Frühjahr beendet wurde, waren die beiden Songs von Jagger und Richards „Mixed Emotions" und „Rock and A Hard Place". Dann kündigte die Band eine umfangreiche Tour durch Nordamerika an. Sie wollten das aufwendigste Bühnenbild haben – es brauchte etwa 400 Techniker und über 50 Lkw, um ihre Blade-Runner ähnliche futuristische Werksausstattung auf-, abzubauen und zu transportieren. Bei der Stadiontour war es wieder Mick, der für Schwärmereien sorgte, und er erhielt sie von keinen mehr als von seinen eigenen Bandkollegen. „Mick rannte jede Nacht vier Meilen", erzählte Charlie über die nächtlichen Workouts seines Sängers. Im Februar kehrte Mick mit dem Rest der Stones nach Japan zurück, um in Tokio zehn Konzerte zu geben, und im folgenden Sommer fuhr die Band für drei Monate kreuz und quer durch Europa. Zu dieser Tour gehörte ein historischer Auftritt vor mehr als 100 000 Menschen in Prag, nur wenige Monate, nachdem das Land sich vom kommunistischen Regime befreit hatte. Die Schlagzeilen der Zeitungen weltweit lauteten: „Die Panzer fahren heraus, die Stones fahren hinein."

Während die „Steel Wheels" Tourneen erfolgreich verliefen, wurde es in Micks Familienleben kompliziert, als Jerry Hall herausfand, dass er eine Affäre mit Carla Bruni, französisches Model und Schauspielerin, hatte. Bruni hatte Eric Clapton getroffen, der sie zu einem Auftritt der Stones mitnahm und sie Mick hinter der Bühne vorzustellte. „Ich wusste, Carla würde ihm gefallen", sagte Clapton. „Ich habe gesagt ,Bitte, Mick, nicht sie. Ich bin verliebt.'" Aber der war schon dabei, sie zu hofieren. Als Jerry von Micks Affäre erfuhr, wurde sie wütend. Kurz darauf hatten die Frauen eine lautstarke Auseinandersetzung in einer Pariser Hotellobby. Hall trat nach Bruni und schrie: „Lass die Hände von meinem Mann", und Bruni antwortete: „Sag deinem Mann, er soll die Hände von mir lassen!" Als Mick davon erfuhr, ignorierte er die Geschichte zuerst, dann entschied er sich, Bruni wiederzusehen und eine wütende Hall nahm ihre Kinder, zog aus der Londoner Wohnung aus und ging nach Italien. Mick blieb eine Weile auf Distanz, doch dann schickte Hall ihm einen Brief, in dem sie sich dafür entschuldigte, eine Szene gemacht zu haben, und sagte Mick, sie würde seine Seitensprünge akzeptieren, solange sie sein „Nummereins-Girl" bleiben würde. Die beiden versöhnten sich und als Wiedergutmachung bat Mick Hall im November 1990, ihn zu einer traditionellen Hindu-Hochzeit auf Bali zu begleiten.

Man fragte Mick, ob er bei dem Science Fiction Thriller „Feejack" mitspielen wolle, mit dabei waren Stars wie Emilio Estevez, Anthony Hopkins und Rene Russo. Obwohl der Film kein Kassenschlager war, machte er sich als der Bösewicht des Films ganz gut. Kurz nach Beendigung der Dreharbeiten kaufte er ein 26-Zimmer-Haus für Jerry und die Kinder in Richmond Hill. Da Mick noch Steuerflüchtling war, konnte er nie für längere Zeit in England bleiben, und das belastete die Beziehung weiterhin, die sich inzwischen komplett damit abgefunden hatte, dass er wie ein Sexsüchtiger „nicht davon wegkam, sich mit anderen Frauen zu vergnügen."

1991 verließ Bill Wyman die Stones – ein großer Schock für Mick und Keith. Sie beschlossen bis zur Klärung der Nachfolge alle Geschäfte für einige Zeit ruhen zu lassen. Während dieser Ruhepause kam es dazu, dass Mick und Jerry im Januar 1992 ihr drittes Kind, Georgia, bekamen. Danach machte sich Mick an die Arbeit für sein drittes Soloalbum, produziert von dem Amerikaner Rick Rubin, der

mj

151 Mick im Abendkleid als Kabaretkünstler Greta im Film Bent, 1997; (rechts) als Kopfgeldjäger Victor Vacendak in dem Science Fiction Thriller Freejack, 1992.

gerade gute Erfolge mit jungen Rock und Rap acts hatte, wie den Red Hot Chili Peppers und den Beastie Boys. Das Resultat, „Wandering Spirit", wurde 1993 veröffentlicht, erhielt ordentliche Kritiken und bekam Gold. Es verkaufte sich besser als „Primitive Cool" und man hielt es für ein besseres Markenzeichen des ruhelosen Jagger als alles andere. 1994 nahmen die Stones ihr nächstes Album auf, „Voodoo Lounge", mit dem neuen Bassspieler Darryl Jones, der Wymans Platz als Sessionspieler und Bandmitglied eingenommen hatte.

Produziert wurde es mit einem anderen Amerikaner, Don Was, der Mick begeistert hatte und am Mischpult aushalf, und unter einem neuen Label, Virgin Records, das ihre Platten vertrieb.

1997 trat Mick erneut vor die Kameras für eine kleine Rolle in „Bent", in dem er einen homosexuellen deutschen Geschäftsmann spielte, der ein geheimes Leben als Nachtclubkünstler im Berlin der 1930er-Jahre führte. Wieder entpuppte sich der Film als Flop.

Ende des Jahres hießen Mick und Jerry ihr viertes Kind, Gabriel, willkommen, obwohl Mick die Geburt verpasste, da er mit den Stones und deren letztem Album „Bridges to Babylon" auf Tournee war. Nach dem Ende der ausgedehnten 100-plus Tour über vier Kontinente kam Mick nach Hause. Kurz zuvor machten sich Neuigkeiten breit, dass das brasilianische Model Luciana Morad ein Kind von Mick erwartete, der sie bei einem Stones-Auftritt in Rio de Janeiro kennengelernt hatte. Für Hall war dies „das, was das Fass zum Überlaufen brachte … Ich hatte mich mit den Treulosigkeiten abgefunden, aber mit einer anderen Frau ein Kind zu haben, das war zu viel." Lucas, geboren im Mai 1999, war das Letzte von Jaggers sieben Kindern.

Hall reichte nach 20 Jahren die Scheidung ein und erhielt mehr als zehn Millionen Pfund in bar sowie die Londoner Wohnung. „Er braucht eine Menge Aufmerksamkeit, und ich war nicht immer bereit, sie ihm zu geben", reflektierte sie Jahre später.

Zu Beginn des neuen Jahrhunderts sah man Jagger erneut in einer Filmrolle auftauchen, diesmal als Darsteller neben Andy Garcia und Anjelica Huston, wo er eine männliche Prostituierte spielte, die zum Zuhälter wird. Der Film von 2001 hieß „The Man From Elysian Fields". Obwohl er diesmal vielleicht gehofft hatte, dass es bei diesem sprichwörtlichen dritten Mal besser klappen würde, war es nicht so; der Film war ein kaum gespielter wirtschaftlicher Flop.

Während die Stones bis auf Weiteres keine Alben aufnahmen, spurtete der ruhelose Mick voran mit einer weiteren Soloarbeit, „Goddess in the Doorway", mit Leihgaben von Bono von U2, Pete Townshend von The Who, Joe Perry von Aerosmith, Lenny Kravitz und Missy Elliott. Das Album brachte keinen einzigen Hit hervor und kam auch nicht unter die ersten 30 der Charts in England oder USA.

Mick und Keith trafen sich, um einige Songs für das Concert For New York City einzuspielen, das anlässlich des terroristischen Anschlags vom 11. September stattfinden sollte. Bei dieser Gelegenheit erörterten die beiden Pläne zur Feier des bevorstehenden vierzigjährigen Bestehens der Stones 2002. Das Ergebnis war die Doppel-LP „Forty Licks", die neben wenigen neu aufgenommenen Songs etwa drei Dutzend Stones Klassiker enthielt, gefolgt von einer weiteren großen Tour der Band rund um die Welt im Jahr darauf, bei der ihr erstes Konzert in Hongkong stattfand.

Im Dezember 2003 war Mick in den Buckingham Palast geladen, um die Ehre entgegenzunehmen, zum Ritter geschlagen zu werden. Wahrscheinlich wegen Micks Ruf als ewigem Bad Boy des Rock, hielt sich Königin Elisabeth von der Zeremonie fern, und ließ sie stattdessen ihren Sohn, Prinz Charles, durchführen. Mick zeigte bei dieser Feierlichkeit Frech- und Respektlosigkeit: Er trug einen langen roten Schal, einen gestreiften Anzug mit Lederrevers und Sneakers. Während Keith den Schlag zum Ritter missbilligte – „Nur weil sie dich fragen, heißt das noch nicht, dass du es annehmen musst", wie er gegenüber der Presse schnaubte – sah Mick in Richards Reaktion Eifersucht. „Er benimmt sich ein bisschen wie ein nörgelndes Kind, das kein Eis bekommen hat", scherzte er. Langjährige Freunde wussten es: Bei allem Spott, sich als Aristokrat bezeichnen zu können, schmeichelte es Micks Eitelkeit; er nahm diese Ehre mit großer Freude an. Es dauerte bis 2005, dass die Rolling Stones „ A Bigger Bang" vorlegten, ihre erstes Album mit komplett neuen Songs nach fast acht Jahren und ihre 28. Studioproduktion überhaupt.

Wieder arbeiteten sie mit dem zuverlässigen Co-Produzenten Don Was zusammen und zeigten sich mit der mutigsten Musik, die die Band seit den späten 1970ern veröffentlicht hatte, dazu gehörten Rock-Songs wie „Look What the Cat Dragged In" und "Oh No Not You Again", bluesige Stücke wie „Back of My Hand" und sogar verschiedene Balladen („Streets of Love", „This Place is Empty"). Die LP wurde von den Kritikern begeistert aufgenommen, die notierten, dass die Stones endlich ihrem Alter entsprechend spielten und dies ziemlich gut. Es gab Anzeichen dafür, dass sich das Geschäft, die Rolling Stones zu sein, grundlegend geändert hatte. Eins war die Tatsache, dass die Fähigkeit der Gruppe, Konzertbesucher anzuziehen, ihre größten Höhepunkte erlebte, als die Band auf Tour ging, obwohl das Album kein wirtschaftlicher Erfolg war.

Sie begann in den USA mit Auftritten im Bostoner Baseballstadion Fenway Park im August 2005 und endete zwei Jahre später mit ihrem Erscheinen in ihrer Heimatstadt London. Die Bigger Band-Tour der Stones enthielt fast 150 Auftritte, verteilt auf verschiedene Stationen weltweit und spielte mehr als eine Halbe Billion Dollar ein – die finanziell erfolgreichste Musiktournee der Geschichte. Während dieser Zeit ereigneten sich einige Schlüsselerlebnisse. Vor Beginn der Tour wurde bekannt, dass Charlie Watts an Krebs erkrankt war, aber ihr einstiger Schlagzeuger bestand darauf, dass sie ihre Pläne verwirklichen sollten. Im Februar 2006 fand das Halbzeit-Konzert der Band beim US Super Bowl Footballspiel in Detroit, Michigan, statt – bei diesem Auftritt sang Mick das einst zensierte Lied „Satisfaction", wobei der Ton aber bei den entsprechenden Zeilen leiser gedreht wurde. Weniger als zwei Wochen später gab die Band in Brasilien, an der Copacabana in Rio de Janeiro, ein freies Konzert, das nicht nur live im Fernsehen übertragen wurde, sondern auch geschätzt fast zwei Millionen Menschen anzog.

Die Stones spielten auch in der Volksrepublik China, obwohl die kommunistische Regierung sie aufforderte, auf die sexuell anstößigsten Lieder wie „Let's Spend the Night Together" und „Brown Sugar" zu verzichten. Im Spätherbst 2006 hatte die Gruppe mehrere Auftritte im New Yorker Beacon Theater, einer kleinen Bühne, wo Direktor Martin Scorsese sie für den Konzertfilm „Shine A Light" mehrfach filmte.

Dann erkrankte Joe Jagger an Lungenentzündung. Mick, dessen Mutter Eva 2000 gestorben war, flog von Las Vegas nach England, um seinen Vater ein letztes Mal zu sehen, bevor dieser im Alter von 93 Jahren starb.

155 You got the silver: Mick bei einem Konzert zum 50. Geburtstag der Band in einem silberfarben glänzenden Jacket, November 2012.

Die Bigger Band-Tour war so gewaltig, dass vermutet wurde, sie wäre das letzte In-Erscheinung-treten von den Stones, aber auch im Jahr 2010 waren sie immer noch nicht vergessen. Wiederveröffentlichungen von zahlreichen alten Stones Alben und Konzertmitschnitten sowie Dokumentationen sorgten für Aufsehen, allen voran die Veröffentlichung einer erweiterten Neuauflage von „Exile on Main Street" im Mai 2010, die fast 40 Jahre nach ihrer Erstveröffentlichung an die Spitze der Charts in England und den USA kletterte. Ebenfalls 2010 erschienen die lang erwarteten Memoiren von Keith Richards, „Life", die sofort zum Bestseller avancierten – man könnte meinen, zumindest teilweise wegen der vielen Stellen im Buch, die Aufnahmen von Keith zeigten, die er von seinem Glimmer-Twin Freund Mick gemacht hatte.

„Ich liebte es, mit Mick herumzuhängen", schreibt er, „aber ich war niemals in seiner Garderobe, ich glaube zwanzig Jahre lang. Manchmal vermisse ich meinen Freund. Wo zum Teufel ist er? ... Er war ein ganzes Bündel von Kerlen. Und er bestimmte, welchen davon man gerade traf. Am Morgen eines Tages entschied er, ob er eher distanziert oder flapsig oder ‚mein Kumpel' sein wollte." Für ihr gesamtes Leben, das sie durch dick und dünn geführt hat, gilt, wie er sagt, wann immer es Schwierigkeiten gibt, „Ich kann dafür garantieren, dass er für mich da ist, wie ich für ihn, denn das steht jenseits aller Auseinandersetzungen." Auch als Mick zum Ritter geschlagen wurde, war seine Reaktion auf Keiths Buch maßvoll und diplomatisch. Einer britischen Zeitung sagte er: „In den 80ern haben Keith und ich nicht viel miteinander kommuniziert. Ich war ziemlich eingespannt in die geschäftlichen Belange der Stones, vor allem weil ich das Gefühl hatte, das sich niemand sonst dafür interessierte. Aber durch das Buch wird klar, dass Keith sich ausgeschlossen fühlte, das ist schade. Ich schlage vor, dass es Zeit ist, weiterzumachen." Keith selbst würde später bemerken: „Es war meine Geschichte und sie ist sehr grob, weil ich es so wollte. Doch mir ist klar, dass ich in einigen Teile davon und auch die Öffentlichkeit Mick wirklich angegriffen haben. Ich bedauere das."

2012 – um ihr 50-jähriges Bandjubiläum gebührend zu würdigen – veröffentlichten die Rolling Stones zwei neue Songs („Doom and Gloom" und „One More Shot") und traten bei verschiedenen spektakulären Konzerten in London und New Yorker Ballungsgebieten auf – Shows mit Höhepunkten wie den Auftritten von Gästen einschließlich der alten Rockveteranen Eric Clapton und Bruce Springsteen, aber auch jungen Hitsängern wie Lady Gaga und The Black Keys. Sogar Ex-Bandkollegen Bill Wyman und Mick Taylor kamen auf die Bühne in England, um sich an den Jubiläumsfeierlichkeiten zu beteiligen.

Anfang 2013 war Mick Jagger mit 69 Jahren noch Gegenstand des öffentlichen Interesses. Das Mick Jagger Centre, eine Einrichtung für darstellende Künste, die er nahe seiner Heimatschule in Dartford gegründet hat, erfüllt ihn mit sehr viel Stolz durch das „Red Rooster Project", einem weiteren Programm in Dartford zur Unterstützung des musikalischen Talents und musikalischen Ehrgeizes der örtlichen Jugend. Der Name ist abgeleitet von dem amerikanischen Bluessong, der 1964 lange Zeit ein Nummer-eins-Hit der Stones war. Und weil man ihn kaum als fürsorglichen Vater kannte, hat Mick es nun übernommen, seine große Familie von sieben Kindern und vier Enkelkindern – jeweils zwei von Marsha Hunts Tochter Karis und Bianca Jaggers Tochter Jade – zumindest halbwegs zusammenzuhalten durch regelmäßige Zusammenkünfte sowie ausgesuchte Trips und Urlaube. Mit einem Nettovermögen von Hunderten von Millionen (US-Dollar), Appartements, Häusern und Villen rund um die Welt, kann er gehen, wohin es ihm gefällt, auch wenn die Paparazzi nicht aufhören, ihn zu verfolgen, um Schnappschüsse einzufangen und Reporter der Boulevardzeitungen nach potenziellen Leckerbissen aus seinem täglichen Leben für die Klatschkolumnen geifern.

Selbstverständlich haben sich auch Micks amouröse Abenteuer in den letzten zehn Jahren gelegt, seitdem er es sich in einer Langzeitbeziehung mit einer anderen langbeinigen amerikanischen Schönheit, L'Wren Scott, bequem gemacht hat. Sie wuchs als Luann Bambrough auf, die adoptierte Tochter einer Mormonenfamilie in Utah, aber mit 18 Jahren war sie zu einem schlaksigen, 1,90 Meter großen Mädchen herangewachsen und ging nach Paris, wo sie in der Modebranche eine Reihe von Jobs von Modeln und Öffentlichkeitsarbeit bis zur Stylistin und schließlich Modedesignerin ausübte. Mick traf Scott bei einem Fotoshooting 2001, da war sie Anfang 30. Obwohl er dann die nächsten Jahre damit zubrachte, dem aufkommenden Starlet Angelina Jolie hinterherzujagen, nachdem diese in den späten 90-ern im Video der Stones zu dem Song „Anyone Seen My Baby" aufgetreten war, schaffte es die amazonengleiche Scott bald, Jaggers ganze Aufmerksamkeit auf sich zu ziehen.

L'Wren war eigenständig. „Sie ist unabhängig und würde niemals Unsinn von jemandem annehmen, egal, wie berühmt er ist", sagte ihre Mutter. Sie baute über die Jahre hinweg ihr eigenes Bekleidungslabel auf, das von Freundinnen wie Nicole Kidman, Ellen Barkin, Madonna und sogar der amerikanischen First Lady Michelle Obama getragen wurde. (Ihr berühmtestes Design ist das imposante „Schuldirektorinnenkleid".) Scott entwarf sogar Micks Outfits für die Shows anlässlich des fünfzigsten Geburtstags der Stones – obwohl sie einräumte, dass, wenn man bedenke, dass er nur fünf Konzerte hatte, um es zu zeigen, sie sich wohl hätte zu sehr hinreißen lassen und zu viel gemacht hätte. Sicherlich schließen sich mit der Tatsache, dass seine Freundin seine Kleidung entworfen hat, für Jagger, der 2013 siebzig Jahre alt wird, einige Kreise. Geht man zurück zu seiner Kindheit in Dartford, liebte Mick es schon damals, sich schön zu kleiden – vor allem mit den Mädchen.

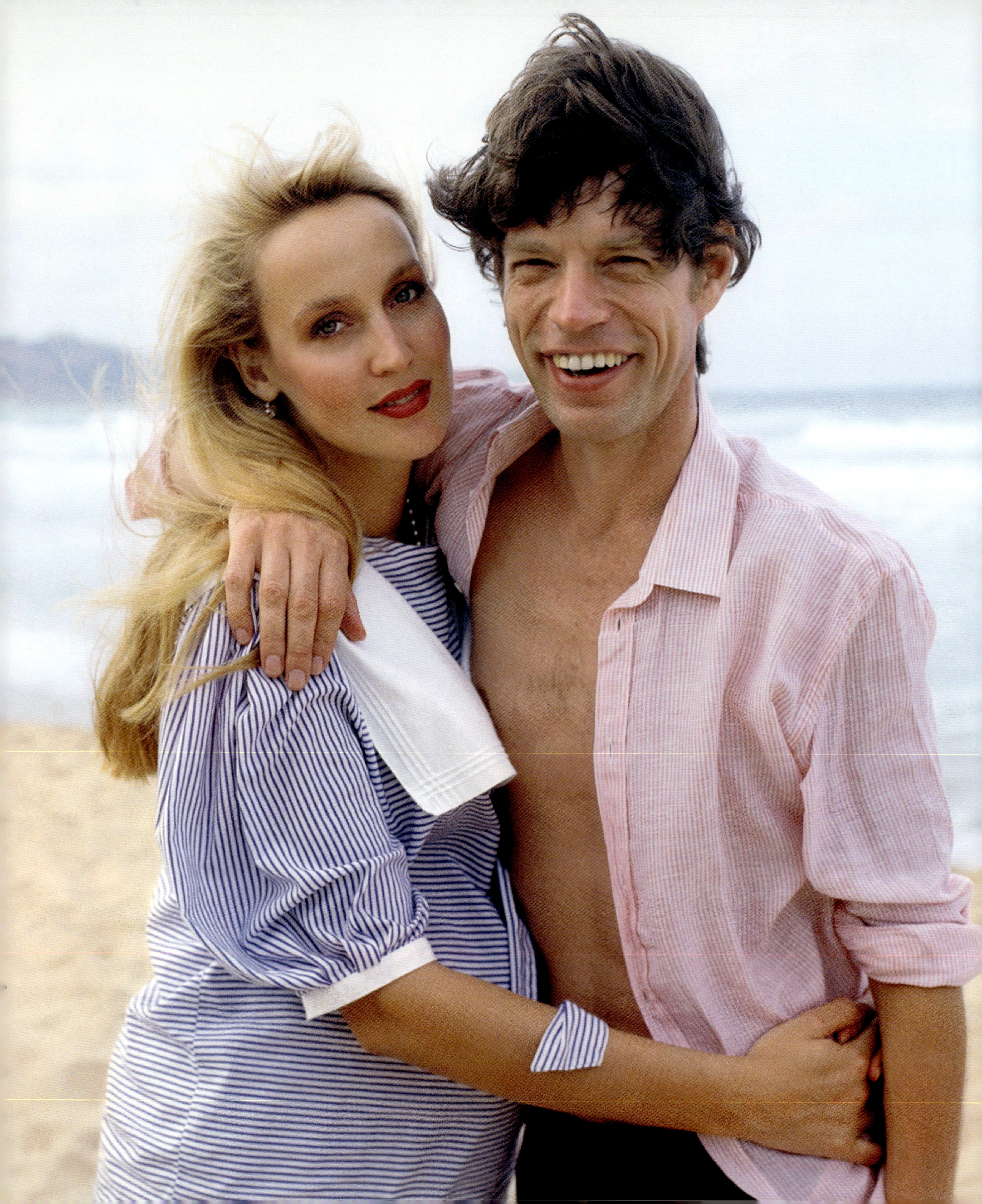

156 und 157 Mick mit Jerry Hall am Strand während eines Urlaubs auf Barbados im Dezember 1983.

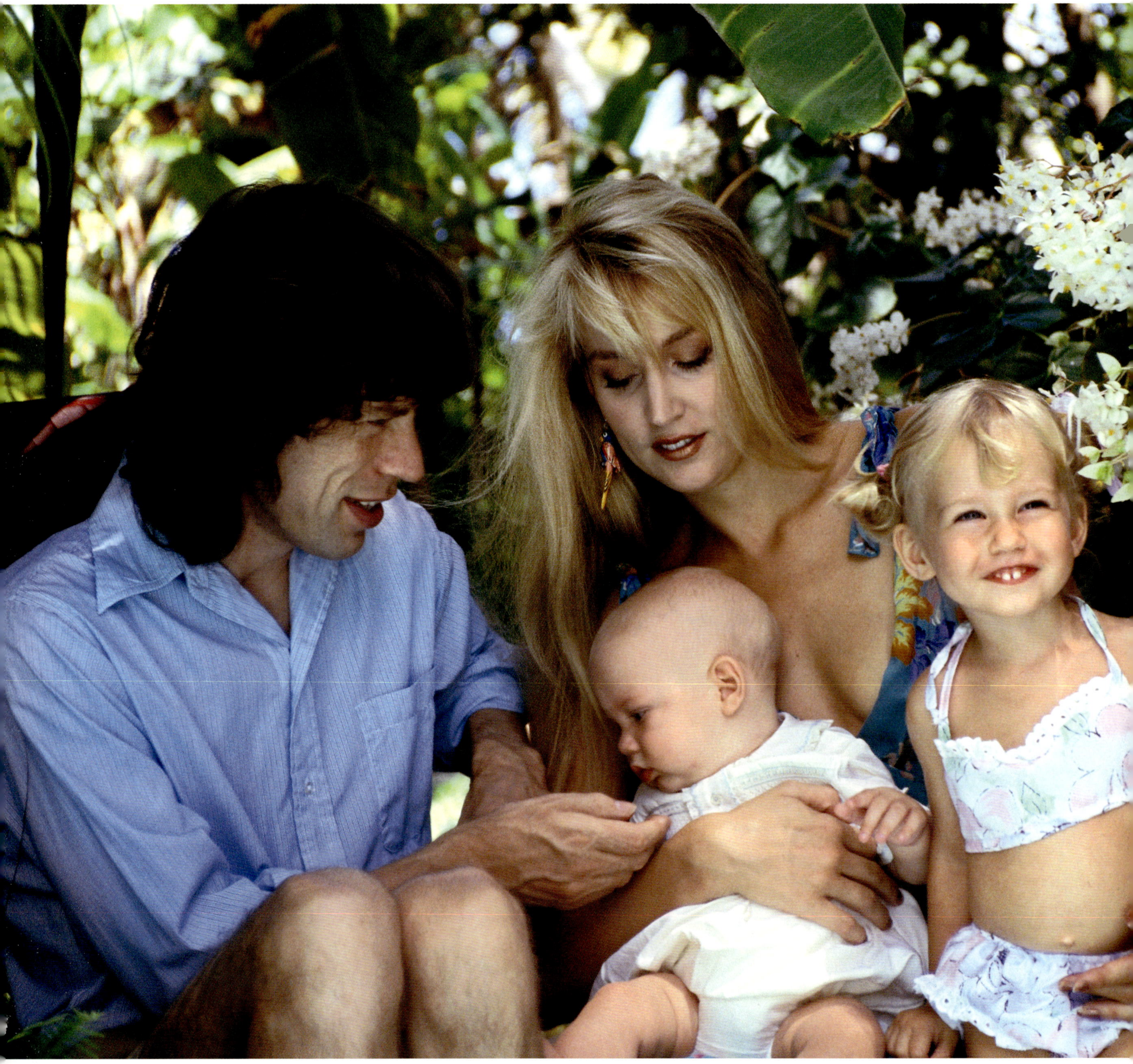

JAMES
ELIZABETH JAGGER

158-159 Mick und Jerry Hall mit Micks erstem Sohn James und der Tochter Elizabeth, 1985.

JERRY HALL

160-161 Sie lächelte ganz zauberhaft: Mick und Jerry vor einer Uraufführung im Pariser Palais de Congrès, November 1980.

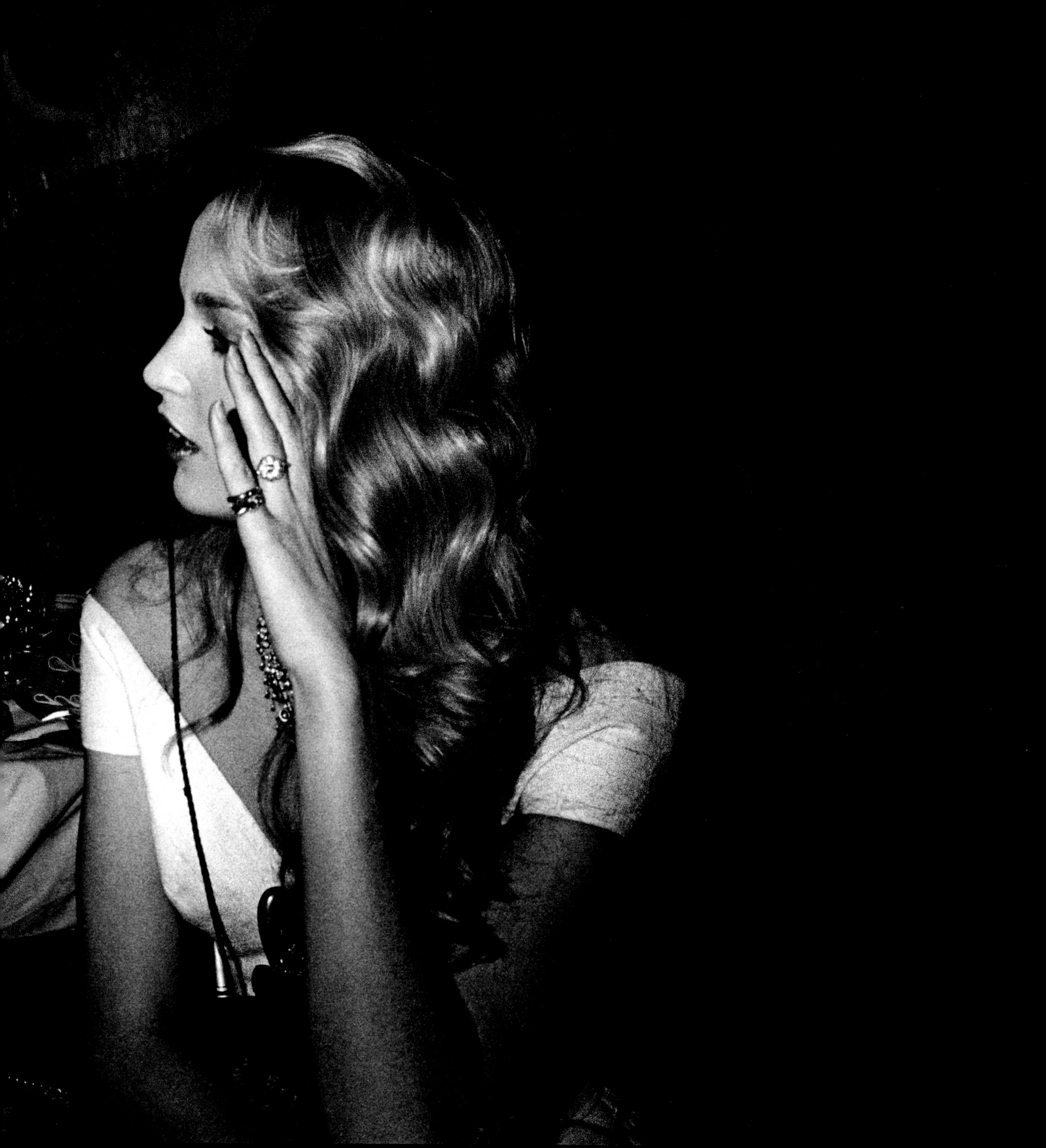

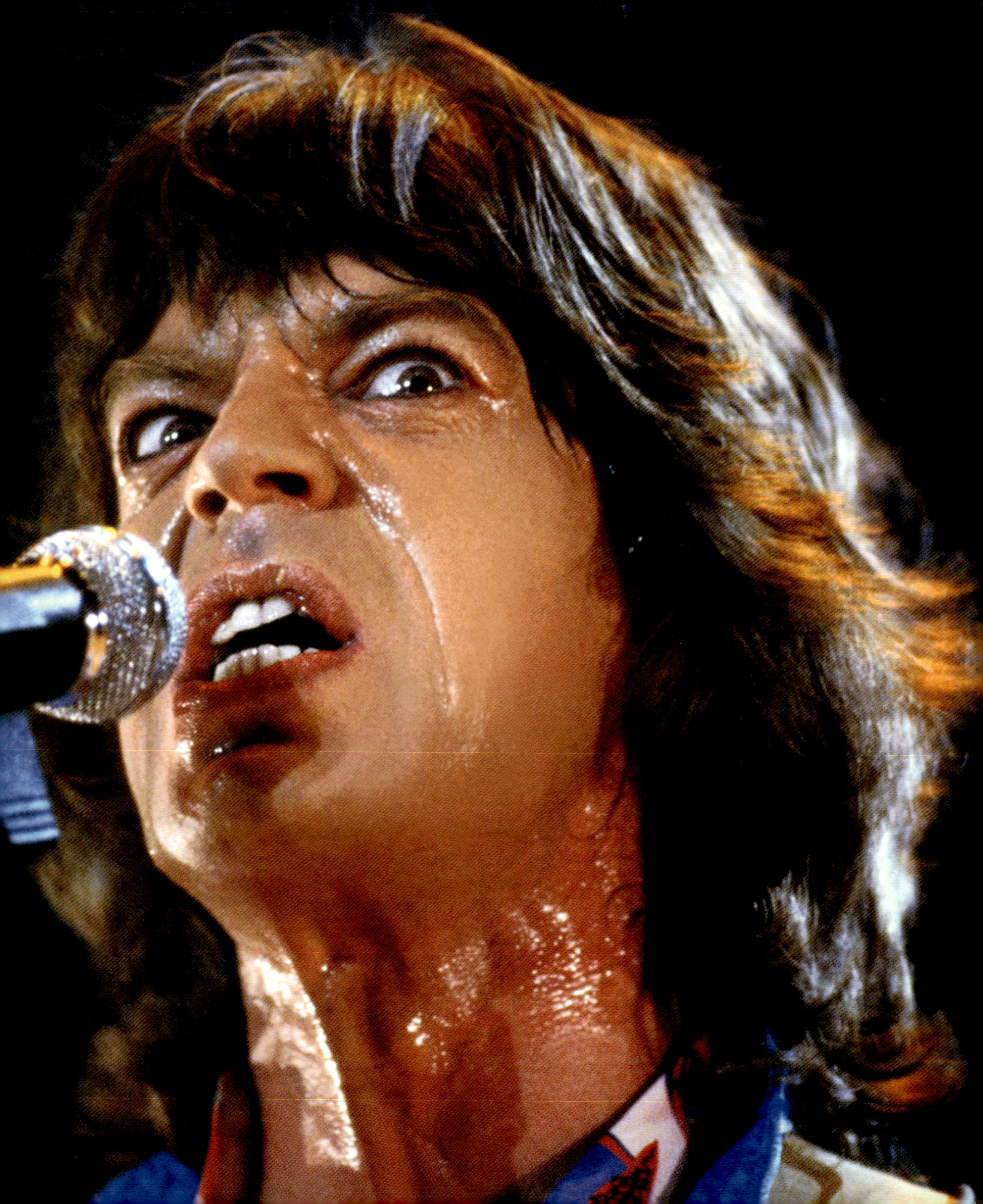

162 Gleich passiert etwas: Mit grimmigem Blick starrt Mick ins Publikum beim Stones Konzert in Washington D.C. 1980.

164 und 165 Ein verführerischer Mick begeistert die Menge in San Franciscos Candlestick Park, 1981.

166-167 Singin' in the rain: Beim Konzert in Den Haag in den Niederlanden 1998 trotzt Mick den Elementen.

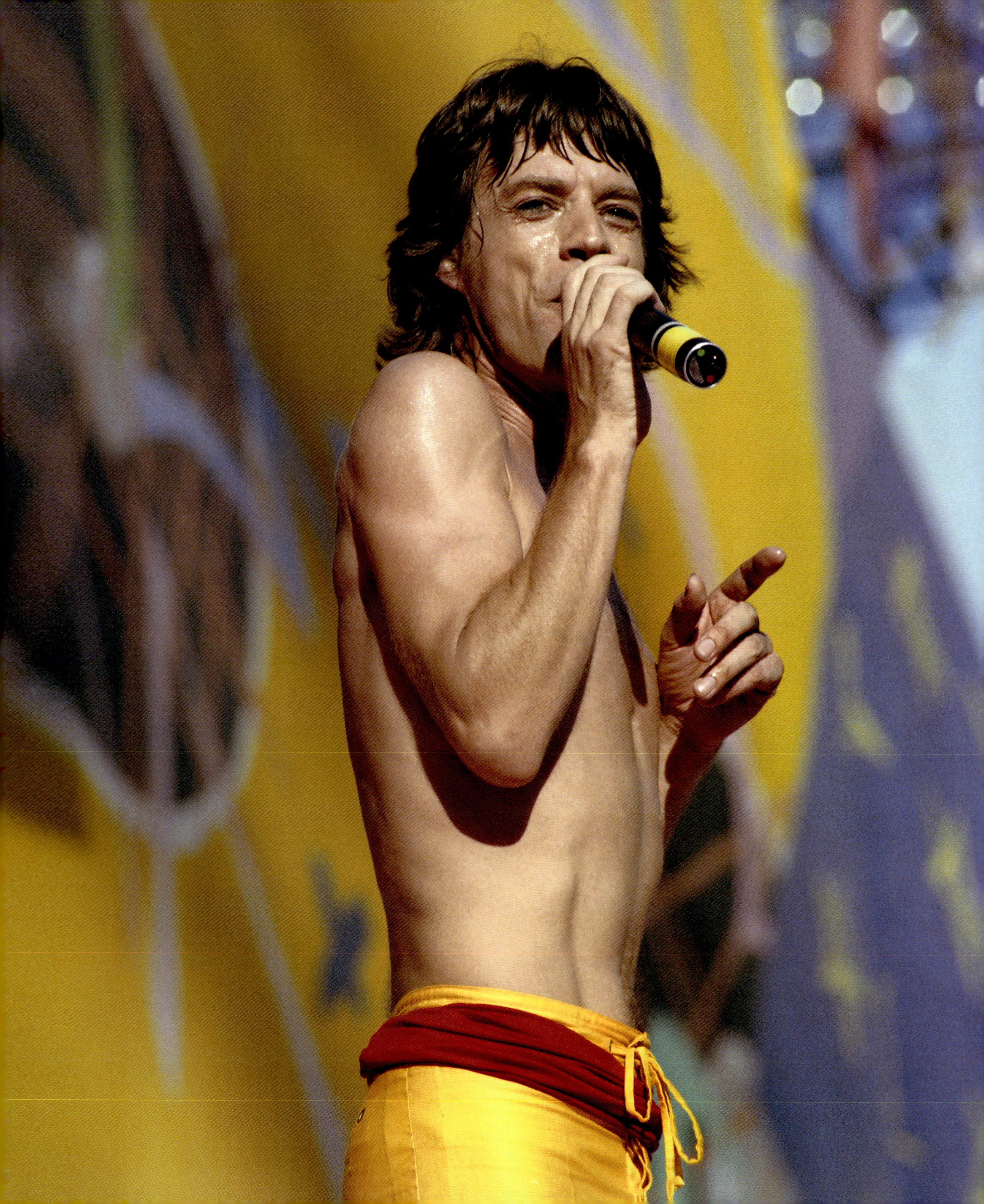

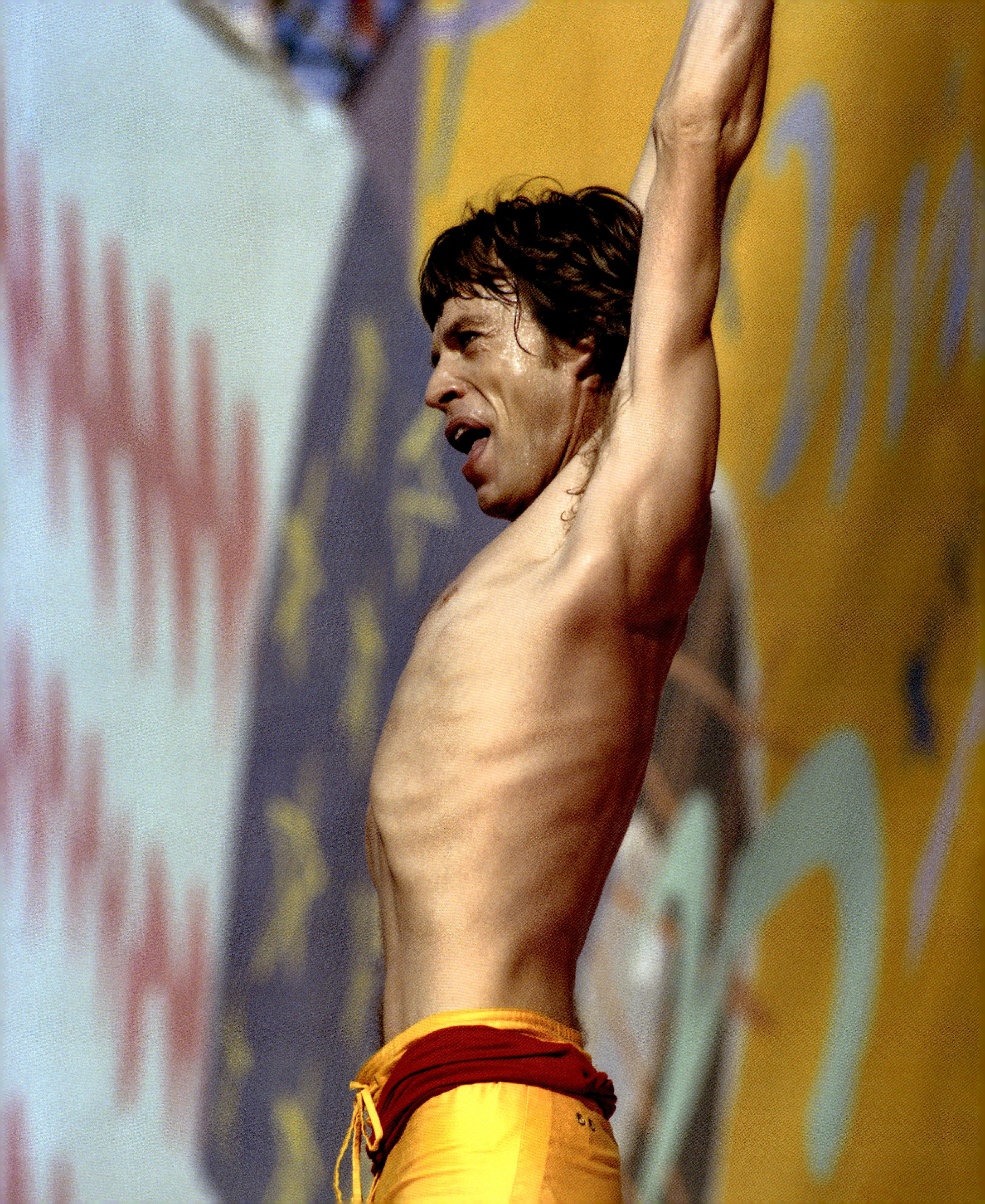

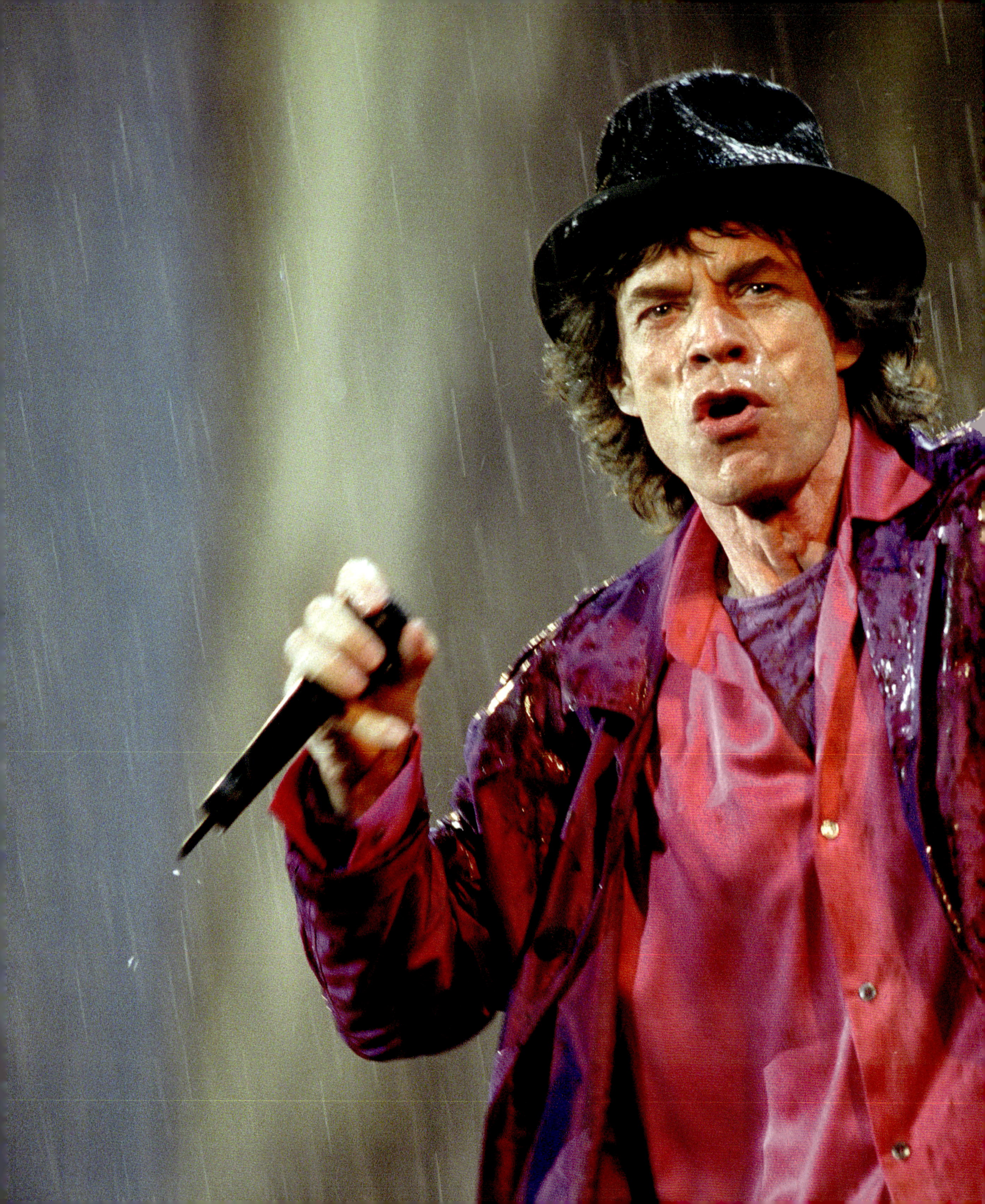

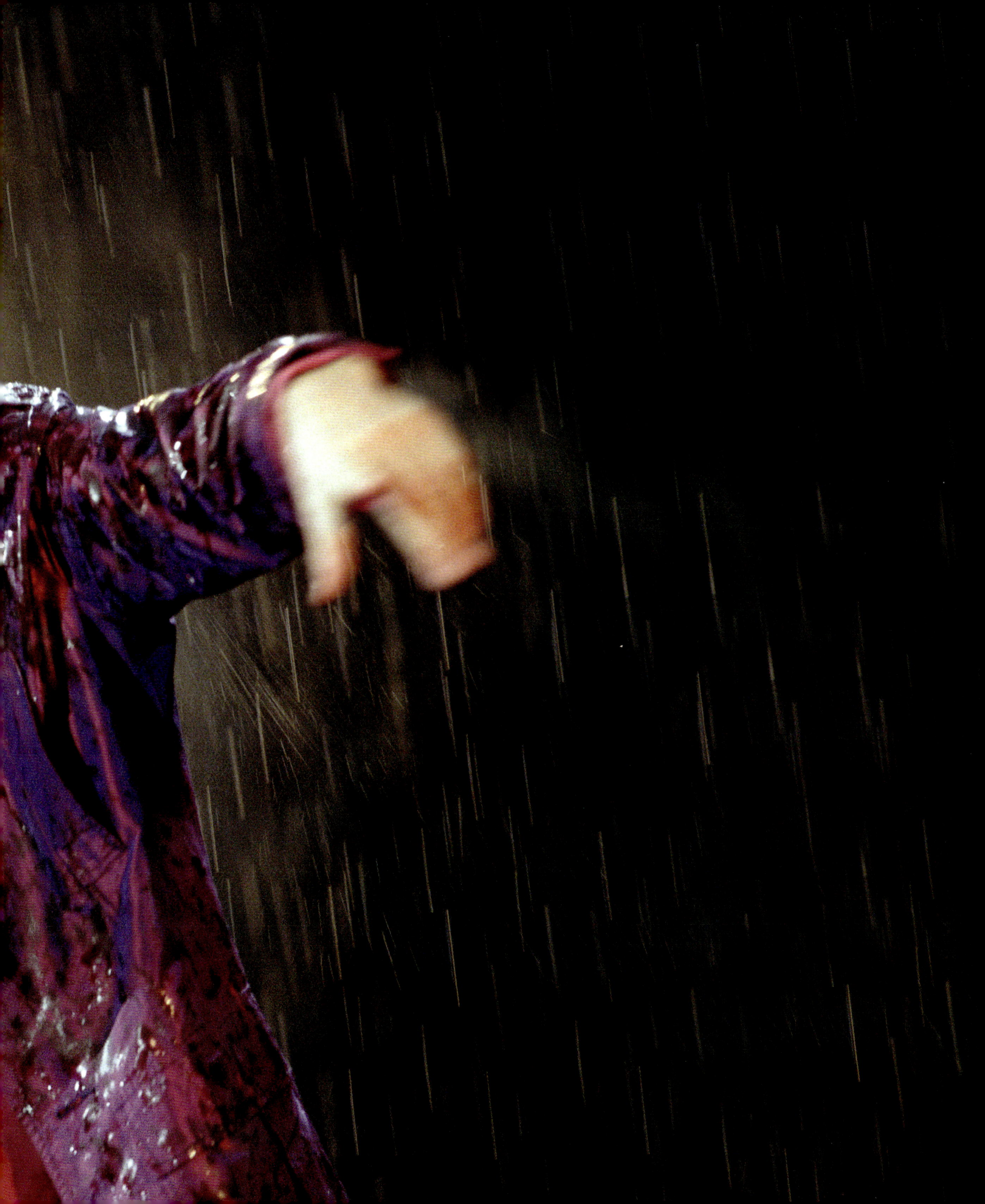

168 und 169 Ich bin verrückt nach ihr und sie bleibt kühl: Ein zitternder Mick im San Siro Stadion in Mailand während der Bigger Bang Tour der Stones, Juli 2006.

170-171 You got me rocking: Auf dem Italienstopp der Bigger Bang Tour im Mailänder San Siro Stadion genießt Mick den Jubel der Menge, Juli 2006.

HOW CAN I STOP? HOW CAN I STOP? HOW CAN I STOP? HOW CAN I STOP? HOW CAN I STOP?

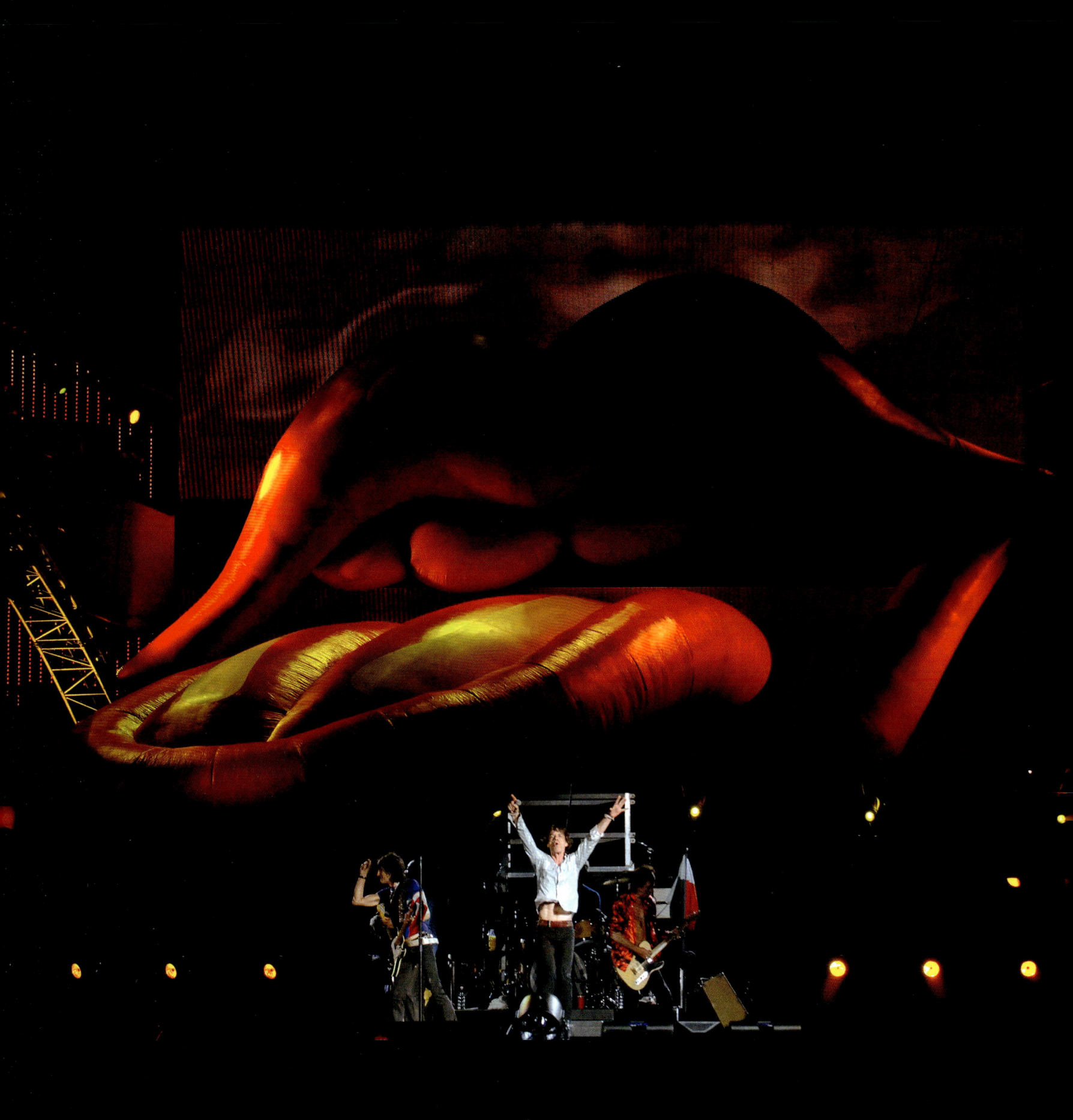

MICKJAGGER

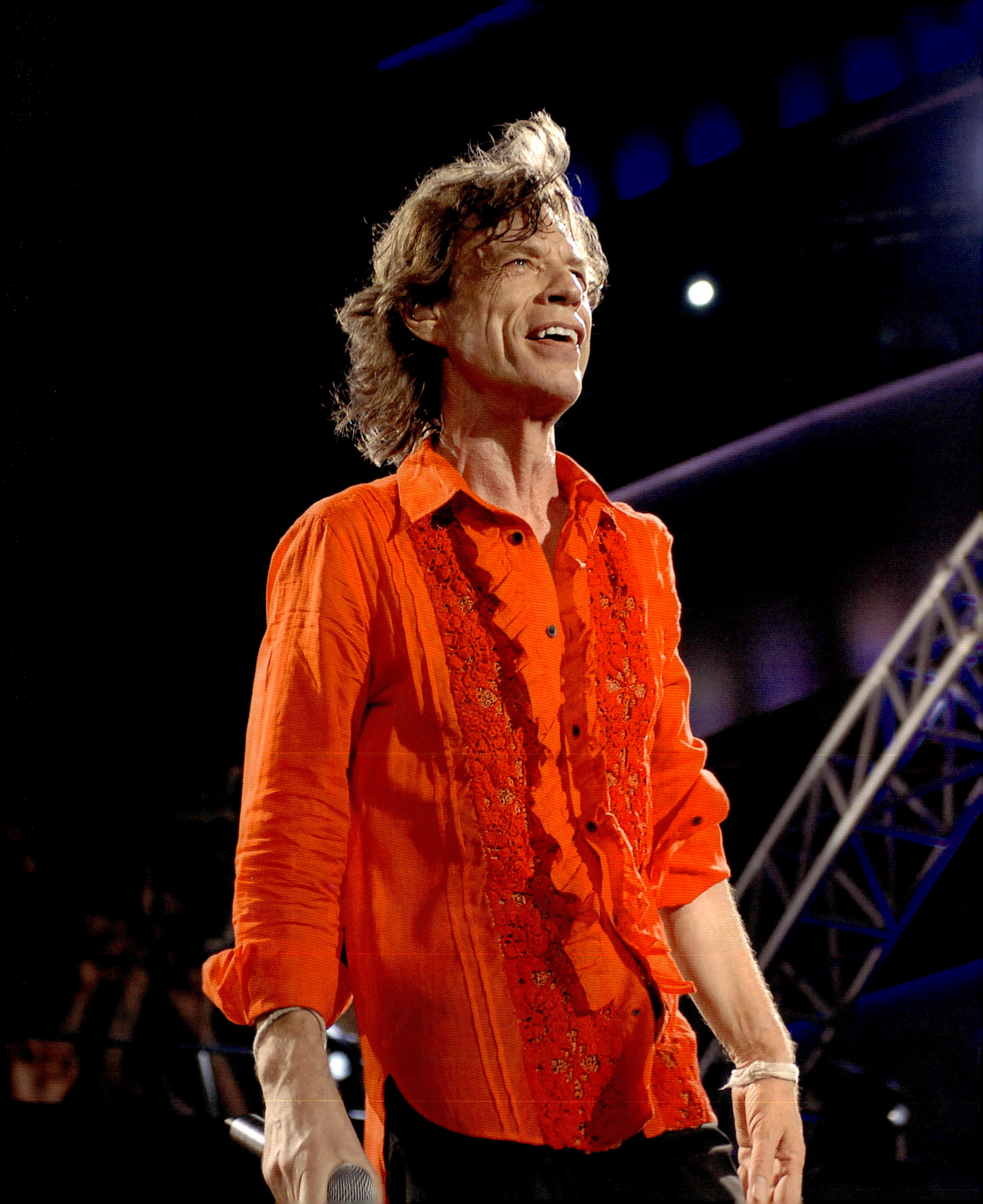

WAS ICH (AUF DER BÜHNE) MACHE, IST SEXUELL. UND WAS DIE LEUTE WIRKLICH VERSTÖRT, IST, DASS ICH EIN MANN BIN UND KEINE FRAU. ABER ICH STEHE NICHT VOR DEM SPIEGEL UND ÜBE ES, SEXY ZU SEIN.

172 Und jetzt alle zusammen: Mick dirigiert das Publikum, St. Petersburg, Florida, Juli 1007.

173 Ganz schön anstrengend: Erschöpft wischt sich Mick übers Gesicht während des Halbzeit-Konzerts im Super Bowl XL auf dem Ford Field in Detroit, Michi-

174 und 175 Gelassen gibt Mick auf der Bühne Anweisungen im Twickenham Stadion, August 2006.

176-177 Long as I can see the light: Mick Jagger hält mit der Hand am Hut Ausschau von der Bühne aus im Goffertpark in Nijmegen, Niederlande, im Juni

mj

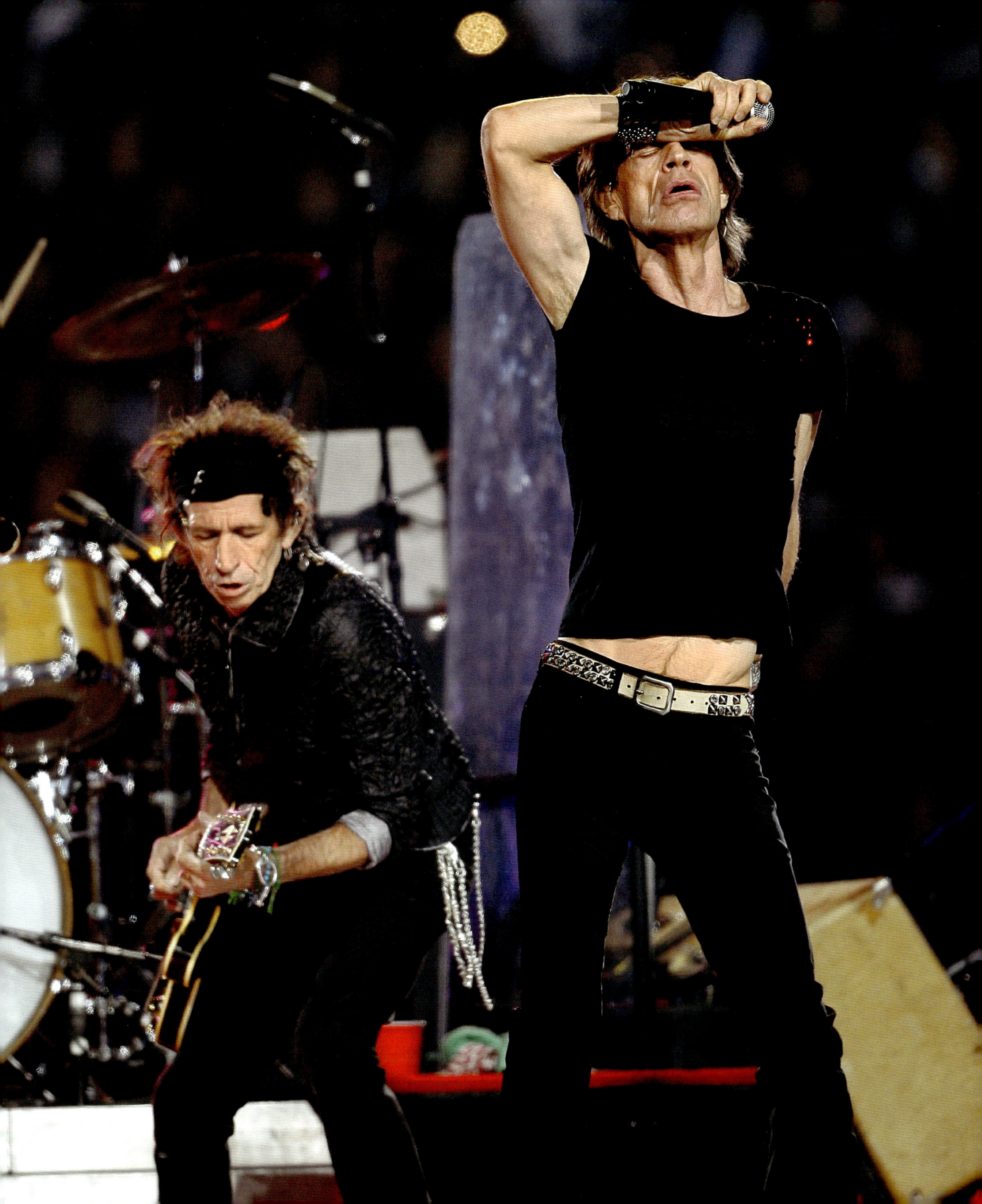

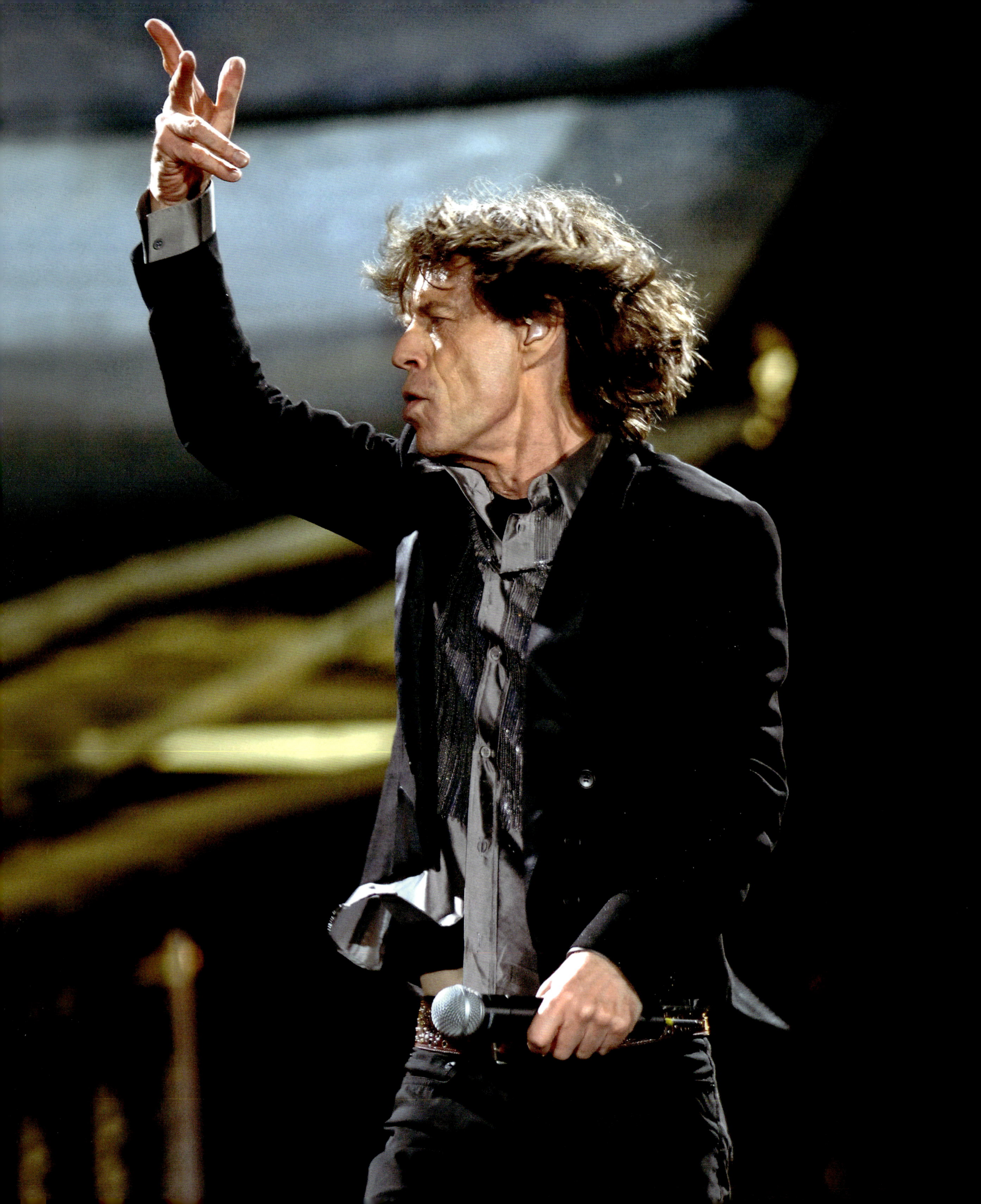

HOW CAN I STOP? HOW CAN I STOP? HOW CAN I STOP? HOW CAN I STOP?

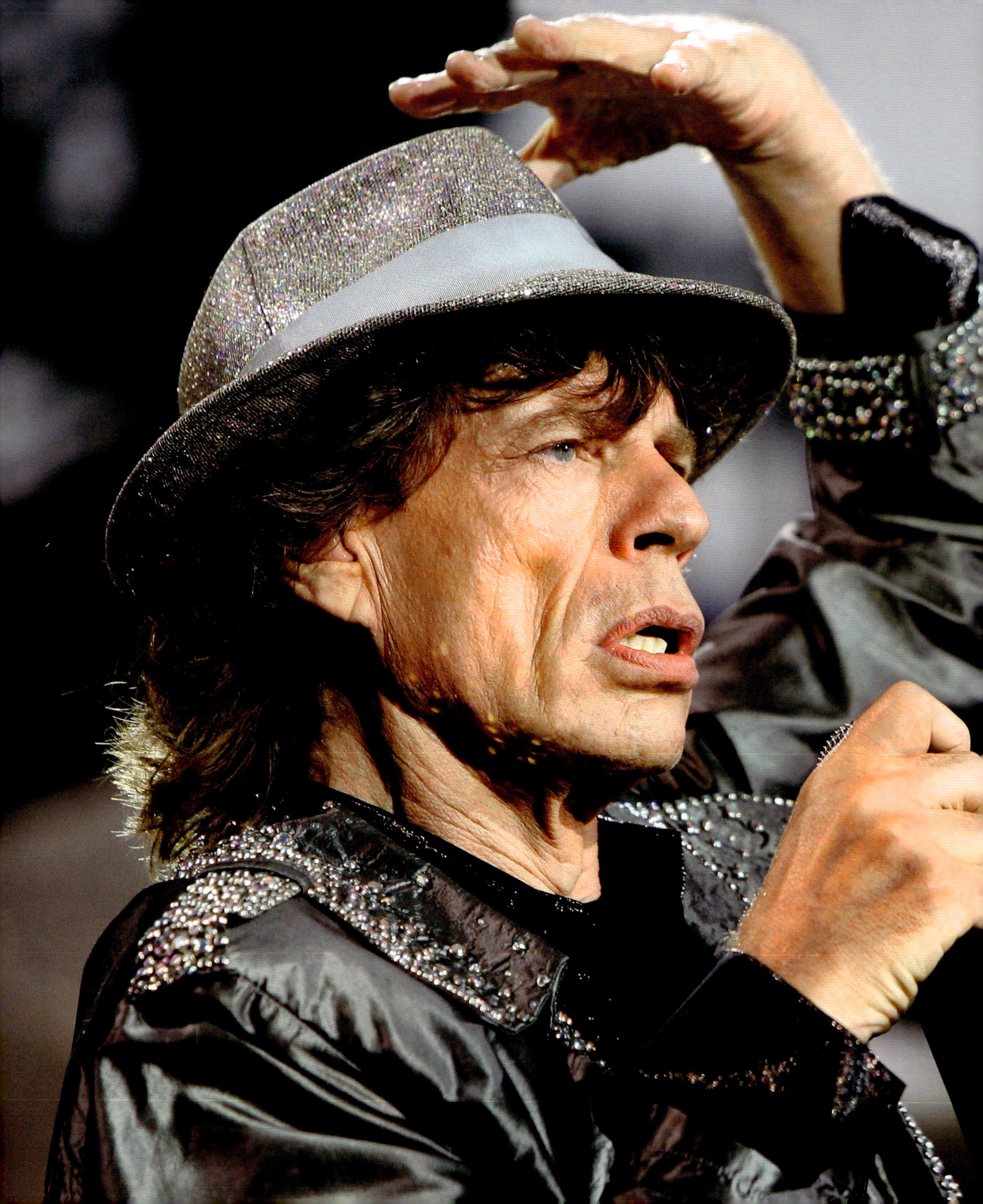

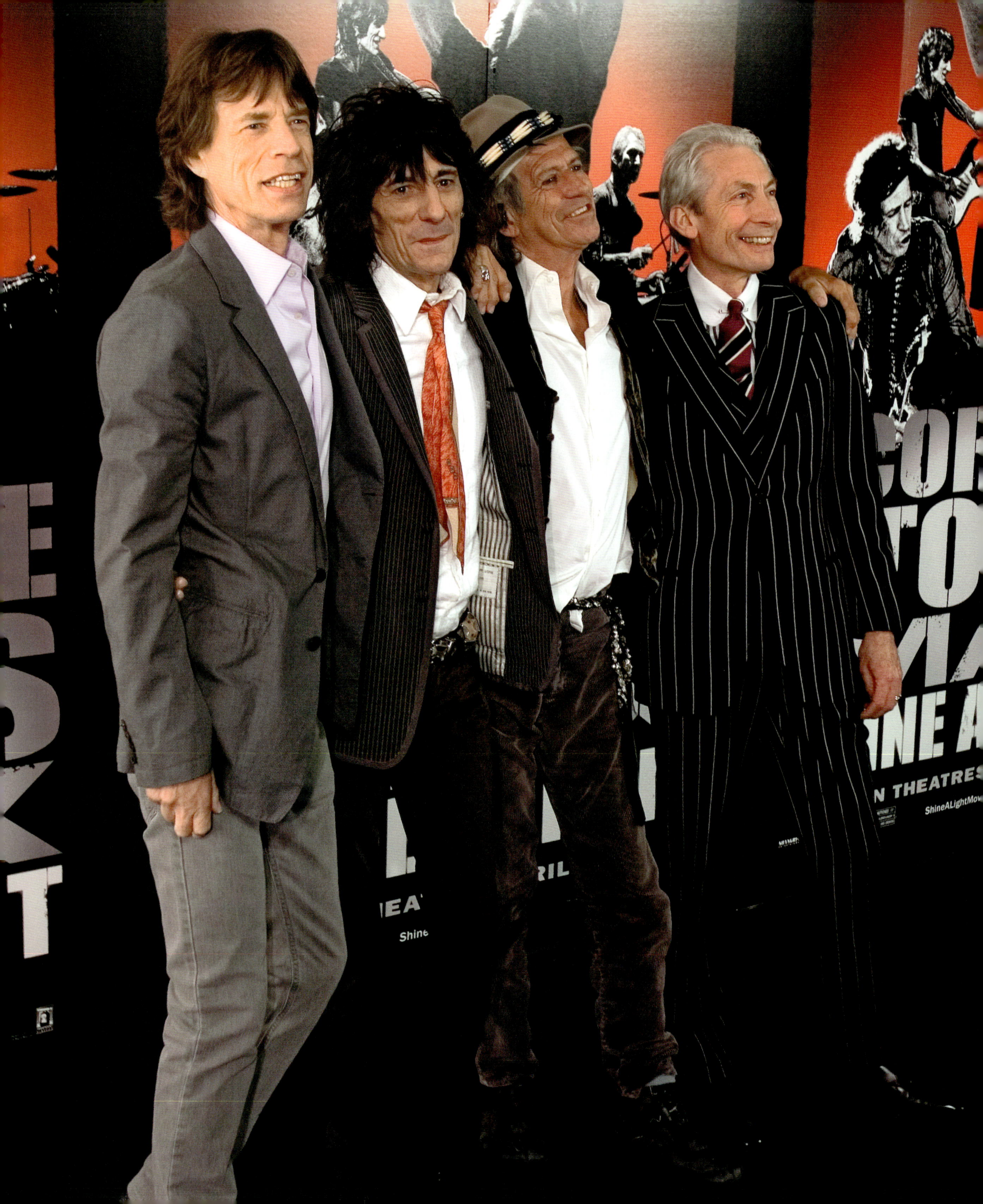
THEATRES

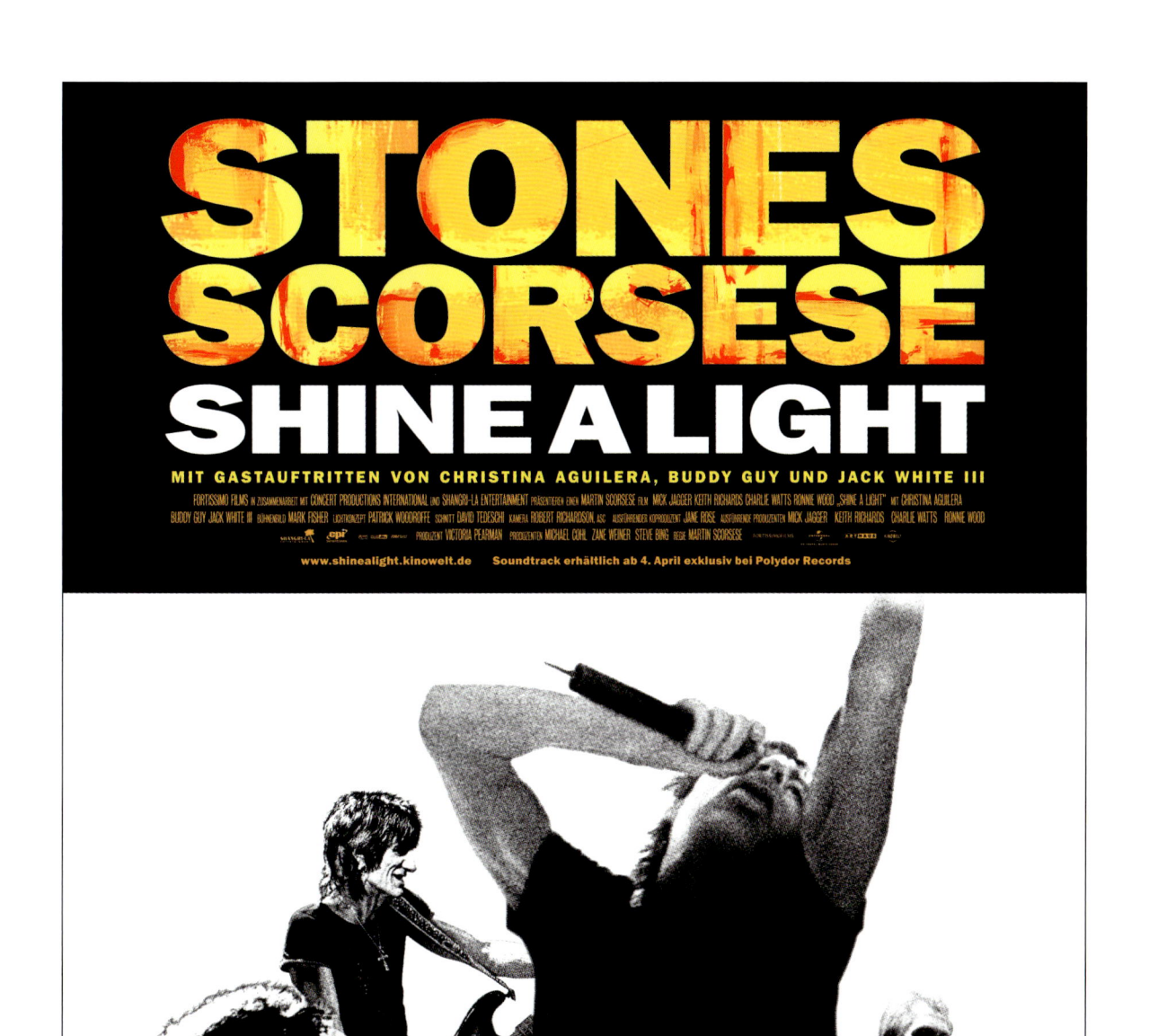

178 und 179 Bei einer Pressekonferenz anlässlich der Premiere von Martin Scorseses Film „Shine a Light", 2008.

180-181 Bitte lächeln: Mit seinem Handy macht Mick ein Foto von der Bekleidungskollektion seiner neuen Freundin, der Designerin L'Wren Scott, bei der Fashion Week in New York, Februar 2012.

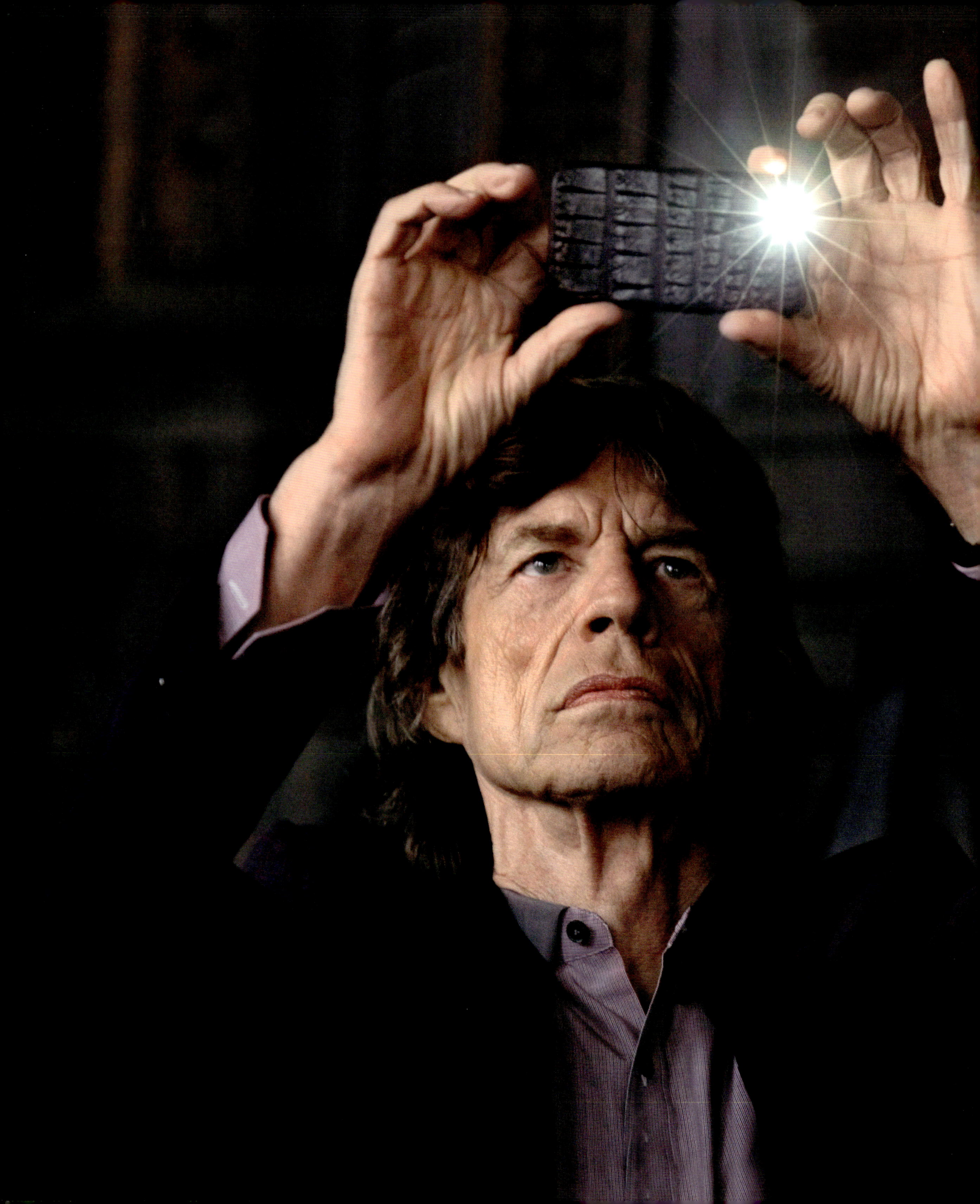

MICK IST UNGLAUBLICH
NORMAL UND KANN GUT
MIT DEM RUHM UMGEHEN.
ER GEHT HINAUS UND
ERFÄHRT DAS LEBEN –
NICHT NUR EXKLUSIVE,
ANGESAGTE CLUBS.
ICH REDE VON EINKAUFS-
ZENTREN UND KINOS.

DON WAS

MEIN INSTINKT SAGT MIR,
EINER DER GRÜNDE, WARUM
DIE ROLLING STONES
IMMER NOCH AM ZUG SIND,
IST, DASS DAS ELEMENT
DER SELBSTDARSTELLUNG
SEHR WICHTIG IST.
VOR ALLEM, WENN MAN
AN EINEM BEDEUTENDEN
ORT SPIELT UND
DIE PERSON ERREICHEN
MUSS, DIE IM
HINTERGRUND SITZT.

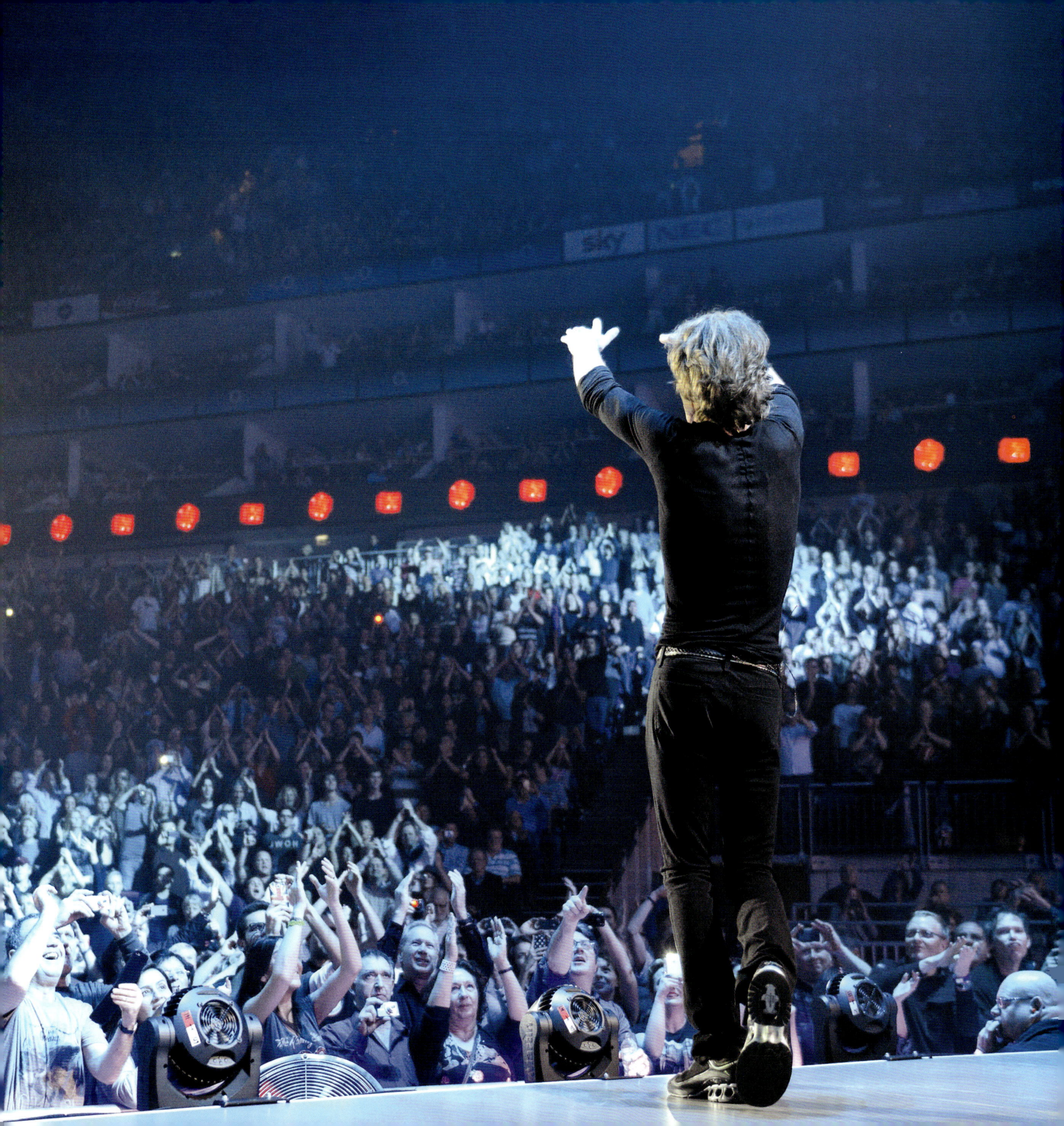
sky

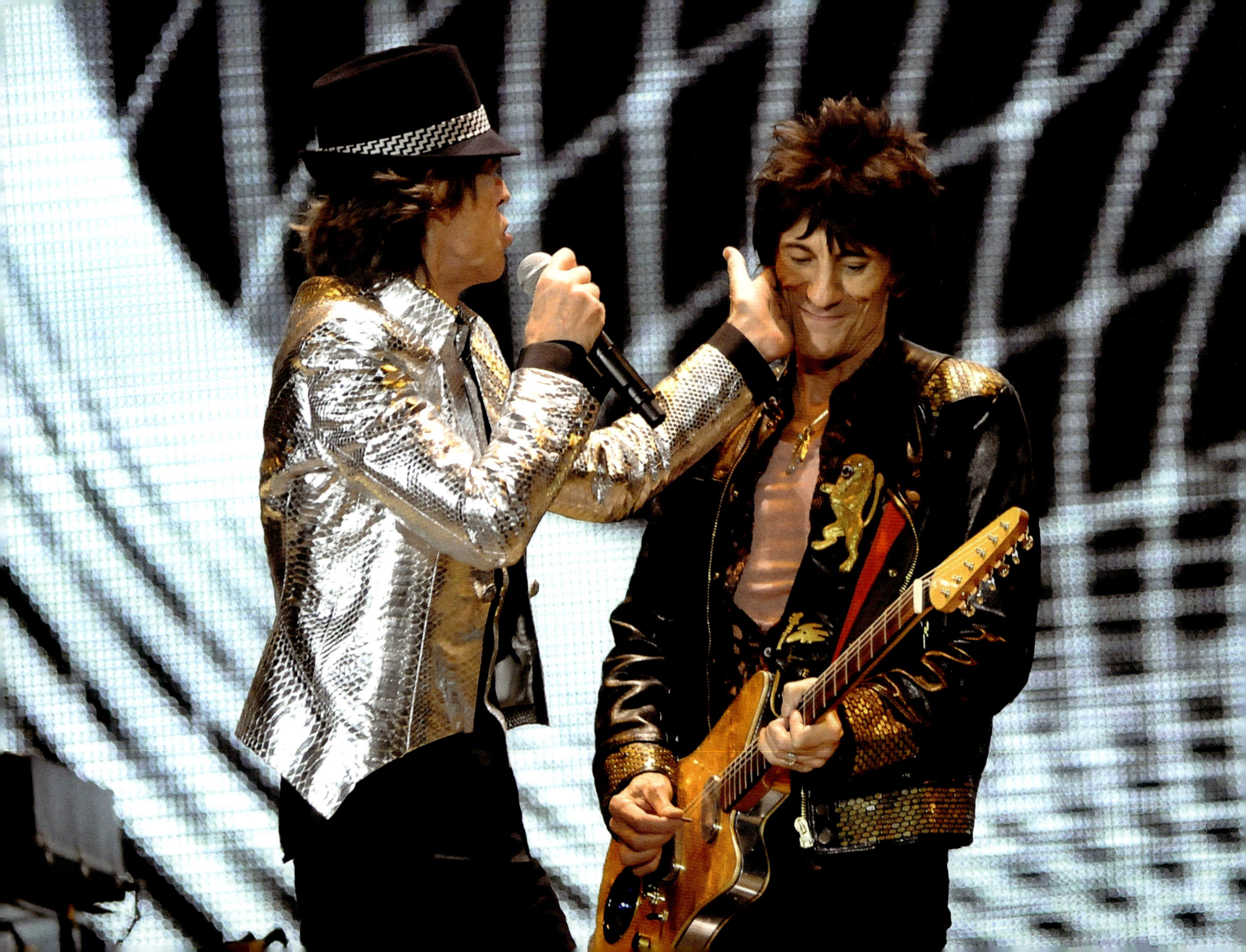

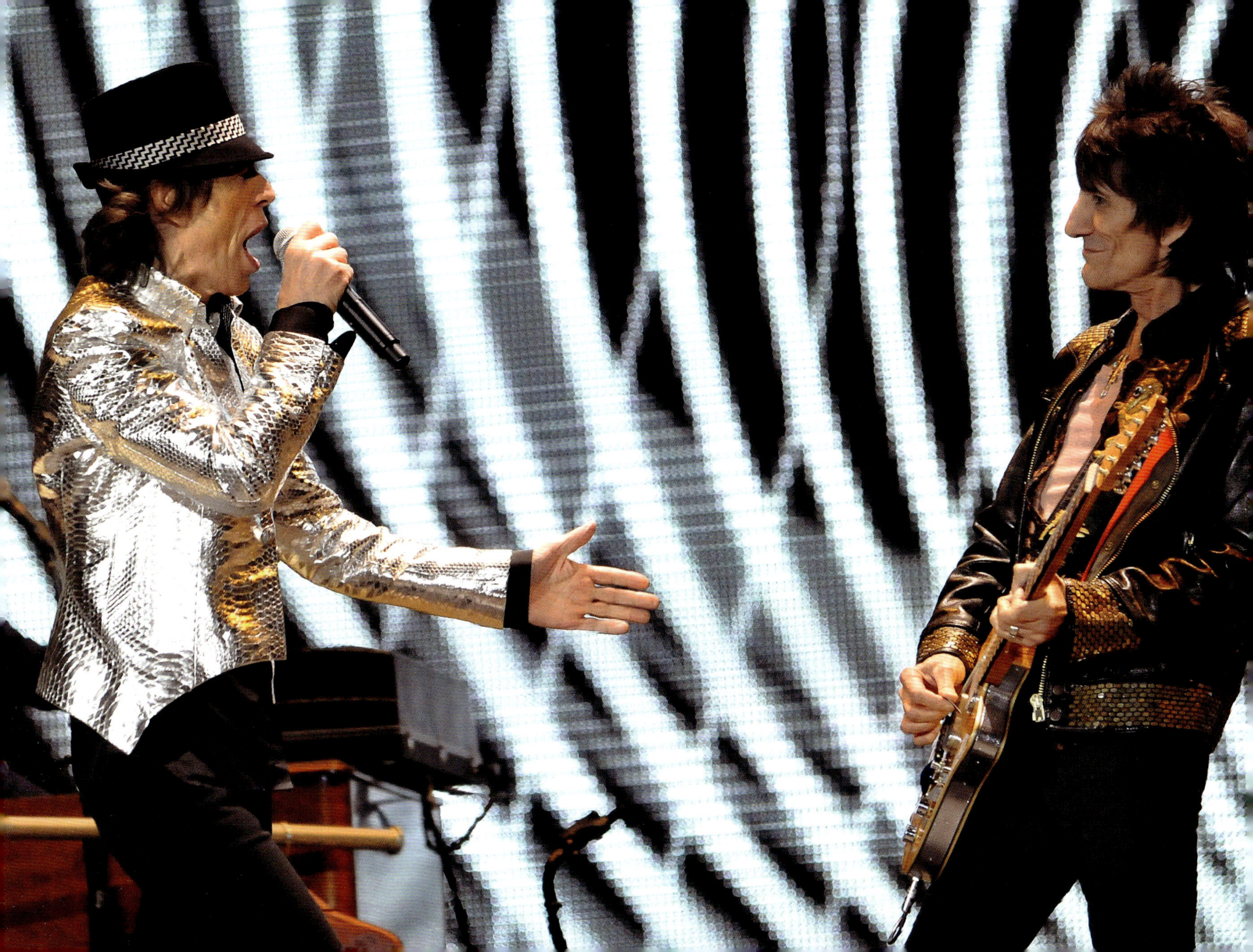

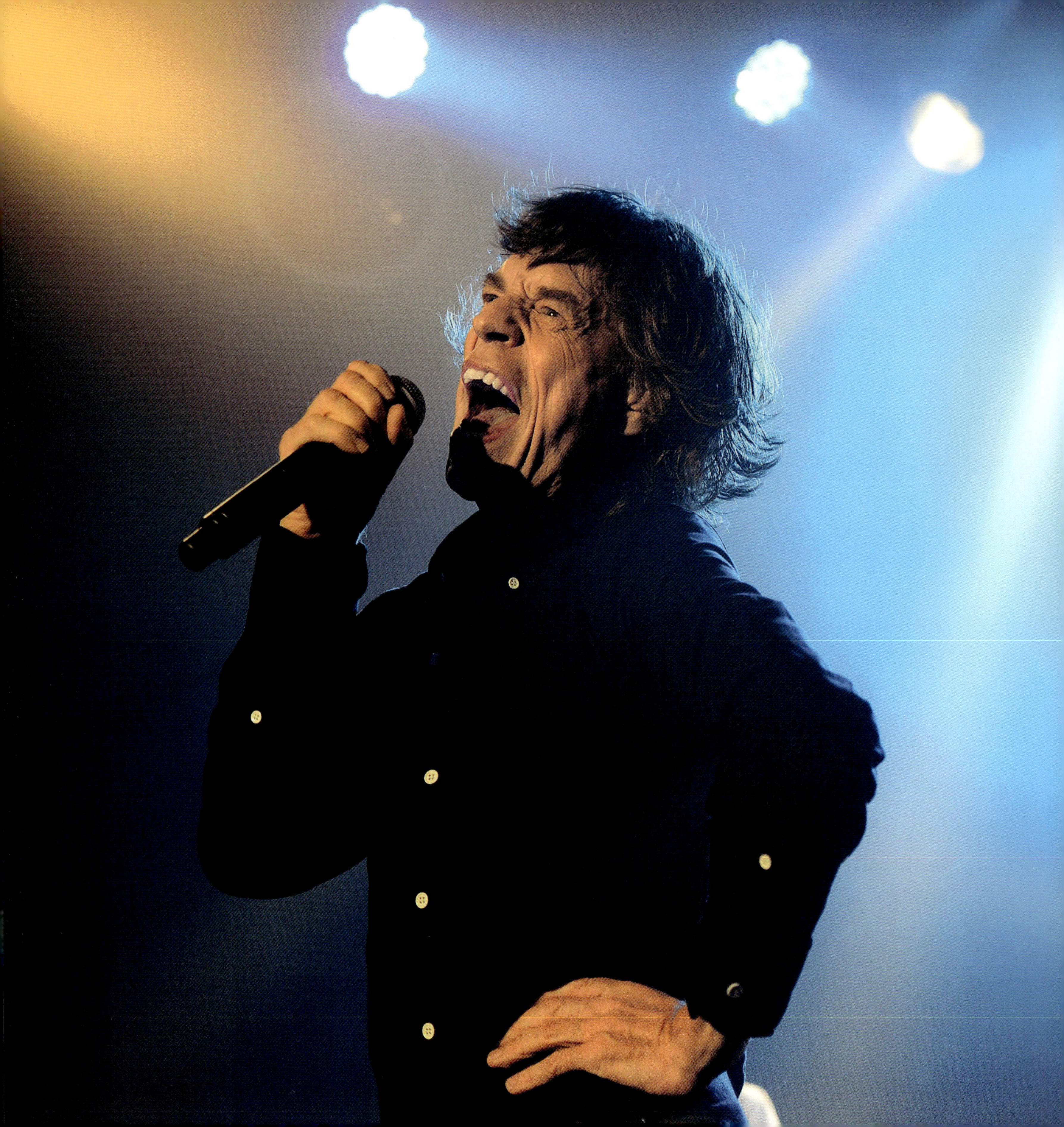

SEHR OFT
ENTSTEHEN SONGS
IN EINEM MOMENT,
DEN MAN VERSUCHT
EINZUFANGEN.
SIE KOMMEN ZU DIR,
DU SCHREIBST SIE AUF,
DU FÜHLST DICH GUT
AN DIESEM TAG
ODER SCHLECHT.

186-187 Start me up: Mick in Pose im Pariser Le Trabendo Rock Club, in dem im Oktober 2012 das „geheime" Warm-up vor den offiziellen Konzerten zum 50. Geburtstag in England und New York stattfand.

188 und 188-189 The Glimmer Twins lächeln immer. Mick auf Tuchfühlung mit den Fans beim Auftritt der Stones im Le Trabendo, Oktober 2012.

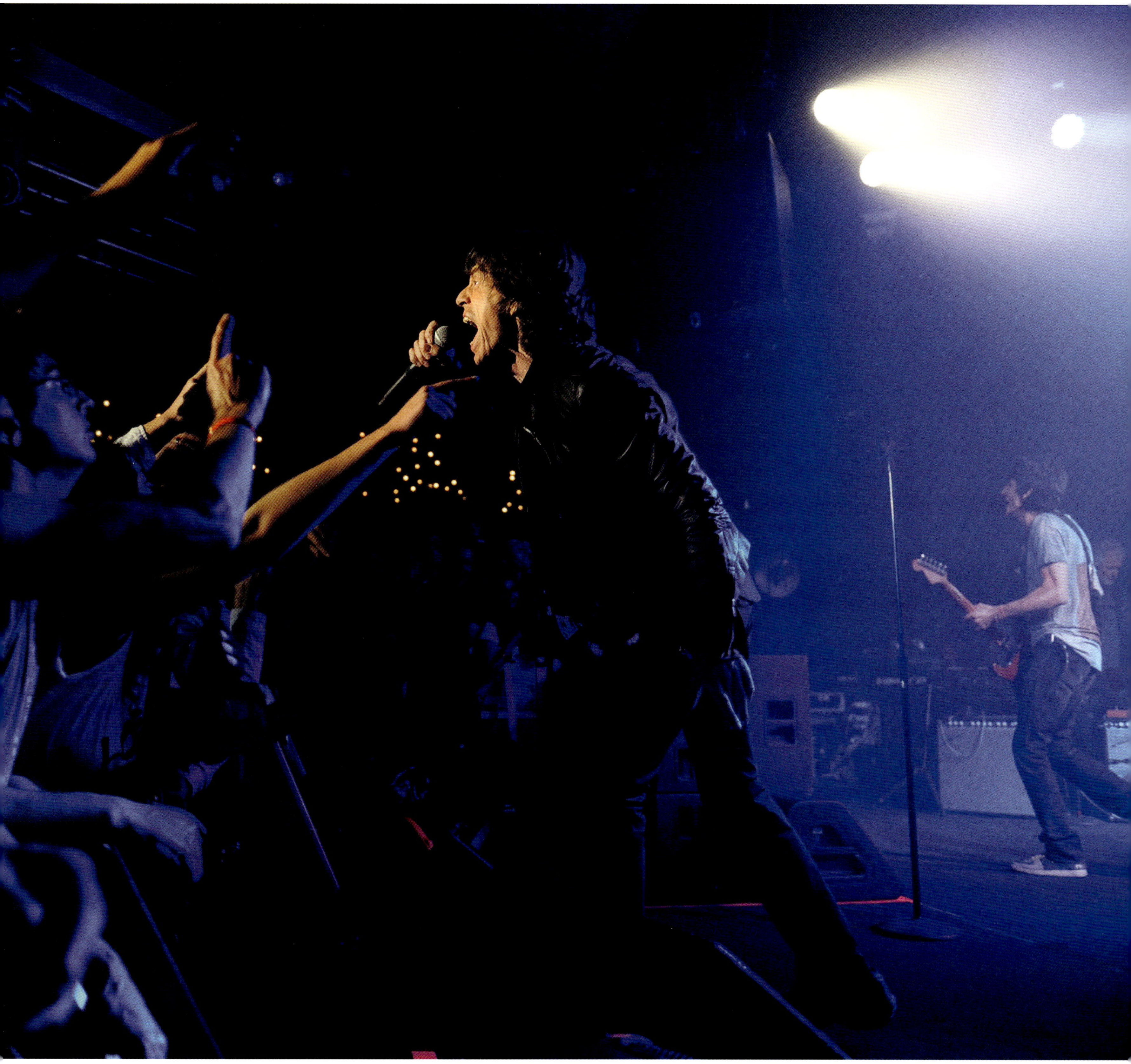

190 und 190-191 Micks legendäre Lippen formen das Bühnenbild beim Konzert zum 50. Jubiläum der Stones im Spätjahr 2012.

192-193 Und noch was …: Mick mit erhobenem Zeigefinger in Londons O2 Arena.

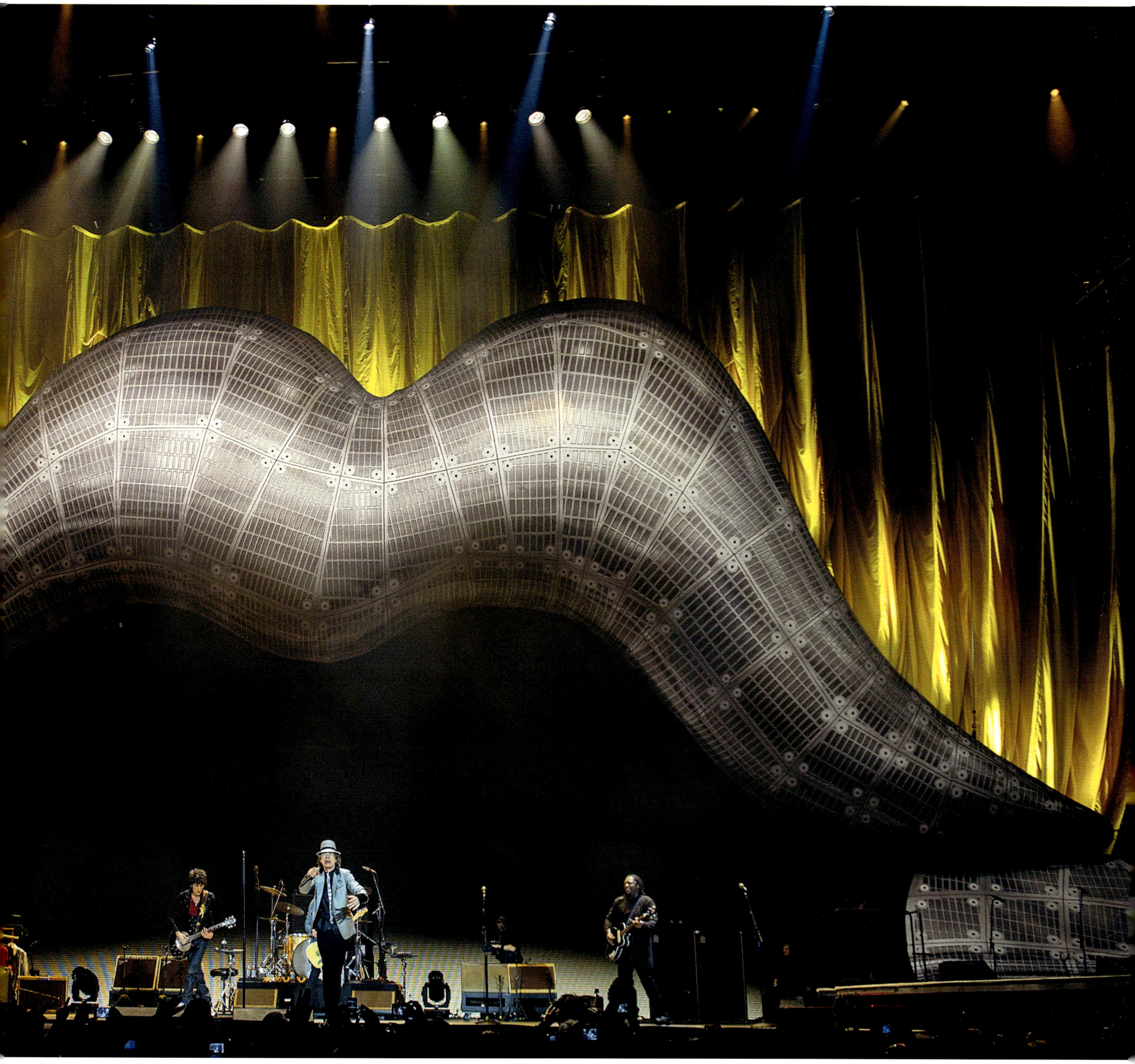

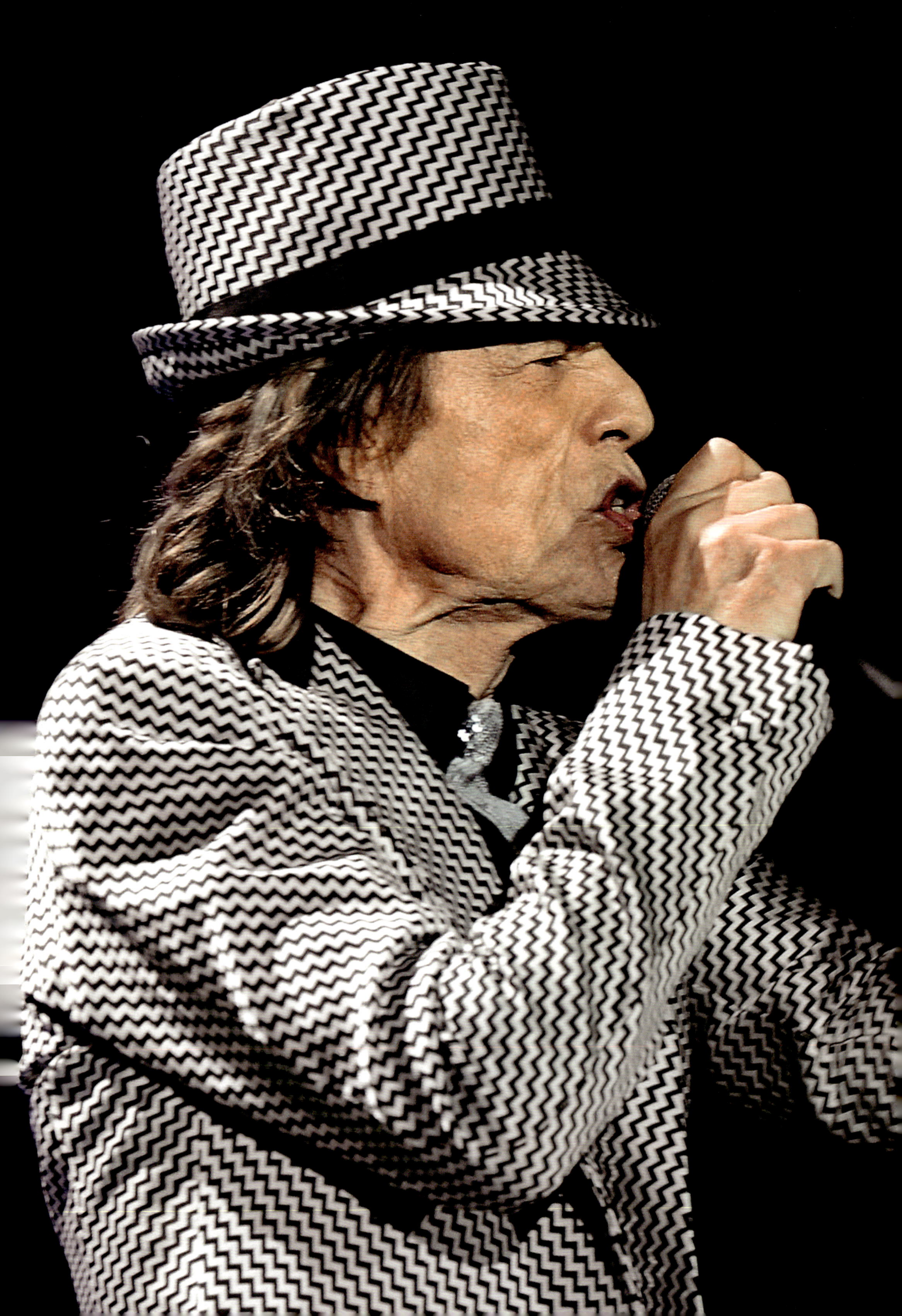

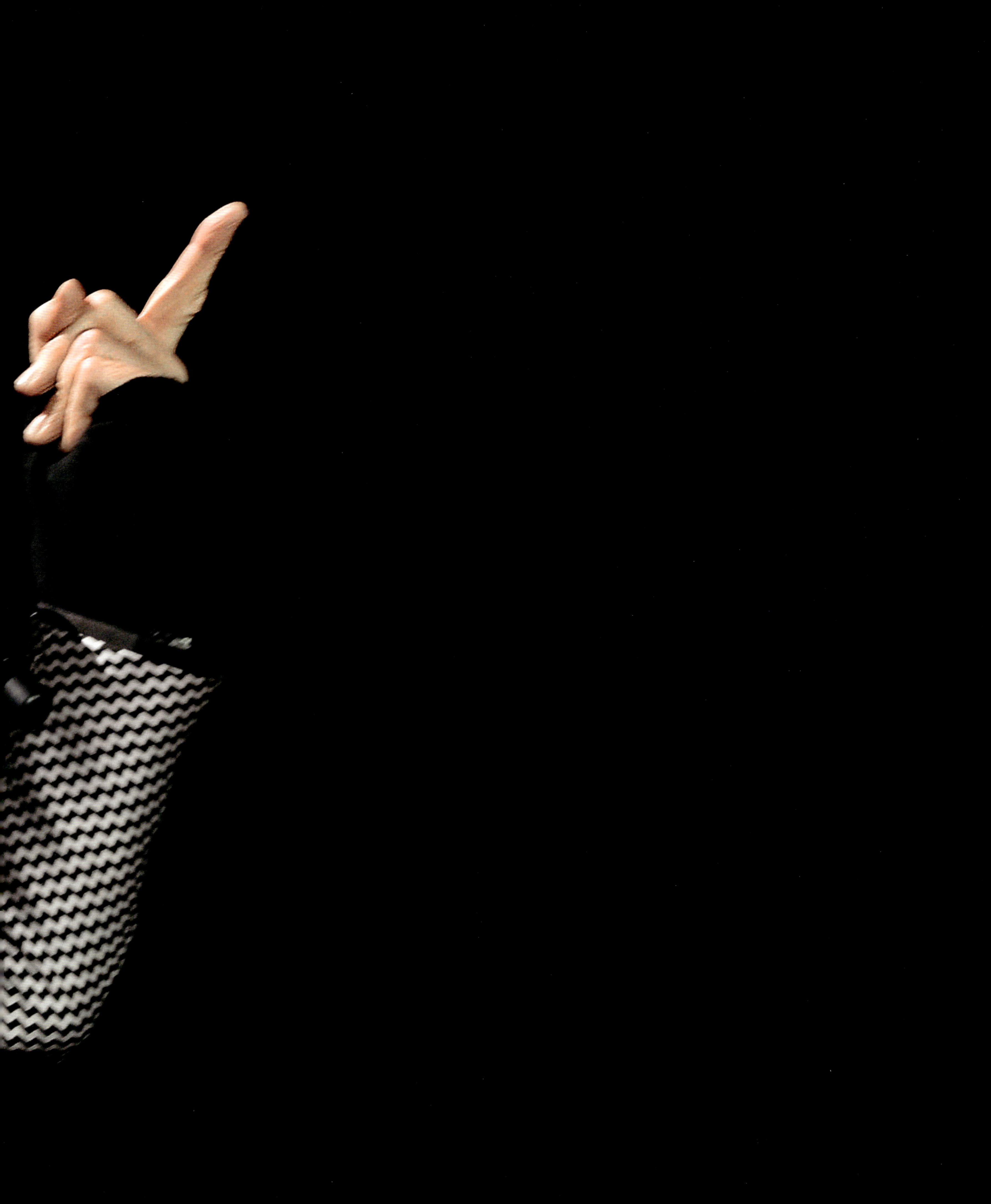

DIE VERGANGENHEIT IST EINE WICHTIGE ZEIT. ICH MÖCHTE SIE NICHT MISSEN ODER VERLEUGNEN, ABER ICH MÖCHTE AUCH NICHT IHR GEFANGENER SEIN.

194-195 Gebt mir ein „Yeah!": Mick bringt den Saal zum Kochen in der O2 Arena.

196 und 197 Not just another night: Im Bostoner Fleet Center während der Licks World Tour der Stones, September 2002.

198-199 Ich kann machen, was ich will, wann immer ich will: beim Konzert zum 50. Jubiläum, Herbst 2012.

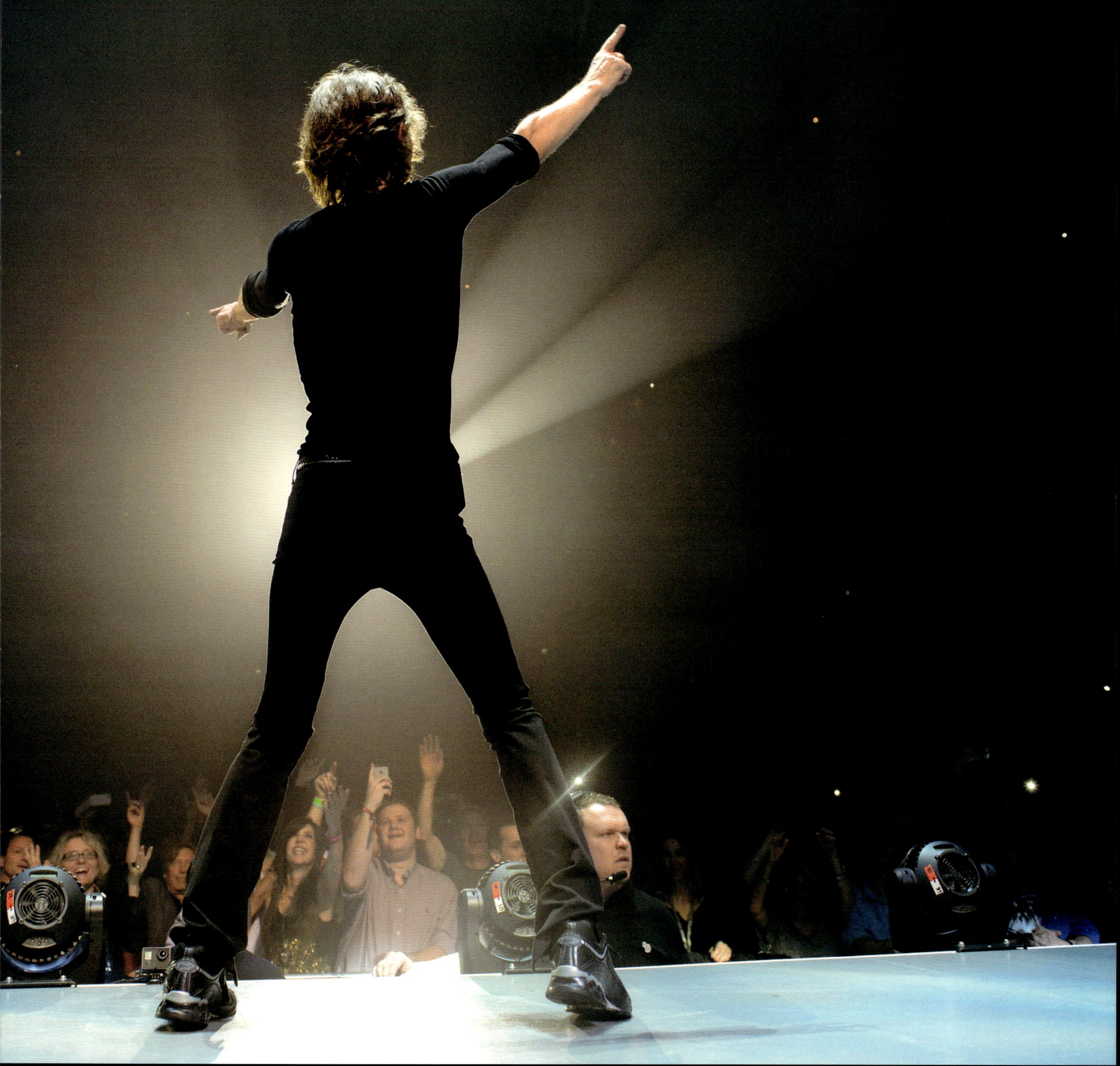

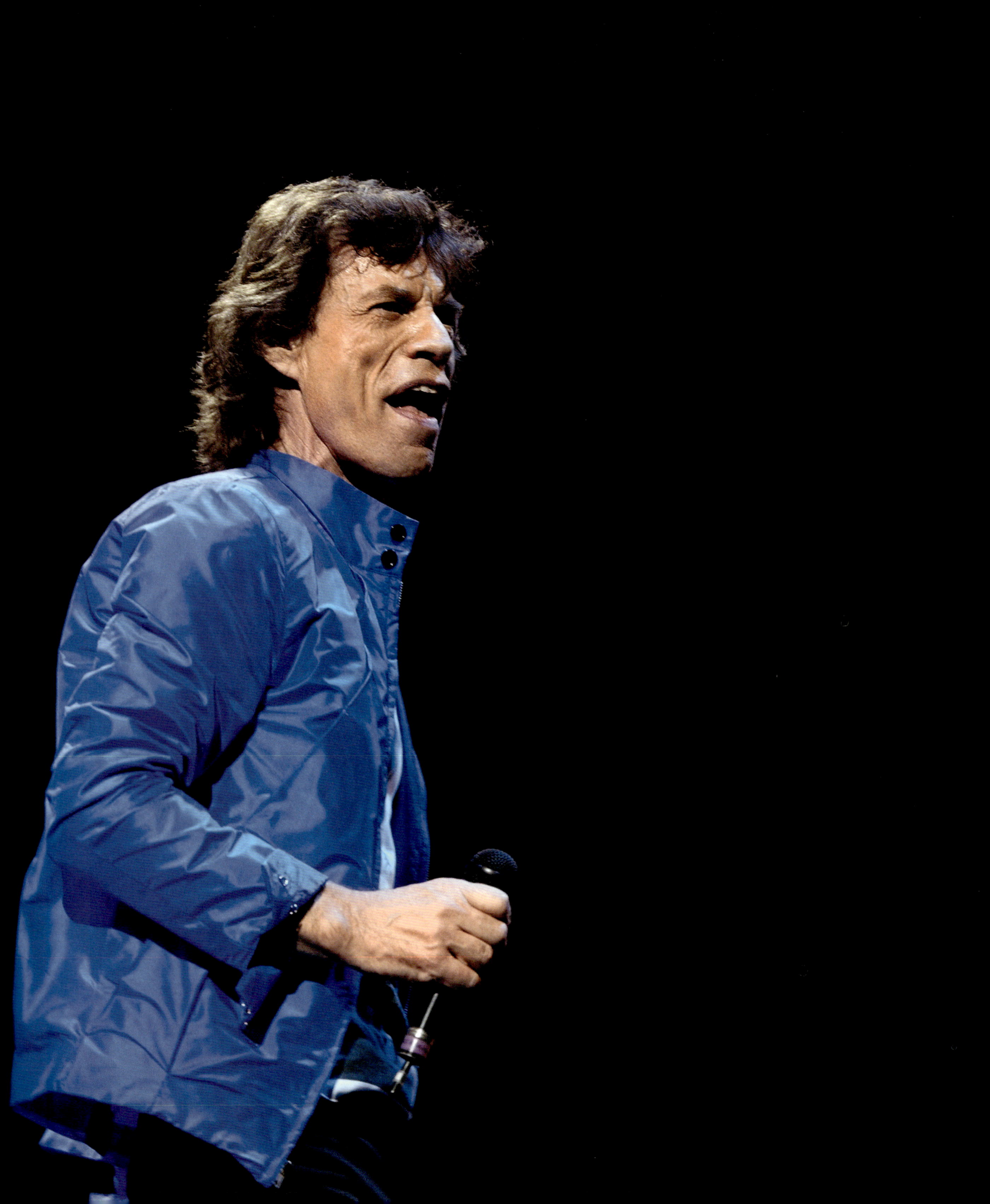

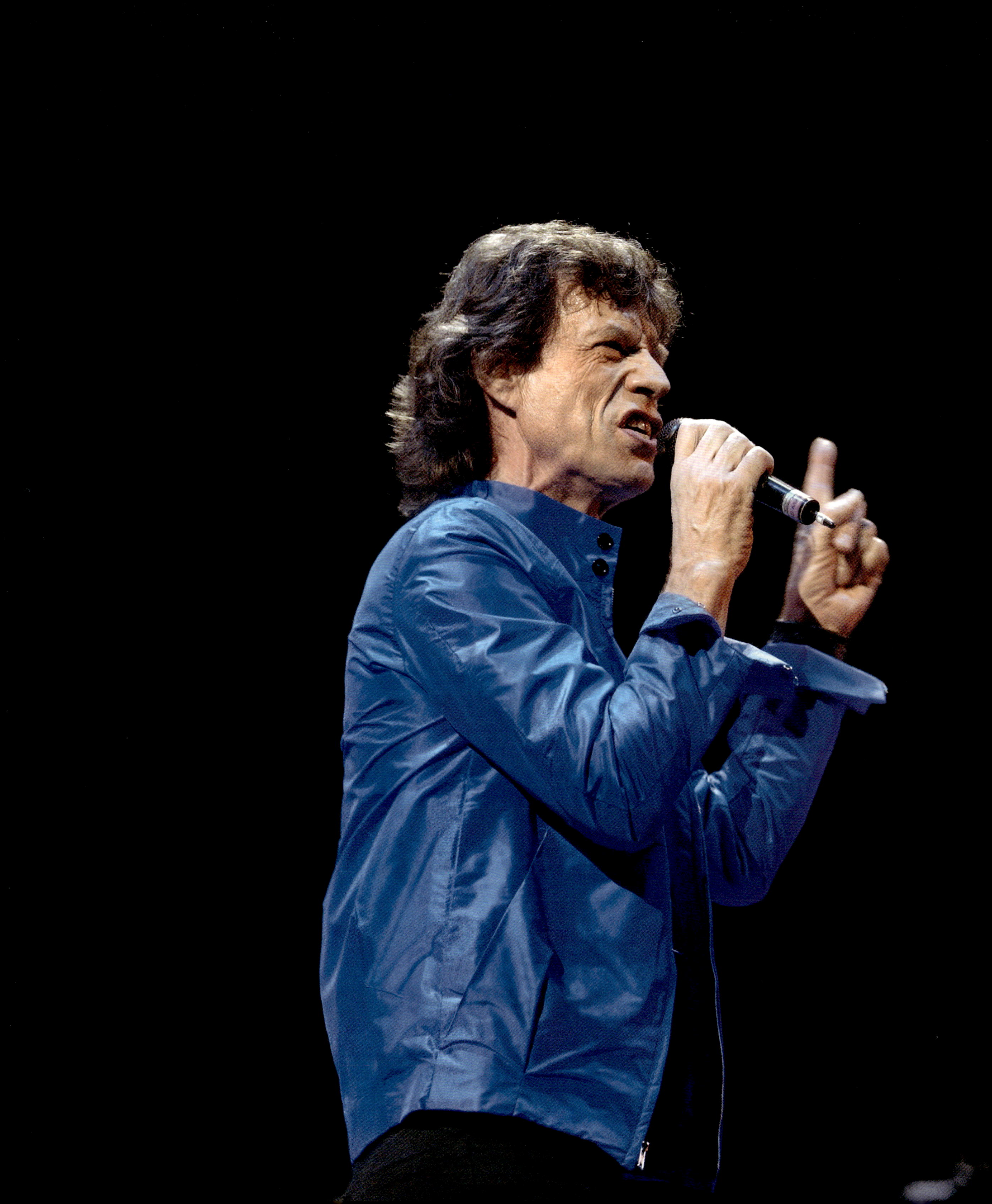

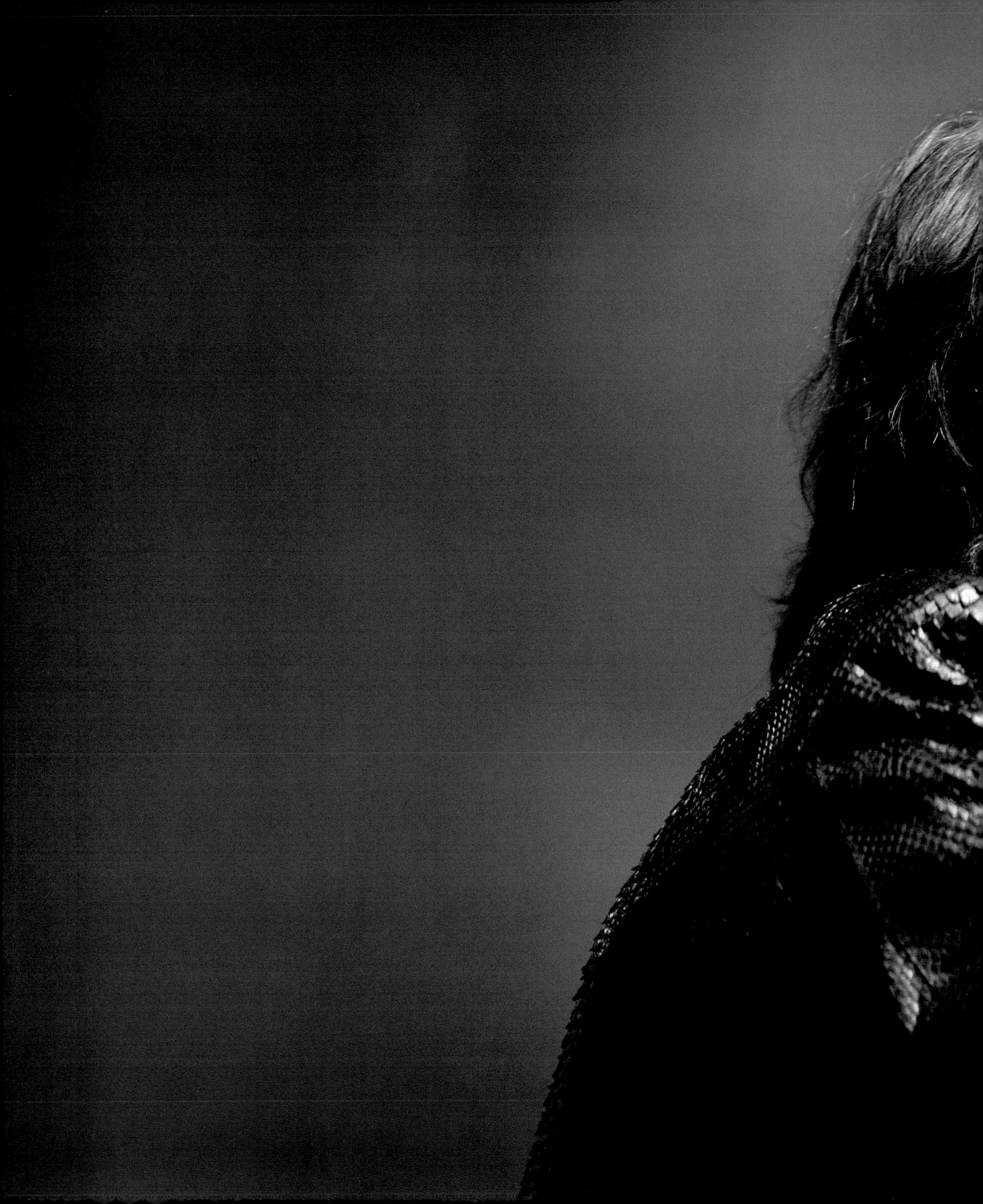

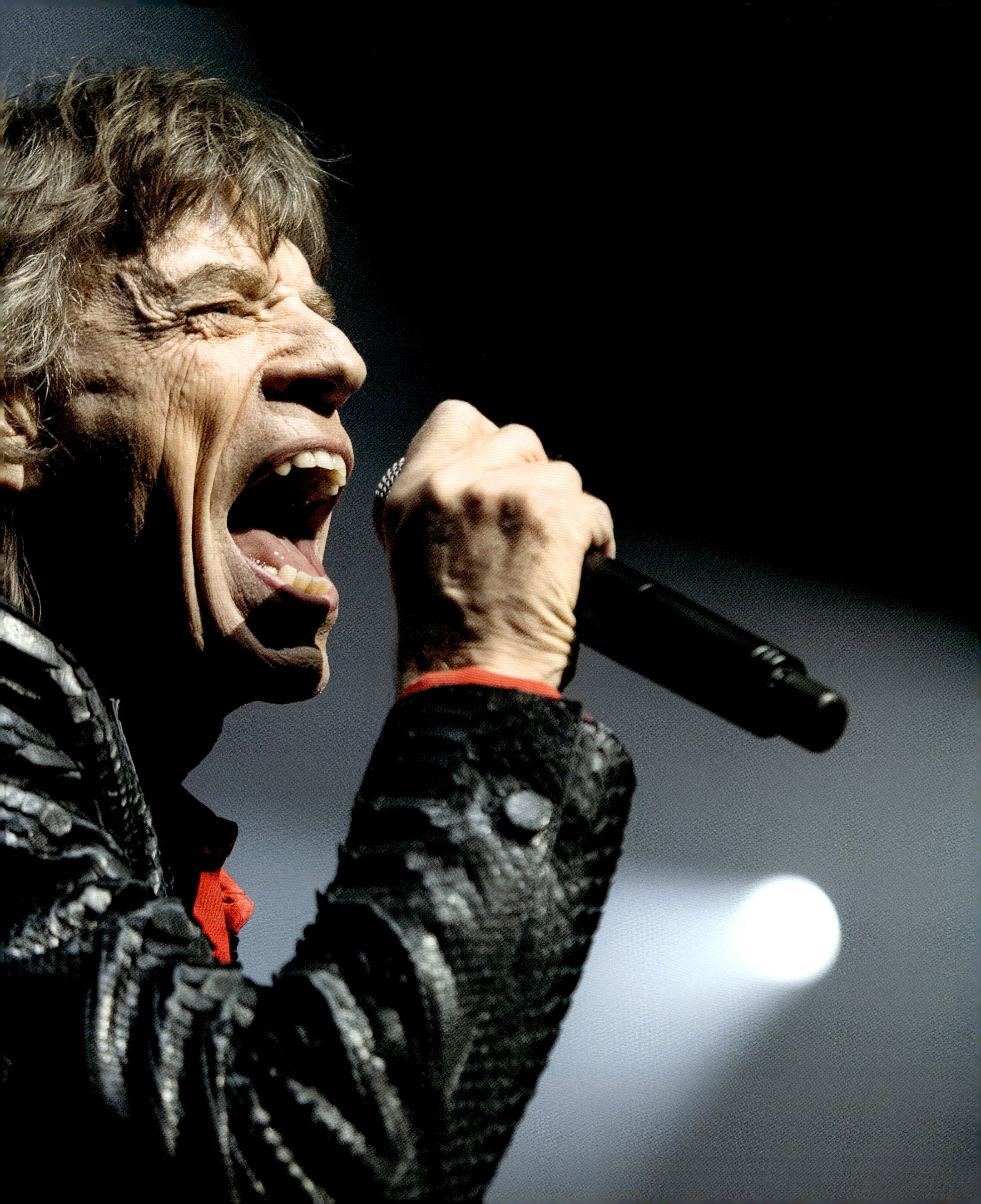

200 und 201 Beim all star Benefizkonzert für die Opfer des Hurrikan Sandy im New Yorker Madison Square Garden, Dezember 2012, geben die Stones einen Last minute Gastauftritt.

HOW CAN I STOP? HOW CAN I STOP? HOW CAN I STOP? HOW CAN I STOP? HOW CAN I STOP? HOW CAN I STOP?

MICKJAGGER

202-203 The singer, not the song: Mick heizt der Menge ein in der O2 Arena.

204-205 Von der Nacht verhüllt: Blick von der Etage des Barclay Centers in Brooklyn, New York, Dezember 2012.

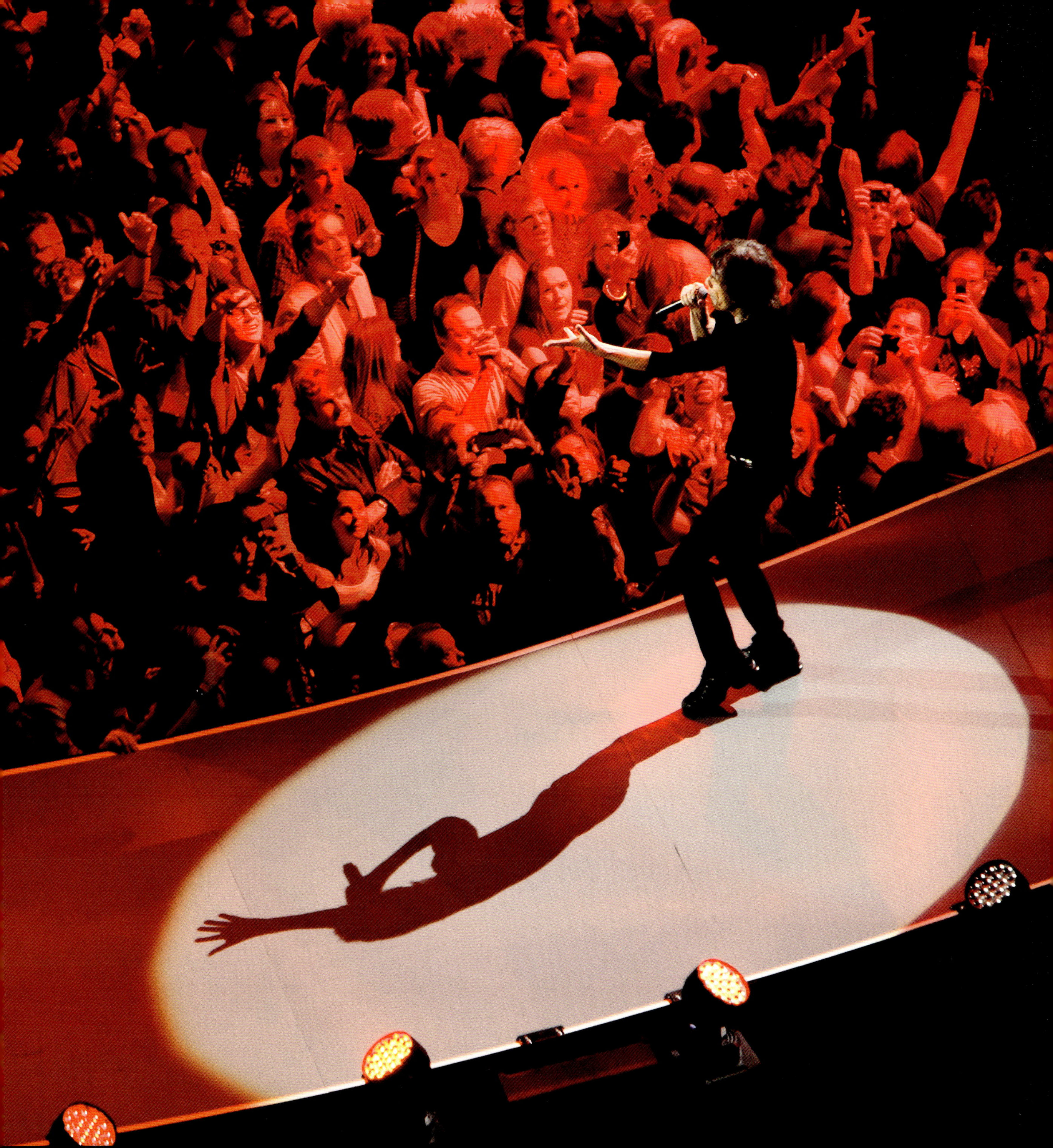

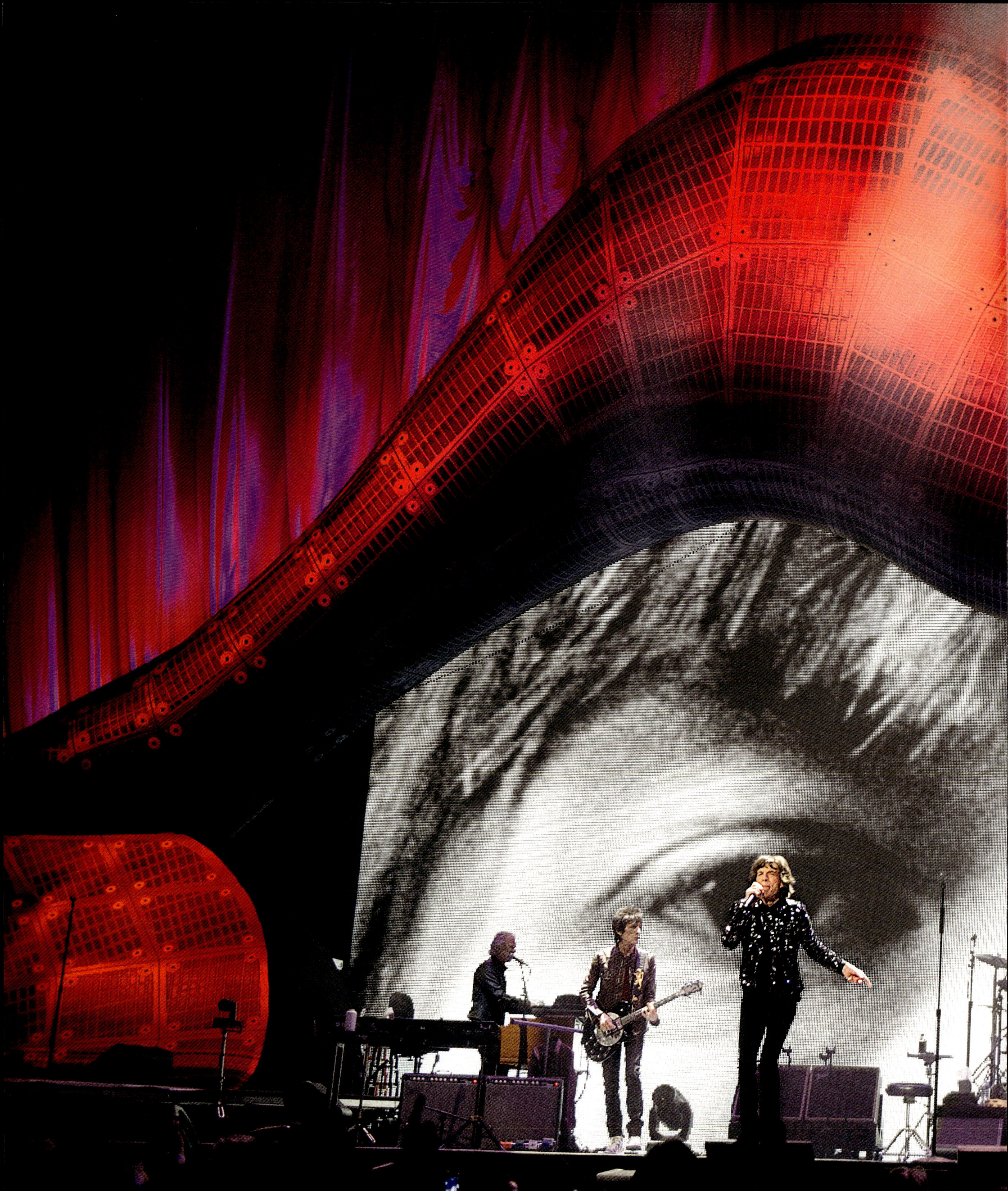

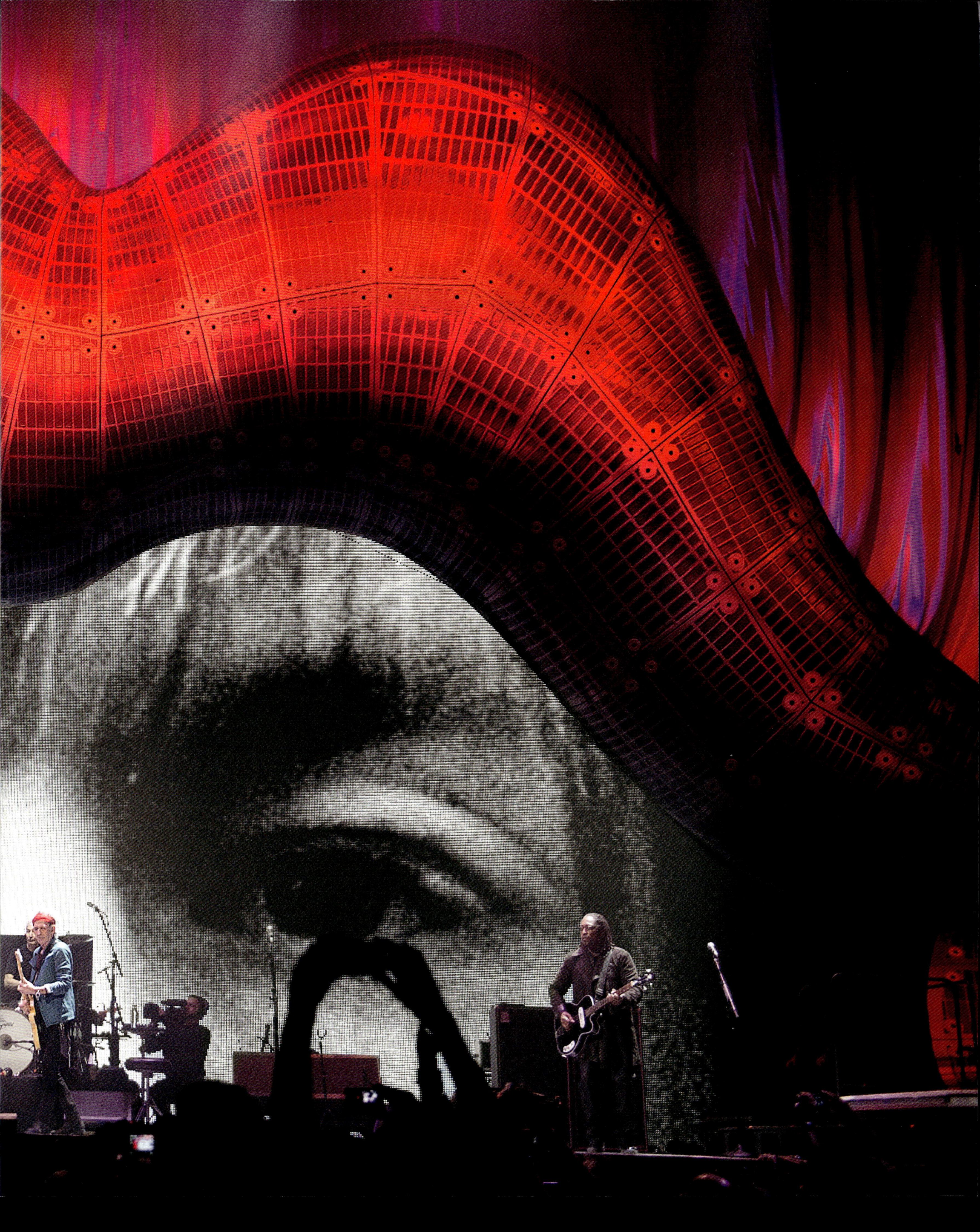

AUTOREN

Valeria Manferto De Fabianis ist in Vercelli, Italien, geboren. Nach Erlangen ihres Diploms als Altertumswissenschaftlerin hat sie sich mehr den literarisch orientierten Studien zugewandt und einen Abschluss in Philosophie an der Università Cattolica del Sacro Cuore in Mailand gemacht. Ihre Leidenschaft gilt dem Reisen und der Natur, sie hat bei Fernsehdokumentationen mitgewirkt und verschiedene Reportagen für die renommiertesten Magazine Italiens verfasst. Darüber hinaus ist sie Expertin in Bildherstellung und -bearbeitung und hat bei zahlreichen Bildbänden die Texterstellung betreut. 1984 gründete sie zusammen mit Marcello Bertinetti die Edizioni White Star und wurde Chefredakteurin. Besonders erwähnenswerte Veröffentlichungen von ihr sind: die Reihe CubeBooks; *Fidel Castro. Ein Bildporträt des Máximo Líder; Being John Lennon – die Bildbiografie; Quietschfidel & sauvergnügt: Unser verrückter Bauernhof; Lingerie; Eine Frage des Stils: 10 außergewöhnliche Frauen, die die Modewelt veränderten; Rolling Stones. 50 Years of Rock; Keith Richards. A Rock 'n' Roll Life; Eine Frage der Mode. 20 Kult-Objekte, die die Modegeschichte veränderten.* Valeria Manferto De Fabianis hat zudem mit viel Erfolg Fotoausstellungen in vielen großen Städten in Italien und darüber hinaus ausgerichtet und durchgeführt

Billy Altman ist ein mit dem Grammy ausgezeichneter Musikkritiker und -historiker, dessen Arbeiten unter anderem in The New York Times, The New Yorker, Rolling Stone, Esquire, GQ, Spin und People veröffentlicht wurden. Lange Zeit Senior Editor des legendären Creem Magazine, ist er ein früherer Kurator der Rock and Roll Hall of Fame und hat sich als redaktioneller Berater für das National Academy of Recording Arts & Sciences Museum verdient gemacht. Als Inhaber des ASCAP-Deems Taylor Award für herausragende Leistungen im Musikjournalismus unterrichtet er Geisteswissenschaften an der School of Visual Arts in New York City.

FOTONACHWEIS

Seite 2 Deborah Feingold / Corbis
Seite 3 Michael Ochs Archives / Getty Images
Seiten 8-9 Mirrorpix
Seite 10 Brian Aris
Seite 11 Brian Aris
Seiten 12-13 Rankin / APImages / LaPresse
Seiten 14-15 Henry Ruggeri / Corbis
Seite 16 Jean-Marie Périer / Photo12
Seite 19 Kika Press
Seite 20 Lebrecht / Contrasto
Seite 23 Tony Keeley / Lebrecht Music & Art / Corbis
Seite 27 Mirrorpix
Seite 31 Harry Goodwin / Rex Features / Olycom
Seite 32 Derek Randle / Mirrorpix
Seite 33 Topfoto / Tips Images
Seite 34 Topfoto / Tips Images
Seite 35 Marka
Seite 36 Jean-Marie Périer / Photo12
Seite 37 Jean-Marie Périer / Photo12
Seite 38 Jean-Marie Périer / Photo12
Seite 39 Mirrorpix
Seite 40 Mirrorpix
Seite 41 Mirrorpix
Seite 42 Henry Diltz / Corbis
Seite 45 Mirrorpix
Seite 46 Mirrorpix
Seite 49 Owen Barnes / Associated Newspapers / Rex Features / Olycom
Seite 51 Mirrorpix
Seite 55 Peter Stone / Mirrorpix
Seite 56 Harris, Ian / Mirrorpix
Seiten 58-59 Michael Ochs Archives / Getty Images
Seite 59 David Farrell / Redferns / Getty Images
Seite 60 Michael Ochs Archives / Getty Images
Seite 61 Michael Ochs Archives / Getty Images
Seiten 62-63 Adger Cowans / Archive Photos / Getty Images
Seite 64 Adger Cowans / Archive Photos / Getty Images
Seite 65 Adger Cowans / Archive Photos / Getty Images
Seiten 66-67 Terry O'Neill / Getty Images
Seiten 68-69 Jean-Marie Périer / Photo12
Seite 69 Jean-Marie Périer / Photo12
Seite 70 The Gazette / MH / Photo12
Seite 71 The Gazette / MH / Photo12
Seite 72 Shepard Sherbell / Corbis
Seite 73 Condé Nast Archive / Corbis
Seite 74 LaPresse

Seite 75 Hulton-Deutsch Collection / Corbis
Seite 76 Keystone Pictures USA / ZUMA Press / LaPresse
Seite 77 ZUMA Press / LaPresse
Seite 78 John Downing / Hulton Archive / Getty Images
Seite 79 Abko / The Kobal Collection / The Picture Desk
Seite 80 Hulton-Deutsch Collection / Corbis
Seiten 80-81 Akg Images / Mondadori Portfolio
Seite 82 Jean-Marie Périer / Photo12
Seite 85 Nick Rogers / Rex Features / Olycom
Seite 87 Gamma Keystone / Getty Images
Seite 89 Jean Glargard / Globe Photos / ZUMA Press / LaPresse
Seite 90 Brian Aris
Seite 93 Wally McNamee / Corbis
Seite 94 Jan Persson / Redferns / Getty Images
Seite 95 Jan Persson / Redferns / Getty Images
Seite 96 Warner / Goodtimes / The Kobal Collection / The Picture Desk
Seite 97 Keystone Pictures USA / ZUMA Press / LaPresse
Seiten 98-99 Cecil Beaton / Condé Nast Archive / Corbis
Seite 100 DR / Photo12
Seite 101 GAB Archive / Redferns / Getty Images
Seiten 102-103 Bruce Addams / Mirrorpix
Seite 103 Bruce Addams / Mirrorpix
Seiten 104-105 Express / Stringer / Archive Photos / Getty Images
Seite 105 Reg Lancaster / Hulton Archive / Getty Images
Seiten 106-107 Michael Putland / Retna / Photoshot
Seite 107 Hulton-Deutsch Collection / Corbis
Seite 108 Rue des Archives / Tips Images
Seite 109 Mirrorpix
Seite 110 Gamma / Keystone / Getty Images
Seite 112 Marka
Seite 114 Michael Putland / Retna / Photoshot
Seite 115 Michael Putland / Retna / Photoshot

Seite 116 Fin Costello / Redferns / Getty Images
Seite 117 Bettmann / Corbis
Seite 118 Gijsbert Hanekroot / Redferns / Getty Images
Seite 119 Michael Putland / Hulton Archive / Getty Images
Seite 120 Michael Putland / Retna / Photoshot
Seite 121 Michael Putland / Retna / Photoshot
Seite 123 Ken Regan / Camera 5 / Getty Images
Seite 124 Christopher Simon Sykes / Hulton Archive / Getty Images
Seite 126 Bettmann / Corbis / AP Images / LaPresse
Seite 127 Bettmann / Corbis
Seite 128 Kent Gavin / Mirrorpix
Seite 129 Kent Gavin / Mirrorpix
Seite 130 Nick Rogers / Rex Features / Olycom
Seite 131 Lynn Goldsmith / Corbis
Seite 133 Michael Putland / Retna / Photoshot
Seiten 134-135 Marka
Seiten 136-137 Michael Putland / Retna / Photoshot
Seite 138 Michael Putland / Retna / Photoshot
Seite 139 Michael Putland / Retna / Photoshot
Seiten 140-141 Andy Warhol / Akg Images / Mondadori Portfolio
Seiten 142-143 Brian Aris
Seite 144 Simone Cecchetti / Corbis
Seite 146 Bettmann / Corbis
Seite 147 David King / Mirrorpix
Seite 148 Bettmann / Corbis
Seite 151 links Tips Images
Seite 151 rechts Courtesy of Morgan Creek Product / Entertainment Pictures / ZUMA Press / LaPresse
Seite 155 Brian Rasic / Rex Features / Olycom
Seite 156 Wally McNamee / Corbis
Seite 157 Wally McNamee / Corbis
Seiten 158-159 Norman Parkinson / Sygma / Corbis
Seiten 160-161 Jean-Louis Atlan / Sygma / Corbis
Seite 162 Bettmann / Corbis

Seite 164 Rocky Widner / Retna Ltd. / Corbis
Seite 165 Rocky Widner / Retna Ltd. / Corbis
Seiten 166-167 Brian Rasic / Rex Features / Olycom
Seite 168 Brian Rasic / Rex Features / Olycom
Seite 169 Brian Rasic / Rex Features / Olycom
Seiten 170-171 Brian Rasic / Rex Features / Olycom
Seite 172 PhotoXpress / ZUMA Press / LaPresse
Seite 173 John A. Angelillo / Corbis
Seite 174 David Fisher / Rex Features / Olycom
Seite 175 Photoshot / Marka
Seiten 176-177 Vincent Jannin / epa / Corbis
Seite 178 Justin Lane / epa / Corbis
Seite 179 NG Collection / Marka
Seiten 180-181 Richard Drew / Ap Photo / APImages / LaPresse
Seiten 182-183 Dave J Hogan / Getty Images
Seite 184 Jim Dyson / Redferns / Getty Images
Seite 185 Jim Dyson / Redferns / Getty Images
Seiten 186-187 Dave J Hogan / Getty Images
Seite 188 Dave J Hogan / Getty Images
Seiten 188-189 Dave J Hogan / Getty Images
Seite 190 Samir Hussein / Redferns / Getty Images
Seiten 190-191 Samir Hussein / Redferns / Getty Images
Seiten 192-193 Dave J Hogan / Getty Images
Seiten 194-195 Dave J Hogan / Getty Images
Seite 196 Brian Rasic / Rex Features / Olycom
Seite 197 Brian Rasic / Rex Features / Olycom
Seiten 198-199 Brian Rasic / Rex Features / Olycom
Seite 200 Larry Busacca / Getty Images
Seite 201 Don Emmert / AFP / Getty Images
Seiten 202-203 Henry Ruggeri / Corbis
Seiten 204-205 Ron Asadorian / Splash News / Corbis

MICKJAGGER

WHITE STAR VERLAG

WS White Star Verlag®
ist eine eingetragene Marke von De Agostini Libri S.p.A.

© 2013 De Agostini Libri S.p.A.
Via G. da Verrazano, 15
28100 Novara, Italien
www.whitestar.it - www.deagostini.it

Übersetzung: Sylvia Winnewisser, Wiesbaden
Produktion, redaktion deutschland: Grafikhaus

Alle Rechte vorbehalten.
Kein Teil des Werkes darf in irgendeiner Form (durch
Fotokopie, Mikrofilm oder ein ähnliches Verfahren) ohne
die schriftliche Genehmigung des Verlages reproduziert
oder unter Verwendung elektronischer Systeme
verarbeitet, vervielfältigt oder verbreitet werden.

ISBN 978-88-6312-167-4
1 2 3 4 5 6   17 16 15 14 13

Gedruckt in China

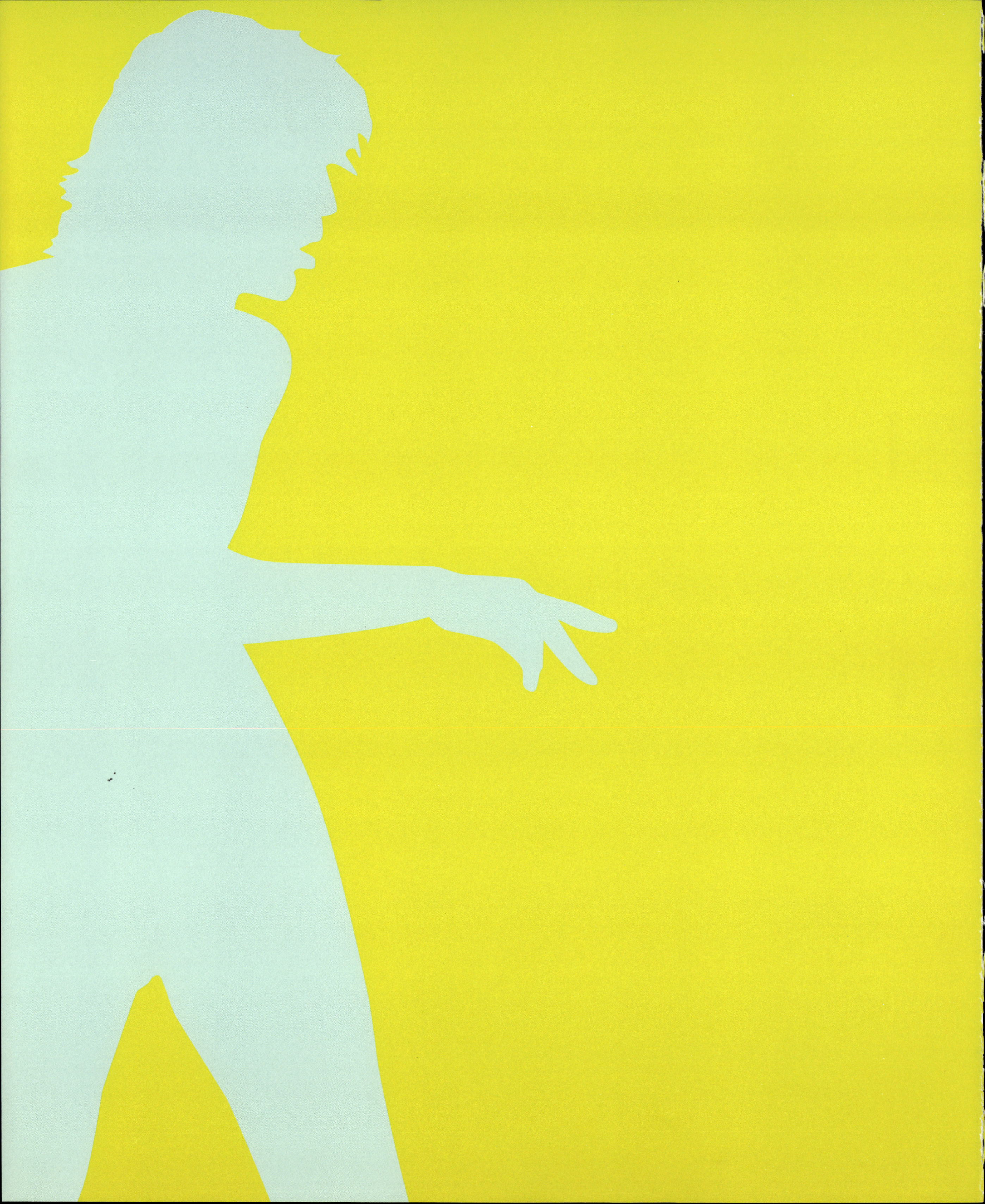